高等学校劳动经济学与劳动关系系列教材

李 波 王林丽 编著

劳动经济学

理论与应用

中国劳动社会保障出版社

图书在版编目(CIP)数据

劳动经济学：理论与应用/李波，王林丽编著. —北京：中国劳动社会保障出版社，2016

高等学校劳动经济学与劳动关系系列教材

ISBN 978-7-5167-2513-9

Ⅰ.①劳… Ⅱ.①李… ②王… Ⅲ.①劳动经济学-高等学校-教材 Ⅳ.①F240

中国版本图书馆 CIP 数据核字(2016)第 125953 号

中国劳动社会保障出版社出版发行

(北京市惠新东街 1 号 邮政编码：100029)

*

北京市艺辉印刷有限公司印刷装订 新华书店经销

787 毫米×1092 毫米 16 开本 17.5 印张 297 千字

2016 年 6 月第 1 版 2016 年 6 月第 1 次印刷

定价：38.00 元

读者服务部电话：(010) 64929211/64921644/84626437

营销部电话：(010) 64961894

出版社网址：http://www.class.com.cn

总序

为了归纳劳动科学领域的新成果，提炼劳动实践领域的新问题，推动劳动经济、劳动关系的学科建设，我们与中国劳动保障出版社策划和组织编撰“劳动经济学与劳动关系系列教材”。

本系列教材立足于突出“探究性、思辨性、开放性”，瞄准和借鉴国外教材编著风格，参照《经济学原理》（曼昆）、《当代劳动经济学》（Campbell R. McConnell）、《Modern Labor Economics：Theory and Public Policy》（Ronald G. Ehrenberg，Robert S. Smith）的编著风格，强调“著”，淡化“编”。具体特点和做法如下：

1. 将概念、原理等知识介绍性内容，融入开放、实时的素材之中。独立开设“知识链接”“观点透视”等专栏。

“知识链接”专栏：侧重名词解释、趣味阅读等。紧扣正文内容，放在最合适、最方便读者阅读的位置。名词解释紧随文中首次提及的名词之后，趣味阅读紧随文中提及相符内容之侧。

“观点透视”专栏：侧重介绍和列举具有典型性、权威性的相关观点和看法。紧随文中提及和主张的相关理论观点和看法之后，开辟特别区域，独立成段。

2. 章节标题，活泼、引人思考，突出主流观点或关键现象，避免空、泛、大、玄、绕。标题精炼，同一章内标题的结构形式尽量统一。避免使用程序式的语言，如×××概述、分析、介绍、内涵、含义、特征、特点、意义等字眼，做到简洁准确、直陈观点、目标明确、生动活泼、发人深思。

3. 正文内容，突出分析逻辑、理论运用、方法阐释；结论开放，留足思考空间；体现理论逻辑的演绎与推导，注重理论和方法的运用及其应用范围与技巧。独立开设“深度阅读”“延伸思考”等专栏。

“深度阅读”专栏：侧重推荐、选取与章节主题直接相关的具有权威性、经典性、代表性的前沿著作或论文。每章推荐2～3部（篇）著作（或论文）供读者阅读。

“延伸思考”专栏：即思考题，每章3～5题，突出理论的应用和现实分析；或者借助材料，设立思考题。

4. 图、表、（图）片、文并用，避免文字到底。图形和表格侧重于展示相关内容的逻辑结构，概括变量之间的逻辑关系，提供有关数据资料，归纳研究结论，比较观点看法等内容。图表、图片与文章内容紧密相关，能帮助读者直观认识书中所提及的问题、现象等，生动形象。

5. 承担教材编撰任务的教师，讲授该课程5年以上，具有博士学位和副教授职称，有较为完善的课程体系和教学讲义。

中南财经政法大学是全国较早招收劳动经济学、劳动关系本科和硕士的高校，具有较强的教学和研究实力。本系列教材的编撰团队以中南财经政法大学劳动经济教研室教师为主。编撰首批教材分工如下：李波、王林丽，《劳动经济学：理论与应用》；王长城，《劳动争议与处理》；李波，《劳动就业原理与政策》；陈天学，《劳动关系：理论与政策》《工会理论与实践》；赵小仕、李雨晴，《国际劳动标准与认证》；周红云，《员工培训：技术与策略》；熊卫，《员工福利与退休计划：创新与发展》。教材名称和数量，可依据实际编撰需要做适当调整和补充。

本系列教材适宜劳动经济学、劳动关系、劳动与社会保障、人力资源管理等专业的高校学生及相关实际工作者使用。

教材的策划、组织以及出版等事宜，由中国劳动社会保障出版社各位编辑以及中南财经政法大学公共管理学院李波教授共同完成。

不尽和不妥之处，敬请国内外同行专家批评、斧正，衷心感谢！让我们与同行专家一起展望劳动经济学、劳动关系学科的未来！

劳动经济学与劳动关系系列教材编撰组

中南财经政法大学劳动经济教研室

2013年5月

前言

作为成熟的应用经济学之一，劳动经济学运用经济学的分析方法和基本理论，研究不同条件下的劳动供给与需求行为、劳动力市场均衡的类型及其决定过程以及劳动力市场的制度约束及其影响；按照从抽象到具体的分析逻辑，在建立劳动供求基本模型的基础上，逐步放松假设，解释劳动现象，探讨劳动问题，寻求人力资本投资、家庭分工与劳动参与、劳动雇佣与工作效率、工作搜寻与市场匹配、充分就业与失业援助、劳动报酬调控与收入分配等公共政策。

随着工业化、城镇化、全球化、自动化、信息化、智能化的相继出现和不断深化，劳动供给的决策主体由单一的个体劳动者转向家庭或劳动者群体；劳动需求的决策主体由单一的组织转向行业或区域；劳动就业的社会化由跨越区域转向跨越国界；劳动就业的主导要素由体力（劳动力）转向脑力（人力资本或企业家才能）；劳动就业的主流方式由单一的资本雇佣劳动转向多样化雇佣（劳动雇用资本、劳动与资本合伙等）；劳动就业的主流岗位由直接生产领域转向间接生产（即生产服务）领域；劳动就业的主要报酬由货币形式转向多元化（如未来保障、健康、身份地位、满意度等非货币形式）；组织（企业、非营利组织、政府）持久竞争力的主要来源由资源、资本转向劳动力（尤其是具有创新能力的劳动者）。

中国大力推进的“大众创业，万众创新”政策（以下简称“双创政策”）正在并即将对中国劳动力市场产生深远影响。就劳动供给方而言，“双创政策”从强调劳动者能力差异（如受教育程度、工作技能、劳动参与偏好等）转向强调劳动者劳动行为差异（尤其是创新行为），不仅关注劳动力要素的差异，更要关注劳动行为在创新性方面的差异，力图促进创造性劳动投入；就劳动需求方而言，“双创政策”从强调增加就业岗位数量，转向强调提高就业岗位质量，鼓励机会型创业，而不仅仅是激发生存型创业，以实现更高质量的劳动就业；就劳动力市场结构而言，“双创政策”不仅期望实现在就业岗位存量内的调整与优化，而且更期望扩大就业岗位的增量，尤其是新型就业岗位的数量，以满足受教育程度较高的新增劳动力（如大学毕业生）的就业需求……

这些新转变和新要求，不仅不会停止，而且还在持续深化与规范化，亟待劳动经济学者在理论上归纳和提炼，以指导人力政策、收入政策、家庭政策、产业政策、就业政策等公共政策的制定、执行和评估。

本书的基本内容与框架，如下图所示。

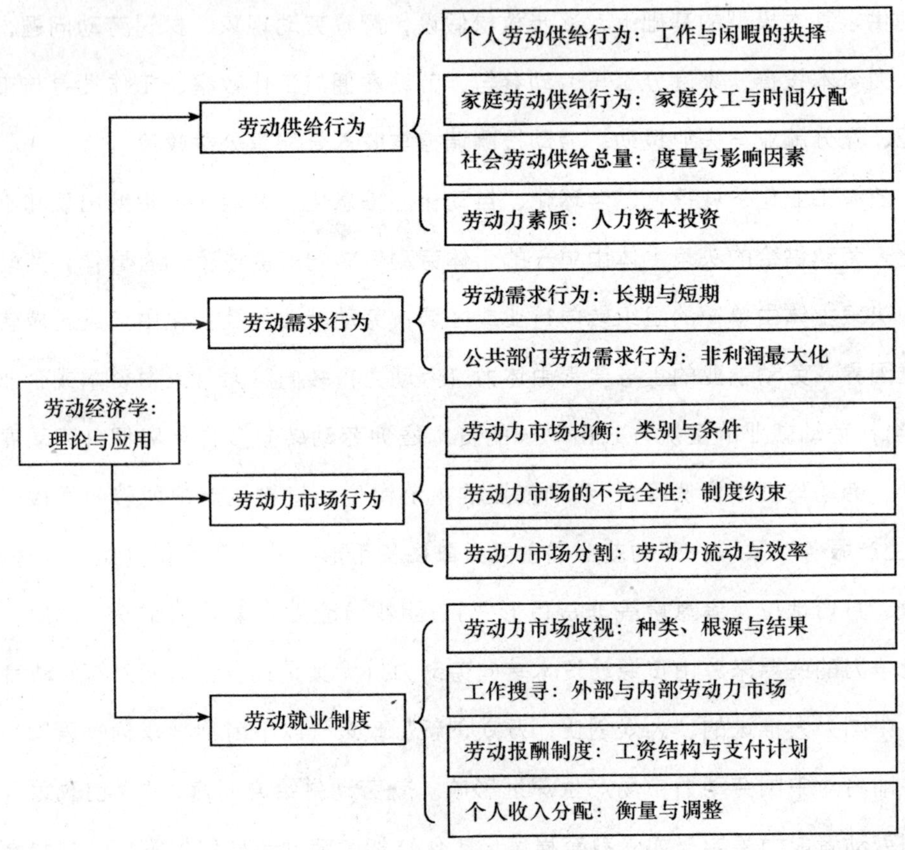

本书的基本内容与框架

本书依次解决四类问题，共计十四章。

第一类，包含第一至五章，讨论个人（含家庭）劳动供给行为，解决个人（含家庭）为什么愿意以及如何提供劳动；

第二类，包含第六至七章，讨论组织（企业、政府、非营利组织）劳动需求行为，解决组织（企业、政府、非营利组织）为什么会以及如何提供就业岗位；

第三类，包含第八至十章，讨论劳动供求双方的市场行为及其均衡条件，解决在不同劳动力市场结构和不同产品市场结构以及市场制度的约束下，个人和组织如何决定劳动与就业；

第四类，包含第十一至十四章，讨论社会制度（习俗、惯例等）和政府行为（政策、规章、法律）对劳动供求行为的影响，从宏观层次上，探究劳动就业制度与政策的经济学含义及其经济效应。

本书突出和重视“探究与思辨”，阐释劳动经济学的基本理论与基本方法，展现劳动经济学的最新研究成果与最新问题，把握劳动力市场的制度约束与经济效应；通过知识链接、观点透视等专栏，阐释劳动经济学的基本理论、基本概念；通过案例研究等专栏，运用劳动经济学的理论与方法，分析劳动力市场的现实问题和现象。

本书在编著过程中，中南财经政法大学劳动经济学专业硕士研究生王珏、唐志芳、陈晓雨，以及社会保障专业硕士研究生郑宝祥、刘海云、左丙丽、任园，分别参与了资料整理和部分章节初稿的编撰工作，社会保障专业博士生张锐参与了统稿与校对工作，在此一并致谢。

本书虽在多年教学积累的基础上设计与编撰，且几经修改和打磨，但不尽之处和错误可能仍然存在。敬请同行专家批评斧正。衷心感谢！

李　波

2015 年 8 月 16 日　文泉楼

作者简介

李波（发表论文署名：李全伦，1967.9—），湖北省随州市人，经济学博士，中南财经政法大学教授、博士生导师，城乡社区社会管理湖北省协同创新中心副主任，中国人力资源开发研究会劳动关系分会常务理事，湖北省养老机构协会秘书长，武汉大学博士后（2004—2007 年），美国加州大学伯克利分校（UC Berkeley）访问学者（2009—2010 年，国家公派），2012 年入选湖北省社科青年名录。

长期致力于产权制度与行为、劳动就业理论与政策、社会保障基金、创业管理与政策等领域的研究，在《管理世界》《经济社会体制比较》《中国工业经济》《世界经济》《宏观经济研究》《财政研究》《中国土地科学》等专业理论期刊上发表学术论文 31 篇；出版专著《共同基金产权论》《创业引领经济发展》，以及译著《公司创新与创业》。

主持科研项目 20 多项，其中，国家社会科学基金项目、教育部哲学社会科学研究后期项目、武汉市社会科学基金项目、湖北省科技厅科技攻关计划委托项目各 1 项，湖北省社会科学基金项目 3 项；荣获“湖北发展研究奖”二等奖（2013）。

面向研究生、MBA、MPA、MPAcc、本科生等，主讲《社会保障理论研究》《劳动经济学前沿理论》《管理学原理》《劳动就业理论与政策研究》《创业管理与设计》《社会选择理论与政策研究》《经济学专题研究》《劳动经济学》《社会保障学》等课程。

作者简介

王林丽（1979.6—），河南信阳人，管理学硕士，享受昆山市人民政府人才津贴，中南财经政法大学公共管理学院社会保障专业在读博士研究生。2002 年毕业于河南大学，获管理学学士学位；2005 年毕业于中国地质大学（武汉），管理科学与工程专业，获管理学硕士学位。2005 年至今，在湖北工业大学管理学院，从事人力资源管理教学和科研工作。

长期致力于养老保险、创业管理与政策、人力资源管理等领域的研究。

目录

第一章　引　论

劳动是经济的基本因素之一，也是稀缺的社会生产资源之一。因此，经济学一开始就把劳动当作研究的中心。在西方工业化社会，工业化生产所导致的劳动分工以及劳动力市场运行失调所引起的失业问题引起了人们对劳动就业的关注。可以说，劳动经济学最初的发展是基于宏观经济运行的结果而产生的。在工业化中劳动中的人的问题日益突出，劳动经济学就是经济学家在分析劳动中的人的问题时产生出来的一门专门学科，其在经济学研究领域中占有重要地位。劳动经济学研究的内容，如劳动、劳动力市场、失业与就业、工资与收入分配、人力资本投资等，一直是国内外主流经济学关注的重要问题。

作为一门学科而存在的劳动经济学究竟是什么，其研究方法是什么，本章内容将带你认识劳动经济学。

一、劳动、劳动力、劳动力市场

（一）劳动

劳动一般被认为是具有劳动能力的人的能力和效用发挥的过程，即富有意识和有目的的人运用一定的劳动手段作用于劳动对象之上，并按照预定的目标和构想，使之形成满足人类某种需要的效用（产品和劳务）的过程。

知识链接

劳动作为生产要素的特点

人们对劳动与其他生产要素区别的理解，使得劳动经济学作为一门学科发展起来，并带动了若干其他领域的分析。劳动区别于其他生产要素的特点主要表现在以下方面：

（1）“工人出售他的劳动，但是保留自身拥有的资本”（马歇尔，1890）。工人凭借其所拥有的生产技能提供劳动服务，但被称为“人力资本”的工人及其技能并不能像实物资本那样被卖掉。

(2) 所有的劳动出售者都具有职业选择、就业地点和工作条件等方面的偏好。雇主具有对其雇用人选的主观偏好。

(3) 劳动供给决策与产品消费决策有十分紧密的相互依赖关系，并且一个家庭中的成员的劳动供给决策是密切相关的。产品的消费需要货币和时间，这又依赖于劳动者提供的劳动数量和质量，以及他从劳动中获得的收入。因此，产品消费决策和劳动供给决策是同时决定的。进一步讲，一个人的劳动供给决策和消费决策能够影响该社会单位其他成员的相互决策。

(4) 劳动的供给者常常会组成相互依赖的劳动联合组织，并采取集体行动以实现其追求目标。当然，劳动服务的需求者也可以进行联合。

传统上，我们把劳动分为简单劳动和复杂劳动、体力劳动和脑力劳动。下面是对劳动的另外两种分类。

知识链接

关于劳动的两种分类

1. 劳动：自我劳动、谋生劳动、社会劳动

自我劳动以社会成员的自我需要和使用价值为准，实行自决、自管和自己负责的原则，包括家务劳动（做饭、购物等），自理劳动（教育子女、照顾老人、自修学习、业余活动等），邻里自助劳动（如轮流守护或打扫垃圾等）。

谋生劳动是指社会成员在私有、公共和非营利领域所从事的有益于社会的有酬劳动。

社会劳动以社会成员的社会需要和团体参与为准，属于社会公益事业，包括在社会项目（教育、卫生和艺术等）以及各种团体、协会和社会成员自发组织中从事的劳动。

2. 劳动：死劳动与生产性活劳动

参与企业经营的投资人、经理人、职工和政府在企业创立阶段根据其各自的相对优势投入生产要素（即“死劳动”，如资本、企业家才能、劳动力、公共环境），以追求要素利益最大化为目标。在企业经营过程中，要素所有者转化成为企业产权所有者，四类参与者按照以企业产权所有者身份所确定的岗位类别及其职责，投入其相对优势的生产性“活劳动”（如投资人“用手投票”和“用脚投票”背后的劳动、经理人日常工作中的管理劳动及研究和开发劳动、职工工作中的操作性和体力型劳动、政府创造和维持公共环境背后的服务性和监管性劳动），参与企业收入分配，以追求分配收入最大化和合理化为目标。

（二）劳动力

劳动力或劳动能力是指人的身体（活的人体）中存在的、每当人生产某种使用价值时就运用的体力和智力的总和。

从微观经济学的个量来看，劳动要素所寄托的实体是人，是人的劳动能力，所以，劳动要素也称为劳动力或人力要素；从宏观经济学的总量来看，人的劳动能力又存在于一个社会一定时期的劳动适龄人口之中，因此，“劳动”这一生产要素也就是劳动力资源或人力资源。现代劳动经济学中的劳动力是指在一定年龄范围内，具有劳动能力和劳动要求，愿意参加付酬的市场劳动的全部人口，包括就业者和失业者（没有就业意愿或就业要求的人口不属于劳动力范畴）。

劳动在劳动经济学中的含义更多的是涉及劳动力，当然，劳动力的行为往往与劳动过程或劳动活动相关联。

知识链接

劳动力人口、劳动力与就业人口

一般地，我们将劳动力人口（16周岁及以上）划分为劳动力和非劳动力，劳动力一般可以区分为就业人口与失业人口。在市场经济条件下，一国的劳动力与非劳动力是经常处于变动之中的，如图1所示。

这些人员的流动大致可分为五种类型：

一是自愿辞职或被企业解雇，劳动力从就业状态转化为失业状态；

二是初次就业或被短期解雇后又被原企业重新招用，劳动力从失业状态转化为就业状态；

三是有些人员已经达到劳动年龄上限，申请退休，领取养老金；

四是有些人由就业转化为失业或在失业期曾积极寻找工作后，放弃了就业努力或拒绝参加有酬劳动，这些人也不在劳动力群体范畴之内；

五是有些人从未就业或从未寻找过工作，但后来决定就业或积极地寻找工作，从而进入劳动力队伍。

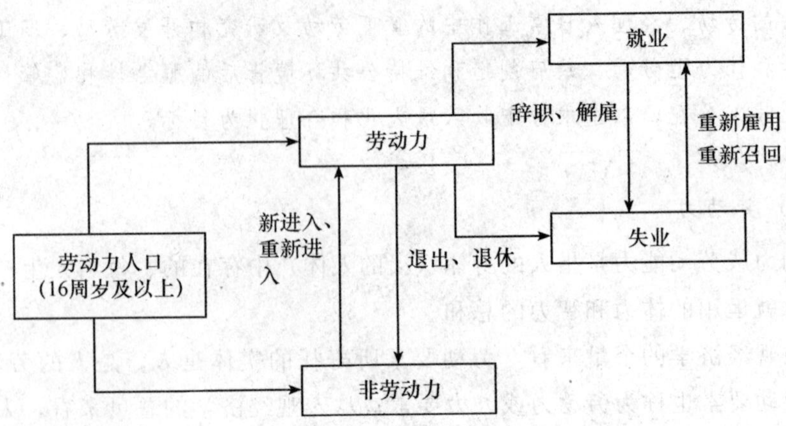

图 1　劳动力人口、劳动力与就业人口的关系

资料来源：罗纳德·G. 伊兰伯格，罗伯特·S. 史密斯. 现代劳动经济学（第十版）[M]. 刘昕译. 北京：中国人民大学出版社，2013：24—25.

（三）劳动力市场

现代制度经济学理论认为，所有的市场交易其实都是产权交易，劳动力市场交易也不例外。劳动者是交易活动的一方，但是劳动力市场上交易的只是劳动力的使用权，而所有权则天然属于劳动者，这完全不同于产品市场的交易。正如英国经济学家马歇尔（Alfred Marshall）所说："砖块被用于建造宫殿还是下水道对砖块的卖方来说不重要；但如何使用劳动对劳动的卖方来说很重要，因为无论工作环境是否卫生和舒适，并且无论他的合作人是否像他那样关心工作环境，他都必须从事有困难的工作。"因此，我们可以把劳动力市场理解为这样一种机构：在劳动力管理和就业领域中，按照市场规律，自觉运用市场机制调节劳动力供求关系，对劳动力的流动进行合理引导，从而实现对劳动力的合理配置。通过劳动力市场，劳动力资源被分配到了不同的企业、行业、职业和地区。在各种各样的生产活动中发挥作用，交易双方最终结果是以一定的工资率将工人配置在一定的工作岗位。这种劳动力配置，不仅满足了个人需要，也满足了社会需要。

观点纵横

劳动力市场的内涵

目前，理论界对于劳动力市场内涵的理解仍存在争议，具有代表性的观点有：

(1) 劳动力市场是生产要素市场的重要组成部分，是按照市场规律对劳动力资源进行配置和调节的一种机制。

(2) 劳动力市场是劳动力商品买卖关系的总和，是劳动力的买方和卖方之间的商品交换关系。

(3) 劳动力市场是劳动力进行流动和交换的场所。

(4) 劳动力市场是实现劳动力资源市场化配置的方式，是其内在机制和实现形式的统一。

劳动力市场作为要素市场的一部分，具有如下特点：

其一，劳动者只能被雇用，劳动者本身不能被出卖和购买。

其二，劳动者对劳动力拥有不可动摇的所有权，即使通过市场发生支配权的转移，劳动力也永远不能脱离劳动者而独立存在，其所有权永远属于劳动者本身。

其三，劳动力价格（工资）不只是当时提供劳动的报酬，而且也包括劳动者人力投资（接受教育与培训）应获得的报酬。

其四，劳动力受雇用或出租的条件不仅是工资的多少，而且还包括工作时间的长短、工作环境的好坏等其他因素。

其五，劳动力市场的活动不仅由工人和用人单位双方决定，而且受到政府、工会、雇主团体和舆论等社会力量的影响。

劳动力市场是生产要素市场的组成部分。我们可以用图 1—1 来揭示劳动力市场的基本功能。

收入循环流程显示，该经济系统由居民户和企业组成。内部循环是生产要素市场，外部循环是产品服务市场。在生产要素市场上，居民户是生产要素的供给者，企业是生产要素的需求者，企业需向居民户支付要素报酬（工资）。在商品市场中，居民户是商品和服务的需求者，企业则是供给者，居民户向企业支付货币，交换商品和服务。在商品市场与生产要素市场上，供需主体双方互相换位；

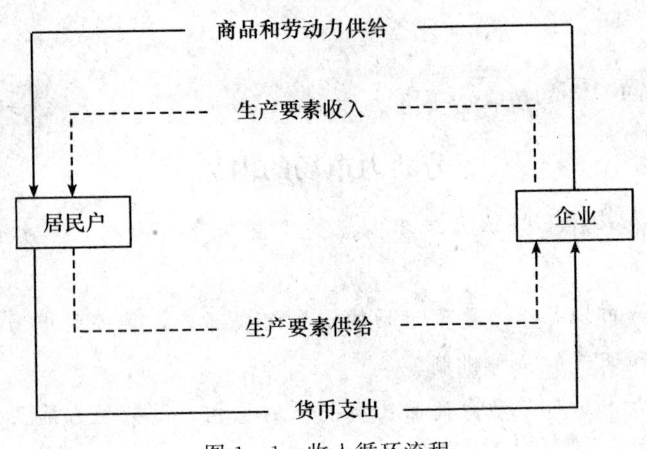

图 1—1　收入循环流程

而在同一市场，则是供给与需求的相互对应和适应。供给与需求的选择反映为按照一定的价格实现商品的交换。

在劳动力市场上，居民户是劳动力的供给者，企业是劳动力的需求者，通过双方无数次的选择，按照一定的工资率将劳动力配置于某种产品和服务的生产的职业岗位上。从生产要素的投入角度观察，劳动力市场供求运动调节着劳动资源的配置；从收入的角度观察，劳动力市场上，劳动力供求的运动，同时决定一个经济社会的就业规模和获得的工资量。就业量与工资的决定是劳动力市场的基本功能。

综上所述，劳动力市场的功能是通过商品的供给和需求来决定价格的机制，实现、调节资源的配置，现代劳动经济学的主要任务就是认识劳动力市场的种种复杂现象，发挥劳动力市场在资源配置中的基础作用。

二、劳动经济学：应用经济学之一

迄今为止，以劳动的不同侧面作为研究对象的学科日臻完善，形成了一个较为完整独立的劳动学科体系。劳动经济学在整个劳动学科体系中占有十分重要的地位，是其理论体系的基础和核心。在这个学科体系中，除了劳动经济学以外，主要还有劳动社会学、劳动法学、劳动心理学、劳动统计学、劳动生理学、劳动卫生学等学科，如图 1—2 所示。

劳动经济学为整个劳动学科体系中的诸学科提供了一个理论平台。它以市场经济条件下的劳动力资源优化配置为主要研究对象，同时也分析与这一过程相伴随的劳动关系和相关劳动问题，用经济学的基本原理和基本方法，对劳动力市场

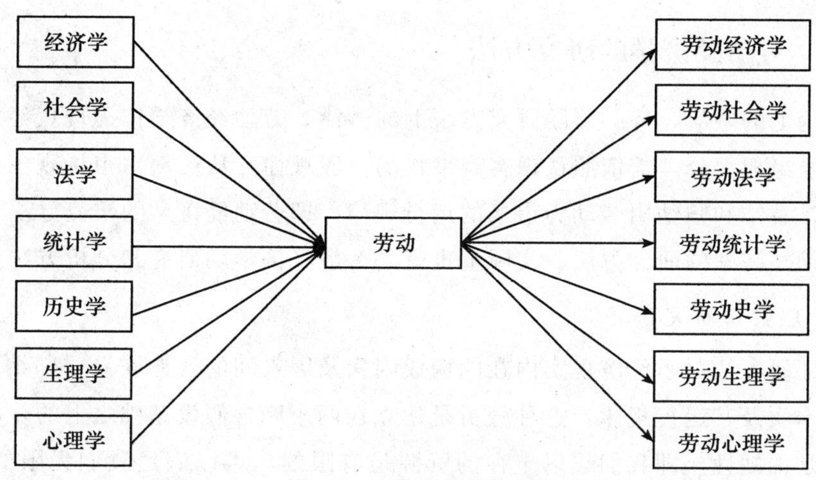

图 1—2　劳动学科体系

的运行规律进行系统研究。从外延看，它研究劳动力市场、就业与再就业、工资报酬、收入分配等一系列当下社会经济热点问题。这些问题与人们的日常工作和生活决策、企业经营管理以及政府经济社会政策的制定等密切相关。

从宏观上看，劳动经济学是关系国计民生和社会安定的重大问题。我国是一个人口和劳动力多、经济发展水平低的发展中国家，我们在解决劳动经济问题时，面临着由此产生的一系列矛盾和困难。学习劳动经济学则有助于我们从产生这些问题的背景和根源去深刻地认识这些矛盾，并为我们解决这些矛盾提供理论支持和政策建议。如果社会中的劳动经济问题不能得到有效解决，势必发展成影响经济发展和政治稳定的重大问题。

从微观上看，劳动经济学是影响企业效益的关键性问题。它为企业的人力资源管理决策与战略制定提供参考依据，对企业组织研究具有重要指导意义。一方面，它指导企业正确配置和合理使用劳动力，使每个员工都有明确而适当的分工和密切的合作，从而保证企业的生产活动协调高效地进行；另一方面，它保证企业及时更新劳动力，不断补充具有一定素质的技术人员、管理人员，使企业拥有一支高水平、高效率的职工队伍，使职工队伍的结构和各类人员的比例更合理，以满足生产服务不断发展的需要，同时可以做好劳动定额管理，改善劳动组织，提高劳动生产率，帮助企业取得较大的经济效益。

总之，劳动经济学是经济学学科体系中的一门分支学科，它随着社会的发展日益丰富起来，成为研究现代社会经济生活的一个不可或缺的领域。劳动经济学具有很强的理论性，同时又具有很强的实践性和可操作性，因此，我国学科分类通常把它归入应用经济学之列。

三、劳动经济学的研究方法

理论上的融洽，势必伴随研究方法上的融洽。劳动经济学作为现代经济学体系的重要组成部分，需依照认识客观事物的一般规律，从劳动力市场现象的普遍联系中，总结和归纳出劳动力市场的运行规律，即劳动经济学的研究方法。

劳动经济学的研究方法，实际上也就是一般经济学的研究和分析方法。

（一）实证研究法

实证研究法揭示经济现实内在的构成因素及因素间的普遍联系，归纳和概括现象的本质及其运行规律。这种分析是建立在两个隐含假设基础之上的。

一是稀缺性。即我们赖以生存的资源是有限的，难以满足我们无限的欲望。资源的稀缺性意味着当资源被利用于这个项目时，就不能再用于其他的项目。例如，国家投资于基础设施的资金不可能同时用于中小学教育投入，这就要求社会必须对包括劳动力资源在内的各种资源如何分配做出选择。如决定利用有限的资源去生产什么，如何生产，为谁生产以及在稀缺的消费品中如何进行取舍，如何用来满足人们的各种需求等。因此，用实证研究法分析经济行为人的行为时，需先假设任何资源（包括劳动力资源在内）都是有限的，这意味着我们无法得到我们希望得到的所有东西，在得到某种东西的时候总是要牺牲另一些东西，这种牺牲就是经济学上的“机会成本”。

劳动力是一种稀缺的社会生产性资源，这种稀缺程度可以通过劳动力的价格——工资反映出来。例如，在劳动力市场中，对求职者而言，一个人如果因为外科医生的工资性报酬和社会地位较高而选择成为一名外科医生，那么他必须放弃成为一名律师的机会。因此，在进行这种职业选择时，其本身不仅具有直接的成本和收益，还有因个人劳动力所限而引起的放弃另外一种选择的成本和收益问题。用人单位的情况也一样，就人力投资而言，用高薪聘用张三，也面临着放弃对李四的雇用。可以说，劳动力市场上的个人和人力资源部门，在资源稀缺的约束下必须不断做出选择，并且接受这些选择给他们带来的收益和成本。

二是理性假设。是指用实证研究法进一步分析人们对收益和成本所持态度时，须假设任何一个“经济人”都是理性的人。它假定人们通常都会对收益反应积极，而对成本反应消极，即“经济人”都是“恶本好利”的。

借助上述两个必要且重要的假设，可以帮助我们理解和预测劳动力市场上劳动力供给和劳动力需求的行为变动趋势。

（二）规范研究法

规范研究法就是以某种价值判断为基础评价经济效益的好坏和制度、政策的利弊，说明所要研究的对象本身是“好”还是“坏”，对社会具有积极意义还是消极意义，解决客观经济现象及其运行“应该是什么”的问题。其目的在于提出一定的标准作为经济理论的前提，并以该标准作为制定经济政策的依据，以及研究如何使经济现象的运行符合或实现这些标准。劳动经济学中所涉及的就业机会、收入分配、贫富差距等问题是人类社会中最有分歧和最动感情的课题，不同利益集团和个人对这些问题的价值判定悬殊较大，甚至观点截然相左。因此，要对经济政策及法律提供可取的科学意见，就必须采取规范性分析方法。福利经济学在很大程度上就属于典型的规范性理论体系，因此，劳动经济学涉及收入与就业等经济福利问题时，规范性分析自然是不可避免的。

实证研究法试图超越或排斥价值判断，规范研究法则以价值观判断为基础，但是两种研究方法并不是完全对立的。劳动经济学毕竟不能等同于物理学、化学等自然科学，也就是无法回避价值判断的问题。实践表明，规范研究法离不开实证研究法对经济现象的客观分析；实证研究法也离不开价值判断的指导。因此，在劳动经济学的研究中需要把两种方法结合起来运用，从而将理论与实践紧密结合。

四、劳动经济学科的拓展与延伸

劳动经济学是研究劳动力市场及其运行规律，以及与此有关的社会经济问题的经济学科，是现代经济学的一个重要分支学科。随着我国经济体制由计划经济向市场经济转型，劳动力市场得以逐步建立和形成。作为研究劳动关系及劳动经济问题的劳动经济学，伴随着市场的演变，其研究领域、研究方法等也经历了一系列的延伸与拓展。分析我国劳动经济学研究的演变过程及现状，对于我们探讨其发展趋势有着重要意义。

（一）研究领域的延伸

劳动经济学的研究领域在以劳动力市场为核心的基础上开始扩展到人力资源开发领域，以适应市场化改革的需要。劳动经济学的最新发展突出地体现在人力资源开发领域，即将经济分析方法运用于劳动者在工作场所内的供给行为——人力资源配置与激励等。在人力资源开发领域，其核心是劳动者。劳动经济学是其重要的理论基础，在宏观上，劳动经济学综合研究人口、教育、培训、就业、收人分配对经济与社会发展的影响，使人力资源开发成为近年来国际上日益受到重视的领域。在微观上，劳动经济学延伸到企业内劳动力市场，研究人力资源管理的方法与技术。用现代经济学方法研究管理中的劳动问题，包括企业组织结构、企业家评价、人工成本分析、劳动安全卫生成本与收益等。

（二）学科范式的拓展

在微观层次，劳动经济学不断加强其与其他学科领域的合作。劳动经济学的研究不仅逐渐和产业经济学、区域经济学、统计学结合起来，而且和劳动法、产业关系、安全工程结合起来，同时，把劳动经济学的触角不断地向微观层次延伸，把劳动力的就业和配置问题延伸到产业和区域范围内。近几年，劳动经济学家非常注重利用其他学科的成果，比如利用社会学的社会关系网络理论、同群效应理论，研究个人劳动力供给决策的影响因素；利用新经济地理学的产业聚集理论，研究劳动力流动问题；运用生态学理论，研究企业竞争和劳动力市场。劳动经济学还与其他学科相结合形成了许多新的边缘学科，如行为劳动经济学、劳动生理学、劳动心理学等。这种与其他学科交流沟通的趋势将进一步得到加强。

（三）研究方法的演进

劳动经济学不仅对经济学理论的发展做出了巨大贡献，而且由于其研究问题涉及最为复杂的经济现象，因而在研究方法上常有创新之举，以推动经济学研究方法不断进步和完善。

一门学科的关键之处不是它的研究对象，而是它的分析方法。掌握了正确的分析方法，才能开启新的研究思路，拓展新的研究范围。在国内已有的理论体系中，劳动经济学的研究方法主要集中在实证研究法和规范研究法上，实证分析部分集中在劳动力供给与需求，但很多都是直接借用经济学的一般理论。在对我国失业、劳动力流动的分析上，侧重政策分析和历史经验介绍，更像社会学而非经济学。近年来随着劳动经济学与其他经济学科领域的联系日益紧密，研究方法上广泛借鉴和使用了其他经济学科的新理念和新方法，在研究中更多地采用了模型与经验验证、问卷调查等方式，各种技术和方法得到了广泛应用。此外，随着与国际同行的学术交流不断加快，国内学者在研究方法上也取得了相当的进步，在一定程度上与国际通行的研究方法进行了有效对接。不少研究，特别是实证研究，借鉴了西方先进理论和统计学的基本计量分析工具，更加注重实际问题的数理分析，使研究成果更具实用性。如使用“二元经济”理论来解释当时的“民工潮”现象；第一次使用西方经济学理论——基尼系数和洛仑兹曲线来分析我国劳动者的个人收入差距等，并在此基础上探索符合劳动经济学特殊要求的分析方法和工具。

延伸思考

1. 作为一种经济资源，劳动力的相对重要性是什么？
2. 劳动经济学研究方法的主要特征和假设是什么？
3. 通过学习劳动经济学，你可能会在哪些方面有所收获？

深度阅读

1. 袁伦渠. 劳动经济学［M］. 大连：东北财经大学出版社，2011.

2. 罗纳德·G. 伊兰伯格，罗伯特·S. 史密斯. 现代劳动经济学（第十版）［M］. 刘昕译. 北京：中国人民大学出版社，2013.

第二章　个人劳动供给行为：工作与闲暇的抉择

个人劳动力供给是一种时间使用方式的选择。时间的使用主要有两种方式：一种是享受愉悦身心的闲暇活动；一种是工作。因此，在劳动力供给上，人们的选择各不相同。一个人既可以在家中休闲、做家务或者在校学习，也可以从事有报酬的工作。例如：你可能会选择从事第二职业，而你的同学 A 可能会从唯一的工作中不带薪离职；B 在上学的同时还从事全职工作，而你的室友 C 选择做兼职，你的同学 D 不工作，E 会辞掉了她的工作以抚养自己的小孩，F 会在工资率增加时增加工作时间，G 会减少工作时间。

这种多样化的劳动供给决策是如何做出的？如果可能，个人将如何决定他在劳动力市场上提供的劳动时间的数量？本章的劳动供给理论，可以来帮助回答这些问题。

一、个人劳动供给行为：基本模型

设想一个人具有一定的教育和工作经历，因而拥有一定的技能，此人拥有一定量的可利用时间，他必须对自己在工作（市场活动）和闲暇（非市场活动）之间的时间分配做出决策。在此，工作是指从事有报酬的工作，而闲暇是一个广泛的概念，是指各种无报酬的活动，像从事家务劳动以及购物、接受教育、社交、休息、休闲等。

确定个人的工作时间和闲暇时间的分配是否最优必须拥有两个方面的信息：第一，有关个人对工作—闲暇偏好的信息，这一信息可用无差异曲线描述（见图 2—1）；第二，反映预算约束的市场信息。

（一）无差异曲线

在进行工作—闲暇决策时，无差异曲线表示给个人带来某一特定水平效用或满足的实际收入和闲暇的时间组合。我们可以借助图 2—1 中的曲线 I_1 进行说明。图中，纵轴表示收入，横轴表示闲暇时间。由于一天只有固定的 24 小时，我们可以从右向左表示工时数。根据无差异曲线的定义，曲线 I_1 上，任何一点

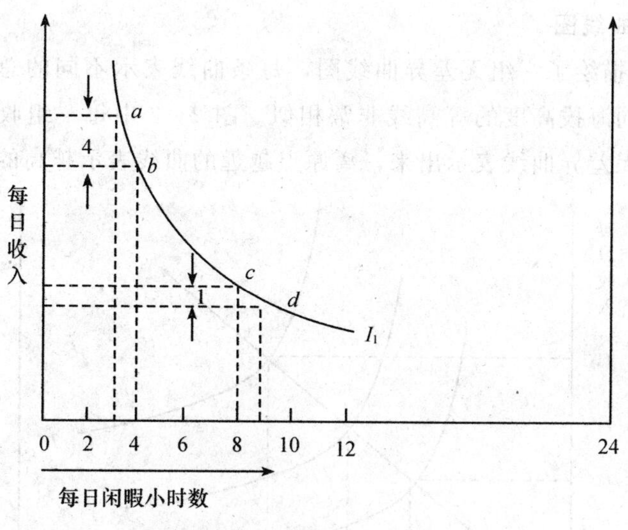

图 2—1　收入和闲暇的无差异曲线

的收入和闲暇的组合对个人都产生相同水平的效用。无差异曲线具有下列显著特征：

1. 负斜率

无差异曲线向下倾斜，是因为无论是通过工作获得的实际收入还是闲暇，都是人们获得效用和满足的来源。沿着曲线向右下方移动，意味着若保持总效用不变，必须放弃一部分商品和服务的实际收入，以补偿更多的闲暇。从另一个角度来看，无差异曲线之所以向下倾斜，是因为个人每增加一些物品（闲暇），必须要放弃另一种商品（实际收入），以保持相同的效用水平。

2. 凸向原点

向下倾斜的无差异曲线既可以是凹向原点的，也可以是凸向原点的，还可以是直线形式的。图 2—1 中的无差异曲线是凸向原点的（向内弯曲），换句话说，当沿着曲线向右下方移动时，该曲线的斜率的绝对值是递减的。

无差异曲线凸向原点反映的问题是：当一种物品变得越来越稀缺时，人们越发不愿意放弃它（这里指的是收入）。考虑无差异曲线上的 *ab* 段，此时，个人拥有相对多的收入和非常少的闲暇。此时，增加 1 小时的闲暇所增加的效用完全能抵消减少 4 单位收入所带来的效用损失。而在 *cd* 段，此人的情况就不同了，这时的收入相对稀缺，而闲暇比较充足，他将只愿意以少量的收入换取额外的闲暇。随着获得闲暇的增多，个人为了获得更多的闲暇而愿意放弃的收入越来越少。这样无差异曲线变得越来越平坦，最终呈现出凸向原点的特征。

3. 无差异曲线图

图 2—2 中描绘了一组无差异曲线图，每条曲线表示不同的总效用，这与地形图上反映不同海拔高度的等高线非常相似。图 2—2 中每一组收入和闲暇的组合都可以通过无差异曲线表示出来，离原点越远的曲线表示越高的效用水平。

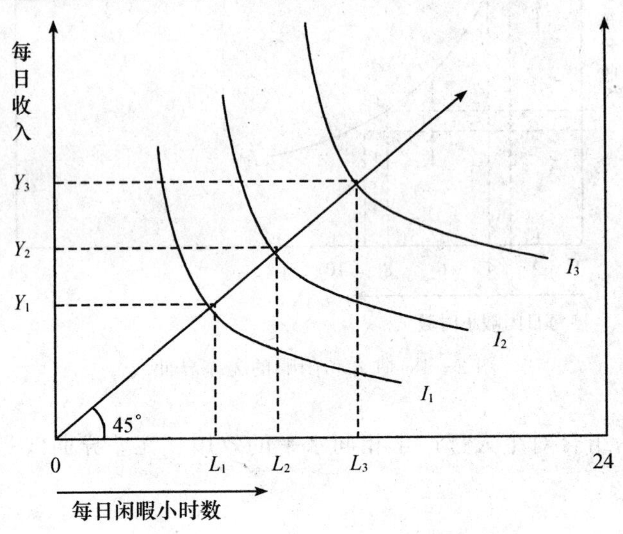

图 2—2 收入和闲暇的无差异曲线组合

4. 不同的工作—闲暇偏好

正如不同的消费者对特定物品和服务的偏好差距很大一样，个人对工作和闲暇的偏好亦如此。对于工作和闲暇的不同偏好可通过个人无差异曲线的形状表现出来。图 2—3（a）表示的是“工作狂”的无差异曲线，这类人轻视闲暇而看中工作（收入），其无差异曲线较为平坦，表明此人只能以放弃非常少量的收入换取 1 小时闲暇；图 2—3（b）表示的是“闲暇爱好者”的无差异曲线，这类人看重闲暇而轻视工作（收入），其无差异曲线较为陡峭，意味着让此人放弃 1 小时闲暇必须增加相对较多的收入。在每一种情况下，无差异曲线都是凸向原点的，但是“闲暇爱好者”的边际替代率（$MRS_{L,Y}$）的递减速率要比“工作狂”大得多。

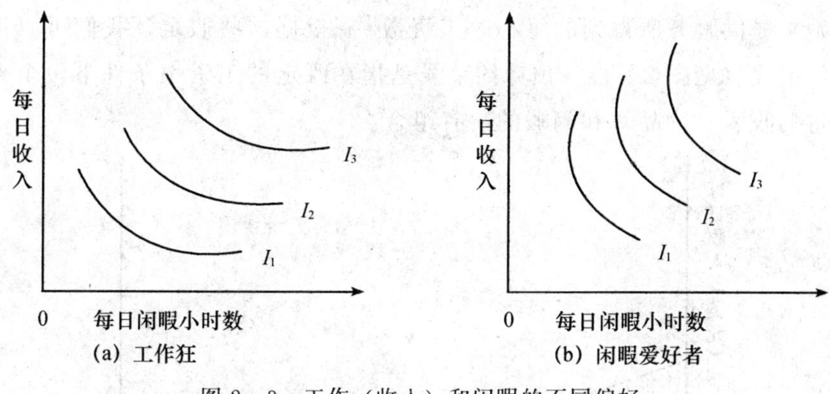

图 2—3　工作（收入）和闲暇的不同偏好

知识链接

闲暇对收入的边际替代率（$MRS_{L,Y}$）

闲暇对收入的边际替代率（$MRS_{L,Y}$）是指用于补偿增加 1 单位（1 小时）闲暇而必须放弃的收入量。无差异曲线（闲暇—收入）的斜率是用（$MRS_{L,Y}$）来衡量的。

资料来源：坎贝尔·R. 麦克南，斯坦利·L. 布普，大卫·A. 麦克菲逊. 当代劳动经济学［M］. 北京：人民邮电出版社，2006：15.

为什么会有这些差异呢？首先这可能纯粹是由于个性或爱好引起的。其次，与第一个原因相关联，不同的个人从事的职业存在差别。图 2—3（a）较为平坦的曲线属于从事有创造性或挑战性职业的人，如画家、陶艺家和音乐家，工作带来的负效用很少，因此只需增加很少的收入，此人就愿意放弃 1 小时的闲暇；相反，令人不愉快的煤矿工作或流水线工作可能会导致较为陡峭的无差异曲线。这类工作涉及较大的负效用，只有收入的大量增加才会使工作者放弃 1 小时的闲暇。最后，一个人的具体情况也会影响他（她）对工作和闲暇的相对评价。

（二）预算约束

笔者认为，个人要通过努力达到尽可能高的无差异曲线来实现效用最大化，意味着个人对曲线的选择是受约束的，尤其受到收入的约束。假设，个人只有通过工作获得收入，即个人没有非劳动收入，没有积蓄并借不到钱。同时，我们还假设劳动力市场上个人面临的工资率是既定的，个人不能通过改变工作时间来改变他（她）提供服务所得到的每小时工资数[①]。根据这些假定，我们可以得出一条预算约束线（见图 2—4）。预算约束线是指在既定的工资率条件下，个人可能实际获得的收入（物品）和闲暇的所有组合。

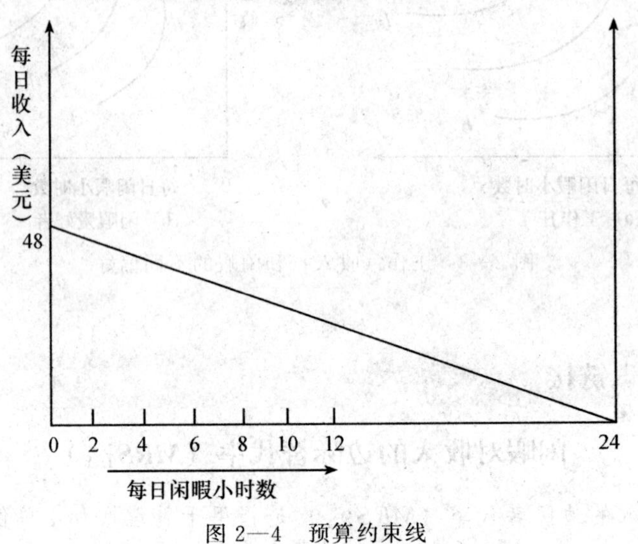

图 2—4　预算约束线

（三）效用最大化

个人最优化或效用最大化的组合点，可以由无差异曲线表示的主观偏好和预算约束线含有的客观市场信息两方面来决定。这由图 2—5 表示（假设工资率是 2 美元）。

我们知道，无差异曲线离原点越远，个人总效用越大，因而个人通过达到尽可能高的无差异曲线来使其总效用最大化。给定 2 美元的工资率，任何闲暇与实际收入的组合点都不会出现在预算约束线 HW 之外（在其右上方）。这条预算约束线让我们认识到，能达到最高效用水平的点是 u_1 点，在该点预算约束线刚好相切于无差异曲线 I_2。在无差异曲线上所有可能达到的组合点中，很明显，点 u_1 所在曲线离原点最远，因而能获得最高的总效用水平。我们看到一个人会选择一天工作 8 小时挣得 16 美元的收入，而享受 16 小时的闲暇。

从图 2—5 我们可以看出，工作—闲暇最优组合在无差异曲线斜率（$MRS_{L,Y}$）等于工资率（预算约束线斜率）的位置得以实现。在 b 点，无差异曲

① 用数学形式表示，预算线 $Y=WH$，这里 $Y=$ 收入，$H=$ 工作时间。所以，$Y=W(24-L)=24W-WL$。这里 $L=$ 闲暇时间，预算线的斜率是 $-W$。

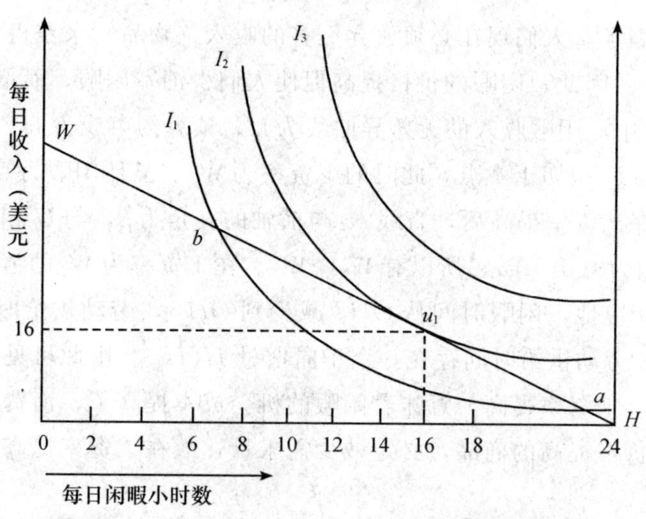

图 2—5　效用最大化：闲暇和收入之间的最优选择

线 I_1 的斜率比预算约束线的斜率大，或者说（$MRS_{L,Y}$）比工资率大。例如，（$MRS_{L,Y}$）是 4，而工资率是 2，这意味着 1 小时闲暇对个人来说值 4 美元，但他只需要放弃 2 美元就可以获得 1 小时的闲暇。这样，减少收入换取闲暇对他来说是有利的，这种交换使得他沿着预算约束线 HW 向下移动到更高的无差异曲线，直到在 u_1 点所有的类似交换都结束，个人和市场就收入和闲暇的边际价值达成一致。点 a 情况刚好相反，此处，无差异曲线的斜率 I_1 小于预算约束线的斜率，或者说（$MRS_{L,Y}$）小于工资率。假设工资率是 2 美元，（$MRS_{L,Y}$）此时可能只是 1 美元。这表示 1 小时闲暇的边际价值只有 1 美元，而个人可以放弃 1 小时的闲暇来获得 2 美元的收入，这显然是有利的交换。在以闲暇换取收入，个人在预算约束线 HW 向上移动到更高的无差异曲线上，最终在达到 u_1 时，所有这些移动结束。因为在该点，（$MRS_{L,Y}$）和工资率相等，闲暇和收入的边际价值相等。因此，在 a 点，个人会觉得"工作不足"。他或她会通过增加工作时间，移动到点 u_1 这一较少的闲暇和更多收入的组合点，来增加总效用。

二、个人劳动供给曲线：收入效应与替代效应

（一）替代效应

替代效应是在保持收入不变的情况下，因工资率的变化而引起的愿意工作时间的变化。工资率增加本身就表明愿意工作的时间增加，当工资率变化时，闲暇的相对价格改变。尤其是，工资率的提高会使闲暇的机会成本或"价格"上升，

因为工资率提高了，人们现在必须放弃更多的收入（物品）来获得每小时消费的闲暇（不工作）。因此，闲暇的价格提高促使人们少消费闲暇，而增加工作时间。

在图 2—6 中，闲暇收入的无差异曲线为U，预算约束线为HY，HY与横轴的夹角为α，与U相切于a点，此时的工资率为W_1。显然闲暇为OH_a，劳动时间为H_aH。在工资率提高后，直线bc与横轴的夹角为β，与U相切于b点，工资率为W_2。因为$\text{tg}\beta > \text{tg}\alpha$，所以有$W_2 > W_1$。在工资率为$W_2$的情况下，均衡点由$a$移向$b$。相应地，闲暇时间从$OH_a$减少到$OH_b$，劳动供给时间则从$HH_a$增加到$HH_b$，劳动供给时间存在一个正向增量$H_aH_b$。由此可见，在其他条件不变的情况下，工资率提高，意味着闲暇的机会成本提高了，消费闲暇的代价变得更加昂贵。价格提高的商品，必定减少需求量，故在工资率提高的情况下，闲暇必定减少。

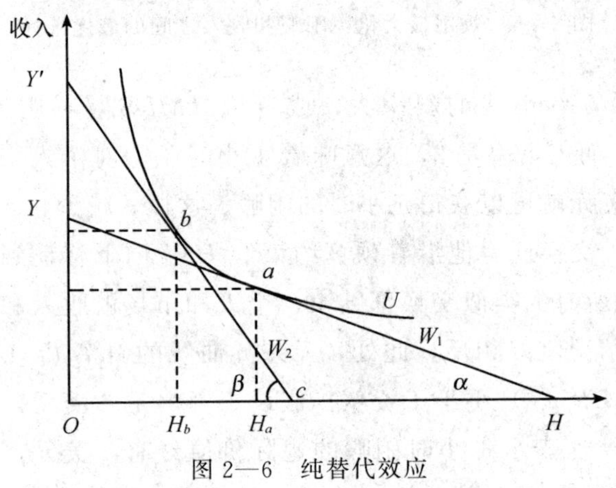

图 2—6　纯替代效应

（二）收入效应

收入效应是指在工资率保持不变的情况下，由于收入的变化引起的工作时间的变化。假设闲暇的价格（工资率）不变，把只是由于收入增加所导致的工作时间的增加分离出来，我们能够发现工资增加的收入效应。工资率的提高意味着在特定的工作时间内所能获得的货币收入增加，我们假设闲暇是一种正常商品，我们可以预期个人将增加的收入一部分用于“购买”闲暇。这意味着，当工资率提高，并且闲暇是一种正常商品时，收入效应将导致工人愿意工作的时间减少。

在图 2—7 中，如果条件不发生变化，则均衡点为b。由于非劳动收入增加使预算约束线平行向右方移动，得到一条新的预算约束线Y_t。从图中可以清楚地看到，均衡点由b移向c，用于闲暇的时间增加，而用于劳动的时间减少，闲

暇的增量为 H_bH_c 。由此可见，在其他条件不变时，由于非劳动收入的增加，个人达到的效用水平必定提高。纯收入效应是一条无差异曲线移向更高效用的无差异曲线引起的。一般情况下，纯收入效应使闲暇增加，劳动时间减少。

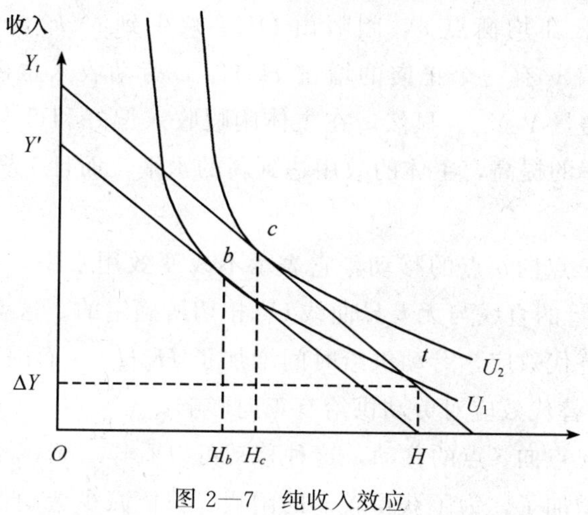

图 2—7　纯收入效应

（三）个人劳动供给曲线

工资率的提高，不仅使个人的收入得到增加，同时闲暇和劳动时间的效用也发生相应的变化。工资率的变化同时带来两种效应：收入效应和替代效应。工资率的变化对劳动供给决策主体的最终影响完全取决于两种效应之间的相互关系。下面结合图 2—8 进行分析。

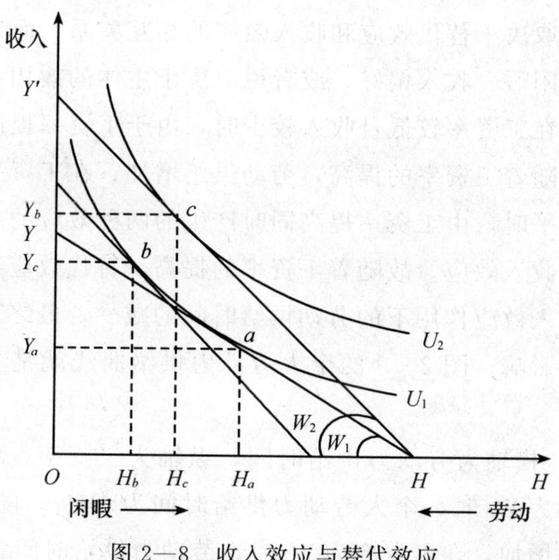

图 2—8　收入效应与替代效应

在图 2—8 中，工资率为 W_1 时，主体的闲暇—收入的均衡点为 a，此时，闲暇为 OH_a，收入为 Y_a。工资率由 W_1 提高到 W_2，则预算约束线为 HY'。在新的约束条件下，主体的最佳选择是在具有更高效用水平的无差异曲线 U_2 上的 c 点实现新的均衡。在均衡点 c，闲暇由 OH_a 减少到 OH_c，劳动供给曲线由 HH_a 增加到 HH_c，有一个正向的增量 H_aH_c，劳动收入也由 Y_a 增加到 Y_c，也有一个正向的增量 Y_aY_c。显然，在主体闲暇收入偏好和可支配资源既定的情况下，随着工资率的提高，主体的效用达到新的水平，而且工资率对劳动供给的时间有正向影响。

首先，观察 a 点向 b 点的移动，它表示不改变效用水平，而改变工资率，c 点是由与 HY' 平行的直线与无差异曲线 U_1 相切所确定的。这就是前面所提到的替代效应。由于替代效应，劳动供给时间增加了 H_aH_b，而闲暇则由 OH_a 减少到 OH_b。显然，替代效应对劳动供给有正向影响。

其次，观察 b 点向 c 点的移动，这种移动可以看作工资率不变，但收入却增加了。由于收入增加了，为了获得较多的闲暇，只能减少劳动供给时间，用增加的收入换取闲暇。如图 2—8 所示，点 b 到点 c 的移位就是收入效应。收入效应作用的结果就是劳动供给时间减少了 H_bH_c。显然，收入效应对劳动供给具有负向影响。

由此可见，由于工资率由 W_1 提高到 W_2，最佳选择由点 a 到点 c 的移位是替代效应和收入效应共同作用的结果。

在工资率提高的情况下，主体劳动供给决策受到两种效应的影响，劳动供给时间的变动量最终取决于替代效应和收入效应的相互关系。而这两者的相互关系实际上取决于主体闲暇—收入偏好，或者说取决于主体的效用函数。经验、事实和理论研究表明，在工资率较低且收入较少时，由于工资率提高产生的替代效应大于收入效应，故随着工资率的提高，劳动供给增加；在工资率维持较高水平并且收入也在较高水平时，由工资率提高同时产生的两种效应的相互关系发生了变化：替代效应小于收入效应。故随着工资率的提高，替代效应造成的劳动供给时间的增加，小于收入效应作用下的劳动供给时间的减少，最终表现为工资率增加对劳动供给的负向影响。图 2—9 的个人劳动力供给曲线就是上述分析的几何描述。

在图 2—9 中，横轴为劳动力供给时间，纵轴为工资率，S 为个人劳动力供给曲线，在工资率为 W_1 时，个人劳动力供给时间为 OH_1；随着工资率的提高，劳动力供给时间在增加，在工资率为 W_2 时，劳动力供给时间为 OH_2；工资率进

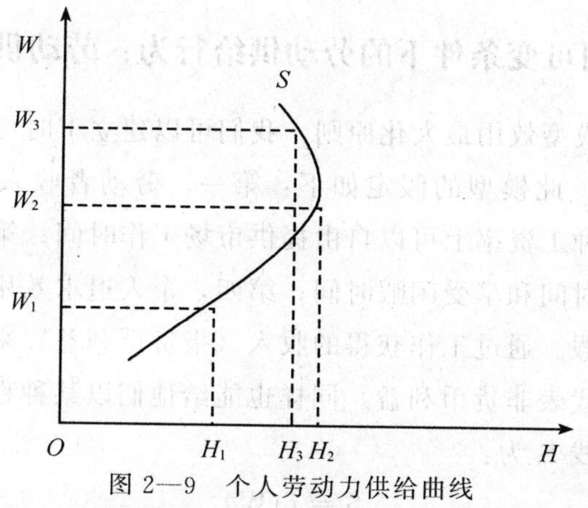

图 2—9　个人劳动力供给曲线

一步由 W_2 提高到 W_3 时，劳动力供给时间为 OH_3，劳动力供给时间反而减少了。由此产生的个人劳动力供给曲线 S 为“向后弯曲”的形状：工资率低于 W_2，曲线斜率为正值；工资率高于 W_2，曲线斜率为负值，即在工资率大于 W_2 区间，工资率的提高使劳动力供给时间减少。

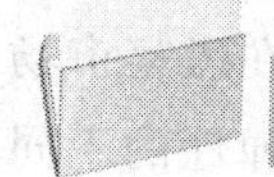

案例研究

巨额遗产会导致一个人退出劳动力市场吗？

非劳动收入性质的巨额遗产会削弱人们的工作积极性吗？

一项研究首先将在 1982—1983 年间继承过遗产的人分为两个群体，即接受了小额遗产的群体（平均价值为 7 700 美元）和接受了大额遗产的群体（平均价值为 346 200 美元）。然后这项研究分析了这两个群体在 1982—1985 年间的劳动参与率变化情况。

毫不奇怪，那些继承遗产较多的群体更有可能退出劳动力队伍。更为具体地说，接受小额遗产的群体的劳动参与率在此期间从 76%上升到了 81%，而接受了大额遗产的群体的劳动参与率却从 70%下降到了 65%。更令人惊奇的一个事实也许是，由于能够预见到自己将来会获得大额遗产，这些后来实际得到大额遗产的群体的劳动参与率从一开始就比较低。

资料来源：Douglas Holtz-Eakin，David Joulfaian，and Harvey S. Rosen. The Carnegie Conjecture：Some Empirical Evidence. *Quarterly Journal of Economics* 1993，No. 2（108）：413—435.

三、工作时间可变条件下的劳动供给行为：劳动供给弹性

根据劳动供给模型效用最大化原则，我们可以建立工时可变条件下劳动者劳动供给的基本模型。此模型的假定如下：第一，劳动者收入全部源于市场；第二，劳动者在每一种工资率上可以自由提供市场工作时间；第三，劳动者可支配时间分为市场工作时间和享受闲暇时间；第四，个人追求效用最大化，劳动者的效用源于工作和闲暇。通过工作获得的收入（指货币利益）来购买他们所需的物品和劳务，闲暇（代表非货币利益）同样也能给他们以某种程度的满足。

设劳动供给曲线 S 为：

$$S=f(W)$$

式中　S——劳动供给；

W——市场工资率。

则劳动供给的弹性：

$$\varepsilon_L^S=\frac{\%\Delta L}{\%\Delta W}$$

劳动供给的弹性表示劳动供给量对工资率变化的敏感程度。通常在考察市场劳动供给时，劳动供给弹性值分布在 0 到无限大之间。根据劳动供给弹性的不同取值，一般将劳动供给弹性分为五大类：

1. 供给无弹性，即：$\varepsilon_L^S=0$，在这种情况下，无论工资率如何变动（在劳动力市场分析的实际可能范围内），劳动力供给量固定不变。无弹性的劳动供给曲线是一条与横轴垂直的线。见图 2—10（a）。

2. 供给有无限弹性，即：$\varepsilon_L^S\rightarrow\infty$，在这种情况下，工资率给定，而劳动力供给量变动的绝对值大于 0。有无限弹性的劳动供给曲线是一条与横轴平行的线。见图 2—10（a）。

3. 单位供给弹性，即：$\varepsilon_L^S=1$，在这种情况下，工资率变动百分比与劳动力供给量变动的百分比相同 1。劳动供给曲线是一条与横轴夹角为 45°并向右上倾斜的曲线。见图 2—10（b）。

4. 供给富有弹性，即：$\varepsilon_L^S>1$，在这种情况下，劳动力供给量变动的百分比大于工资率变动百分比。劳动供给曲线是一条向右上倾斜且较为平坦的曲线。见图 2—10（b）。

5. 供给缺乏弹性，即：$\varepsilon_L^S<1$，在这种情况下，劳动力供给量变动的百分比小于工资率变动百分比。劳动供给曲线是一条向右上倾斜且较为陡峭的曲线。见

图 2—10（b）。

在现实生活中，还有两种常见的弹性不同的劳动供给曲线，如图 2—10（c）（d）所示。

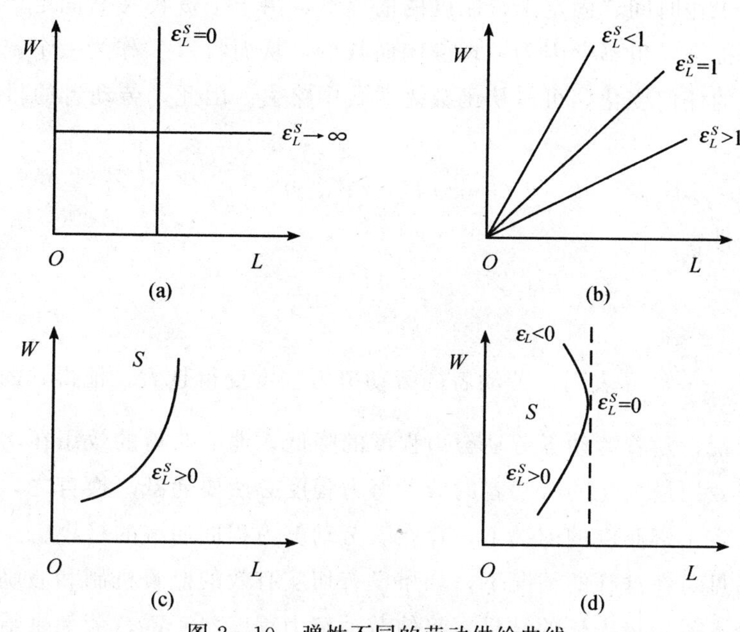

图 2—10　弹性不同的劳动供给曲线

四、工作时间固定条件下的劳动供给行为

固定工时的劳动供给模型假定劳动者的工作时间固定，从而不工作时间（闲暇时间）也固定，但劳动努力程度不是固定的，而是一个可变量。劳动供给量的大小取决于劳动努力程度。在固定工作时间下，劳动者通过偷闲（在职闲暇），可以减少在劳动中的体力和脑力的耗费，也就是可以通过降低劳动努力程度来提高自己的效用。根据这些假设，在固定工作时间下劳动者的效用函数变为：

$$\max U=（Y, e）$$

$$\text{s.t.}\ \frac{\partial U}{\partial y}>0,\ \frac{\partial U}{\partial e}<0$$

式中，Y 和 e 分别是劳动者的收入（这里为简便起见，假定劳动者只有工资收入）和劳动努力程度。$\frac{\partial U}{\partial y}>0$ 表示给定工作时间时，收入越高，劳动者的效用越大；$\frac{\partial U}{\partial e}<0$ 则表示在工作时间中偷闲越多，劳动努力程度越小，劳动者的效用越大。

（一）固定工作时间、固定工资制度下的劳动供给

1. 固定工作时间、固定工资制度下，劳动努力程度呈递减趋势

在固定工作时间、固定工资制度的前提下，由于工资收入 Y 固定，既不能因努力工作而提高，也不会因为发现偷闲而减少，从而收入 Y 作为一个定值不会再引起效用值的任何变化，可以从函数表达式中略去。因此，劳动者的目标函数写成：

$$\max U=(\bar{Y},\ e)$$

约束条件：

$$\text{s. t. } \frac{\partial U}{\partial e}<0$$

不等式 $\frac{\partial U}{\partial e}<0$ 表明，劳动者的劳动努力程度变得越大，他得到的效用变得越小；或者说，随着劳动者劳动努力程度的降低，他所获得的效用在增加。由此可知，追求效用最大化的劳动者的劳动努力程度必然要递减。换言之，在固定工作时间、固定工资制度的前提下，存在着劳动努力程度递减的趋势。

显而易见，在这样的情况下，如果没有切实有效的监督机制和激励机制，劳动者追求个人效用最大化的结果，将使劳动努力程度趋于零，劳动供给效率极低（见图 2—11）。S 代表偷闲，设 $S=f\ (e)$，且 $\frac{dS}{de}<0$，即努力程度越小，劳动偷闲越多。在固定工资收入为 Y_0 的情况下，当劳动者的劳动努力程度等于零时，其获得的效应最大，为 U_1。当然，为了抑制劳动努力程度的下降，也会采用必要的激励措施。

2. 固定工作时间、固定工资制度对劳动供给的激励

由于劳动者提供标准劳动努力程度 e^* 的效用水平 U_2 小于 U_1，故追求自身效用最大化的劳动者不会自觉达到标准劳动努力程度，而只愿意追求更低的劳动努力程度，这就需要对劳动者提供劳动进行激励。在固定工作时间和固定工资制度下，我国传统的用工制度批判并且放弃了物质利益的激励作用，改用精神鼓励、道德刺激。

（二）工作时间固定而工资收入可变条件下的劳动供给

这里所说的工资收入可变，是指劳动者的工资收入可以依其劳动努力程度的大小而变化。这时，劳动者的工资收入可以分为基本工资和奖励工资两部分。基本工资（设为 W_0）是与劳动者努力程度无关的那部分工资。奖励工资则按照劳

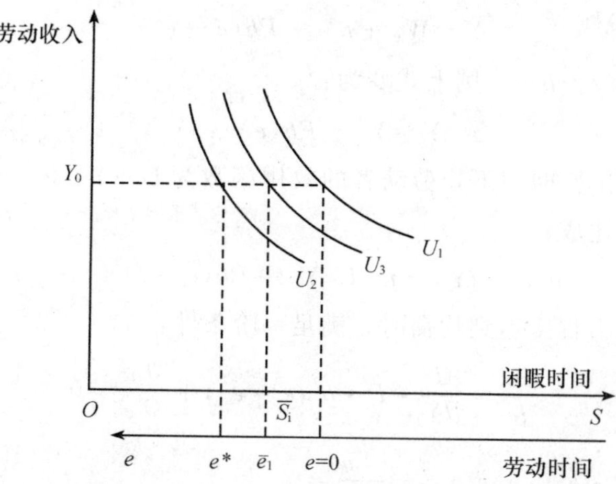

图 2—11　固定工作时间、固定工资制度下的劳动供给

动者的劳动努力程度发放；当劳动者提供了标准劳动努力程度 e^* 时，给予标准奖励工资；当劳动者提供的劳动努力程度大于 e^* 时，给予超过标准的奖励工资；当劳动者提供的劳动努力程度小于 e^* 时，则扣罚标准奖励工资，给予低于标准的奖励工资，甚至可以不给奖励工资而且还予以罚款。显然，奖励工资（设为 b）是劳动努力程度与标准劳动努力程度 e^* 之差的函数，设为：

$$b = b^* + b(e - e^*)$$

式中，b^* 为标准奖励工资，$b(e-e^*)$ 代表劳动者努力程度偏高于（或偏低于）标准劳动努力程度 e^* 时的奖励（或处罚）。奖励率（或处罚率）$b(e-e^*) = d[b(e-e^*)]/d(e-e^*) \geqslant 0$。

监督和衡量劳动者努力程度可以从动态（劳动过程）和静态（劳动成果的数量和质量）两个方面进行，只需对劳动成果进行监督和衡量从而确定劳动者劳动努力程度大小的计件工资，是一种监督成本低，效果好的形式。但是，在许多情况下，实行计件工资在技术上是不可能的，所以只能采取计时工资，这就产生了如何观测劳动者的劳动努力程度的问题。在观测中，虽然理论上劳动努力程度是可观测的，但由于观测要支付成本，而时刻观察每个劳动者的努力程度在经济上是不合理的，故某一劳动者的劳动努力程度只能被观察到一定的程度，我们用 P 表示偷闲没有被发现的概率。再者，由于只有当劳动者提供的劳动努力程度偏离标准劳动努力程度被发现时，才会被处以偏离标准奖励工资的奖励或处罚，从而，某一劳动者决定其劳动努力程度是否偏离 e^* 时，所考虑的预期偷闲收益为 $Pb(e-e^*)$。因此，劳动者在提供劳动努力程度 e 时预期的工资收入 Y 为：

$$Y=W_0+b^*+Pb(e-e^*)$$

若令 $Y_0=W_0+b^*$ ，则上式变为：

$$Y=Y_0+Pb(e-e^*)$$

由于在固定工作时间下，劳动者的效用函数为 U（Y，e），劳动者劳动供给的行为目标可表述成：

$$\max U(Y,e)=U[Y_0+Pb(e-e^*),e]$$

劳动者的劳力程度达到均衡时，满足一阶条件：

$$\frac{dU}{de}=\frac{dU}{dY}\cdot P\cdot b'(e-e^*)+\frac{\partial u}{\partial e}=0$$

即：$\frac{dU}{dY}\cdot P\cdot b'(e-e^*)=-\frac{\partial u}{\partial e}=0$ 式（2—1）

由此可求得均衡时的劳动努力程度。式（2—1）表明，当劳动者降低劳动努力程度的边际成本与边际收益相等时，劳动者的劳动努力程度达到均衡。或者说，劳动者选择劳动努力程度实际上是在求得由此产出的边际成本和边际收益之间的平衡。由于

$$MRS_e=\frac{dY}{de}=-\frac{MUe}{MUY}=\frac{\partial U/\partial e}{\partial U/\partial Y}$$

故将式（2—1）代入得：$dY/de=P\cdot b'(e-e^*)$

或写成：$dY=P\cdot b'(e-e^*)\cdot de$ 式（2—2）

已知 $0\leqslant P\leqslant 1$，$b'(e-e^*)\geqslant 0$，从而，在劳动者保持效用水平不变时，劳动努力程度增加 de 单位，可增加收入 $P\cdot b'(e-e^*)\cdot de$ 单位；换言之，劳动者降低劳动努力程度（增加偷闲）de 单位，是以减少 $P\cdot b'(e-e^*)\cdot de$ 单位收入为代价的。显然，P 和 $b'(e-e^*)$ 乘积的数值越大，劳动者降低劳动努力程度所花费的代价也越大。

偷闲发现概率 P 的大小取决于监督者的监督水平和监督意愿，监督意愿又取决于监督者的边际收益和边际成本之间的比较。奖励率（或罚款率）$b'(e-e^*)$ 则是指发现劳动者努力程度偏离标准努力程度后的奖励（或处罚）的程度。P 和 $b'(e-e^*)$ 各自的数值越大，则 $P\cdot b'(e-e^*)$ 之值也越大。

知识链接

在我国改革前的劳动制度中，劳动者的工作时间和工资收入都是固定不变

的，且不得被解雇。采取的是以政治为主要内容的精神刺激的方式，必要的管理监督被看成是“管、卡、压”，监督者（管理人员）监督的边际收益为负（因为监督反而要被批判），从而偷闲发现概率趋于零。又由于在“要社会主义，不要金钱挂帅”等口号下，取消了奖励工资，从而 $b'(e-e^{*})=0$。代入式（2—2）可得，劳动者不管怎么降低其劳动努力程度，其工资收入总是固定不变的。这样，劳动者劳动努力程度的下降成为必然。在上述精神刺激最强的“文化大革命”后期，劳动者的劳动努力程度不断下降，劳动生产率下降，这是使国民经济举步维艰的重要原因之一。

经济体制改革中采取的生产责任制之所以能提高劳动者的劳动努力程度，同样也可以用式（2—2）来解释：因为生产责任制提高了偷闲发现概率以及提高了奖励率（或罚款率），从而提高了劳动者偷闲边际成本，即提高了劳动者降低劳动努力程度的边际成本。

资料来源：赵履宽等．劳动经济学［M］．北京：中国劳动出版社，1997：115.

五、团队约束下的劳动供给行为

在现实生产中，各生产要素包括劳动力自身是共同投入或共同参加生产的。阿尔奇安（A. Alchian）和德姆塞茨（H. Demsetz）曾把现代生产的这一特征定义成“班组生产”（team production）。我们可以合理地假定班组生产是在某些指标（如产量、产值或利润等）的硬约束下进行的，从而对班组全体劳动者的偷闲有一硬约束，即一个劳动者的偷闲将减少其他劳动者的偷闲，这就是所谓的外部性。一定程度的外部性（externality）总是意味着一个劳动者和其他劳动者之间在生产（劳动）中的行为影响和由此引起的效用变化。有了“外部性”概念，就可以用外部方程式（2—3）来表示劳动者的外部关系：

$$S_i=\alpha-\beta S_j \qquad \text{式（2—3）}$$

式中，α、β 为正参数，S_i、S_j 分别为劳动者 i、其他劳动者 j 在工作时间内的偷闲。再假定 $\partial U_i/\partial S_i>0$、$\partial U_i/\partial S_j<0$，即一个劳动者自身的偷闲将增加其效用，其他劳动者的偷闲（从而该劳动者就难以偷闲）意味着该劳动者效用的降低，这就是因为劳动者 i 存在这一 $S_i=\alpha-\beta S_j$ 外部关系的硬约束。这样，劳动者 i 的行为方式可表述为：

$$\max U_i(e_i)$$

$$\text{s.t. } S_i = f_i(e_i) \text{ 且 } \partial S_i / \partial e_i < 0$$
$$S_i = \alpha - \beta S_j$$
$$\partial U_i / \partial S_i > 0$$
$$\partial U_i / \partial S_j < 0$$

由此可求出劳动者 i 的劳动努力程度的均衡度 e_i 和偷闲量 S_i 。将其表示在图 2—11 上，可知此时的劳动者的效用水平 U_3 介于 U_1 和 U_2 之间。可见劳动者追求偷闲最大化，并不一定意味着劳动者非要达到将工作时间内的偷闲等于工作时间的极限（即 $e=0$）不可，劳动者在某些约束条件下追求可能偷闲的最大值，同样也是在追求偷闲最大化。

又
$$\because \frac{\partial U_i}{\partial e_i} = \frac{\partial U_i}{\partial S_i} \cdot \frac{\partial S_i}{\partial e_i}$$
$$\therefore \frac{\partial U_i}{\partial e_i} < 0$$

该不等式表示存在外部约束条件下，劳动努力程度仍在递减的趋势。即使某些约束条件的限制，只能阻碍劳动努力程度递减趋势的充分实现，而不能消灭这种趋势本身。

六、个人劳动供给理论的应用与拓展：工伤保险补偿计划

劳动供给最基本的前提之一是，任何一个改变一个人的工资率或非劳动收入的因素都有可能改变劳动力供给的后果。其中特别明显的例子就是福利计划对低收入者供给的效应。我们以社会保险中的工伤保险补偿计划为例说明该计划对劳动供给的影响。

我们假定工伤保险补偿计划规定如下：当受工伤之后，工人只要未工作就可以获得与受伤前相等的工资。如果工人找到工作，无论他工作多长时间都不再被认定为伤残，从而不能继续享受津贴。我们利用图 2—12 分析这一计划对工人工作的激励效应。

如图 2—12 所示，图中假定受伤前的预算约束线是 AB，工资是 E_0 ，并且假定工人的“市场”预算约束（即无工伤补偿计划下的约束）不变，所以康复之后仍然能得到受伤前的工资。在上述条件下，受伤后的预算约束是 BAC；个人的最大效用在 C 点，即不工作。

预算约束包括 AC 段，AC 段看上去像一个“钉子”，正是这个“钉子”造成

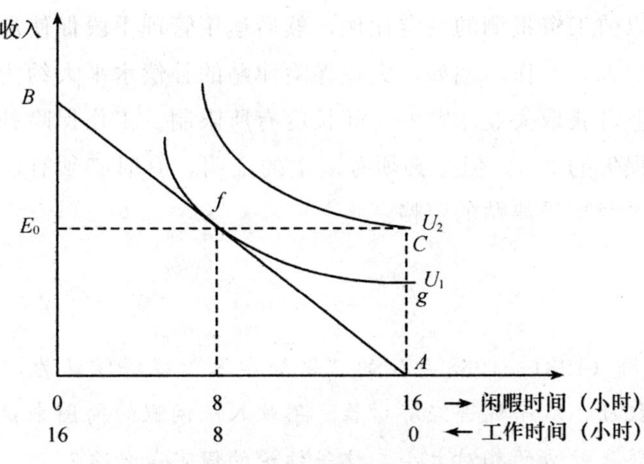

图 2—12　补偿工伤计划对劳动供给的影响

了严重的工作动机问题。[①] 原因有两点：第一，与工作第一个小时有关的报酬是负的。即处于 C 点（不工作点）的人重新工作时，发现因为工作其收入大幅度下降，工作产生的工资报酬将会被津贴的减少而抵消，造成了负“净工资”。这一计划造成的替代效应显然妨碍人们工作。

第二，假定不工作时的津贴 AC 等于受伤前的工资水平 E_0，如果工人看重闲暇（正如标准的向下倾斜的无差异曲线 U_1、U_2 所假定的），那么他可以既得到原工资水平的津贴，同时又享受更多的闲暇。显然，效用增加。工人在 C 点比在 f 点（受伤前的工资与闲暇的组合）境况更好，因为他处于无差异曲线 U_2 而非 U_1 上。在这种情况下，受益者不工作时的境况比工作时更好，显然会产生强烈的收入效应，阻碍受益人早日重返工作岗位。

由于收入补偿计划的主要目标是使不幸的工人摆脱困境，不太注重工作激励方面的效果，因此制订一项避免降低工作激励的计划是不易的。例如，在上例所描述的工人偏好中，略低于 Ag 的津贴既能保证最低的效用损失，又能促使受伤者在康复之后尽快返回工作岗位。因为，如果工人工伤好后继续工作，他将会获得无差异曲线 U_1，见点 f，而获得低于 Ag 的津贴却不会达到无差异曲线 U_1。但是，由于工人的偏好不同，所以个人的最优津贴（即产生工作激励效应，同时又保证最小的效用损失）也不同。

对于那些产生“钉子”的计划，政策制定者所能采取的最好的办法是将非工

① 罗纳德・G. 伊兰伯格，罗伯特・S. 史密斯. 现代劳动经济学（第十版）［M］. 刘昕等译. 北京：中国人民大学出版社，2013：179－182.

作津贴确定为以前工资报酬的一定比例，然后运用管理手段促使那些不工作所获得的效用更大的人去工作。例如，失业保险津贴的补偿水平大约为工资报酬的一半，但是对失业者获取失业津贴的时间长度有所限制。工伤保险补偿大约为一般工人工资报酬损失的2/3。但是必须有医生的证明，有时必须有法院听证，以决定工人是否有继续享受津贴的资格。

延伸思考

1. 里根政府（1981—1988年）的“供给学派”经济学认为，所得税削减将刺激工作的积极性，从而促进经济增长。用收入—闲暇的简图来说明其结论。对于收入效应和替代效应的相对大小，这一结论的假定是什么？

2. 评价下述结论：

A　在既定的工资率下，个人总是愿意从事自己可以选择工时数的工作，而不愿意从事雇主决定工时数的工作。

B　雇主可以通过将标准工资率改变为对超过最低工作时间的超时工作，支付额外酬劳的做法，来减少工人的缺勤。

3. 解释能力和家庭背景是怎样直接影响收入的，而与教育和培训无关。

深度阅读

1. 赵履宽等. 劳动经济学［M］. 北京：中国劳动出版社，1997.

2. 陆铭. 劳动和人力资源经济学［M］. 上海：上海人民出版社，2007.

第三章 家庭劳动供给行为：家庭分工与时间分配

对于一个典型的家庭来讲，一份饭菜是通过提供劳动市场时间获得收入，以及在超市购买食品和烹饪这些饭菜的时间结合起来生产的。由于家庭可用时间的总量是有限的，时间的不同使用方式之间是有竞争性的。家庭在寻求效用最大化时有很多问题需要解决。第一，家庭想要消费什么商品？第二，家庭想如何生产这些商品？也就是，在什么程度上商品应该通过劳动力市场来提供，而不是在家中生产？第三，单个家庭成员将如何在劳动力市场工作、家庭生产、消费和其他可能的方面分配时间？本章主要讨论上述第三个问题。

一、贝克尔的家庭生产函数

在前面一章中，我们介绍了个人在劳动力市场工作和闲暇之间做出选择的模型，该模型对理解工作—闲暇决策和有关这一决策的含义是有用的，贝克尔和其他学者对该模型做的推广和拓展①，主要是从如下两个方面进行。

第一，家庭角度。第一个变化是把家庭看作决策的基本单位，这要比从个人角度分析所适用的范围更广。大多数人是家庭成员，如何支配自己时间的决策要受到其他家庭成员决策的影响，例如，妻子是否应该到劳动力市场上寻找工作可能取决于其丈夫目前是否就业。

第二，时间的多种用途。在贝克尔的家庭时间分配模型中，传统的工作—闲暇二分法由一个更为复杂的分类法所取代。贝克尔认为，家庭应该被看作是一个经济单位，生产出产生效用的“商品”，这些产生效用的“商品”是由家庭把产品（产品和服务）与时间要素结合在一起生产出来的。也就是说，家庭可将其能够支配的时间用于三个基本方面：（1）在劳动力市场上出售劳动力以获得货币收入来购买产品和服务（劳动力市场时间）；（2）用于家庭生产（家庭生产时间）；（3）用于产品和服务的实际消费（消费时间）。

---

① 加里·贝克尔的此篇文章具有里程碑式的意义：A Theory of the location of Time. *Economic Journal*, September 1965：493－517.

贝克尔的家庭生产函数中视家庭为经济单位，即家庭对如何在工作、家庭生产和家庭消费上分配时间以获得商品的最大效用方面做出最优决策。

为了解决家务劳动生产的各种产品的加总问题，我们这里将各种产品数量按其货币价格折成货币量，得出一个以价值形式表现的家务劳动生产的产品总和，设为Y；又设家务劳动时间为H，则家庭生产函数可表述为：

$$Y = g(H)$$

图3—1是一个典型的家庭生产函数。横轴为时间轴，OT为家庭成员的总时间，自T点从右向左表示家务劳动时间H，纵轴表示家庭生产的产品总和。曲线TEF就是家庭生产函数，它的斜率（从右向左看）开始为正并逐渐陡峭，但过了一些时间后，陡度又开始趋向缓和，过了E点后，曲线的斜率变为负值。这就是说，当家务劳动的边际产量递增时，家庭产品的总产量以递增的速度增加；当边际产量递减时，总产量以递减的速度增加；当边际产量为负数时，总产量递减。家庭产品总产量这种变化的原因之一，是由于可变的生产要素的投入量（家务劳动时间）与固定的生产要素投入量之间的不同组合所致。当家务劳动投入时间过少时，资本投入（如家具、住宅等）由于其不可分割性而难以充分发挥效率。这时增加家务劳动时间投入，可以使要素组合增加，家务劳动时间投入与资本投入组合日趋合理，家务劳动的平均产量达到最高水平。此后，继续增加家务劳动时间投入，和资本投入相比，家务劳动时间的投入量偏多了，但由于资本的效率尚未挖掘殆尽，仍能使总产量增加，只是增加的幅度越来越小。当家务劳动时间投入达到资本投入所能容纳的最大限度时，总产量也达到最大。之后，继续增加家务劳动时间，资本效率的下降（表现为资本的平均产量下降）和早已下降的劳动效率（表现在劳动的平均产量下降上）结合在一起，使总产量下降。

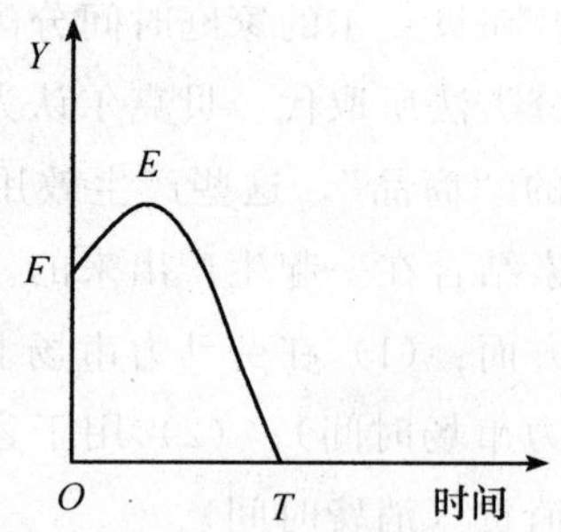

图3—1　一个典型的家庭生产函数

当家庭成员将其时间分配到市场工作、家务劳动和闲暇娱乐上时，该家庭的总预算曲线见图 3—2。根据家庭偏好，当家庭的无差异曲线在 K 点与家庭总预算曲线 $GHJAC$ 相切时，K 点就是家庭的总时间分配的均衡点。在家庭的总时间为 CO（也就是图 3—1 中的 OT）时，家庭成员将做 CD 单位时间的家务劳动，生产 MU 单位的家庭产品；提供 DS 单位时间的市场劳动，赚取能购买 UV 单位商品的收入；家庭闲暇时间为 SO 单位时间。

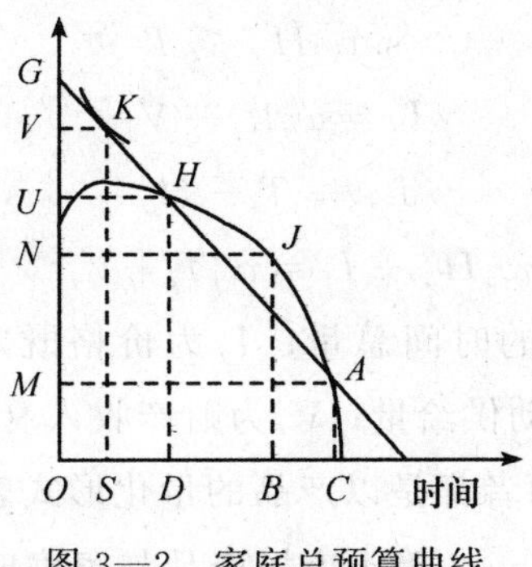

图 3—2　家庭总预算曲线

当家庭无差异曲线在 J 点与家庭总预算相切时，家庭成员的最佳选择是做 CB 单位时间的家务劳动，生产 MN 单位的家庭产品，其余的时间 BO 为闲暇时间。这里家庭之所以不选择市场劳动而选择家庭劳动，是因为家庭成员的市场工资率低于其家务劳动的边际产量，故选择做家务更有利。

以上，我们虽然只讨论了单人家庭情况，但是这一模型可以推广，从而可获得广泛的应用。例如，我们可以将此模型用于那些一人外出工作的家庭；也可以用此模型分析双职工家庭中其中一人的时间分配行为，此时我们将对夫妇一方的收入计入另一方的非工资收入来进行分析。

二、家庭劳动供给决策：分工与合作的几种典型模式①

（一）单身家庭

假定某君 j 是单身独居。为了讨论上的便利，我们进一步假定有关市场产品的价格是恒定的，以使 j 君所购产品都能表现为某种唯一的投入要素（即希克斯所定义的复合产品定理），这种投入要素用 I_j 来表示。采用同样的手法，我们在后面将繁杂的支出项目予以抽象化，并假定家庭产出具有按比例获得固定收益的

① Alessandro Cigno. Economics of the Family［M］. Oxford：oxford University Press，1991.

属性。这样，边际成本将保持不变，由此，我们可以将所有的家庭产出品都视为同一种产出品，这种产出品用 X_j 来表示。

• 单身家庭的生产函数

假设 j 为单身独居，其家庭产出品 X_j 可以表示为：

$$\max X_j = F(H_j, I_j)$$
$$\text{s.t. } H_j \leqslant T$$
$$I_j = w_j L_j + V_j$$
$$L_j \equiv T - H_j$$

j 的全部收入为：$Y_j = w_j H_j + I_j = w_j T + V_j$

其中，H_j 为家庭产出的时间总量；I_j 为价格既定时市场产品的投入要素；w_j 为工资率；L_j 为市场劳动供给量；V_j 为财产收入（即非劳动收入）；尽管分为家务劳动和市场劳动，但两者都是以产品的量化形式表现的。L_j 的收益率等于市场工资率 w_j，H_j 的收益率 $w_j{}^*$ 等于市场产品与家庭时间的边际替代率，即家庭时间的边际产品 FH 与市场物品的边际产品 FI 之比，$w_j^* \equiv FH/FI$ 。

• 单身家庭的时间配置

当 $H_j \leqslant T$，且 $w_j^* > w_j$ 时，j 的时间将被用于家庭产出，此时，$I_j = V_j$；

当 $H_j \leqslant T$，且 $w_j^* < w_j$ 时，j 将把 $w_j^* = w_j$ 时的时间用于家庭生产，其余时间用于市场劳动，因此，下式成立：$(w_j^* - w_j)(T - H_j) = 0$。

这两种可能的后果可用图 3—3 说明：

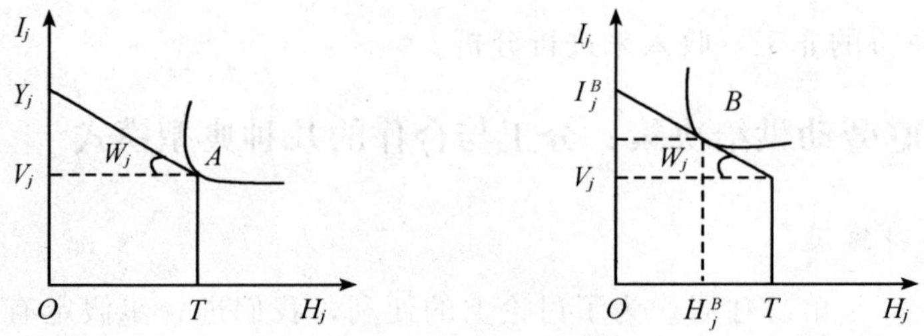

图 3—3 非劳动收入变化时，单身家庭两种可能的时间配置

结论：若两个单身家庭在财产收入方面存在差别，较富裕的家庭会将更多时间用于家庭产出活动，较少时间用于市场活动。

若两个单身家庭在获取货币收入能力方面存在差异，能力较高的家庭会将更多时间用于家庭产出活动，较少时间用于市场活动，而且其购买的市场产品也较多，例如，高收入的单身汉购买较多的方便物品、节约时间的家用器具等。

（二）双人家庭

假如有两个人 m 和 f（未必非得一男一女），生活在各自的单身家庭里。如果两个家庭合二为一是否会提高效率呢？换言之，如果 m 和 f “联合”起来，其家庭产出是不是会比原来独身时更多呢？这里所言的“产出更多”，并不是说二者“联合”后生活境况会更好。因为后者的答案要取决于他们的“联合产品”如何在两者之间分配。而我们的问题是，“联合”是否值得考虑。如果“联合”能使两者改善或提高家庭产出的“生产技术”水平，或者说有助于实现家庭生产规模经济，则“联合”无疑是可取的。不过，我们想指出的是，即或“联合”的家庭仍一如既往地活动，每个单身家庭也照样可以实现按比例的固定收益。

·双人家庭的生产函数

$$\max X_{mf}=F(H_{mf},\ I_{mf})$$
$$\text{s.t. } H_{mf}=H_m+H_f$$
$$w_m H_m+w_f H_f+I_{mf}=V_m+V_f+(w_m+w_f)T=Y_m+Y_f$$

H_{mf} 表示家庭时间的联合产出品；I_{mf} 表示市场产品的联合投入要素。

·双人家庭的分工

双人家庭分工的四种模式如图 3—4 所示。

（1）当 $H_{mf}^*<T$，且 $w_f=w_f^*=w_m^*<w_m$ 时，m 将专司市场性劳动，即 $L_m=T$；f 则半内半外，即（$H_f=H_{mf}^*$）的时间从事家务，（$L_f=T-H_{mf}^*$）的时间从事市场劳动，如图 3—4（a）。

（2）当 $H_{mf}^*=T$，且 $w_f<w_f^*=w_m^*<w_m$ 时，家庭成员完全专业化，m 将专司市场性劳动，即 $L_m=T$；f 则专司家务劳动，即 $H_f=H_{mf}^*$，如图 3—4（b）。

（3）当 $T<H_{mf}^*<2T$，且 $w_f<w_f^*=w_m^*=w_m$ 时，m 将（$H_m=H_{mf}^*-T$）的时间从事家务活动，将（$L_m=2T-H_{mf}^*$）的时间从事市场性劳动，f 则专司家务劳动，即 $H_f=T$，如图 3—4（c）。

（4）当 $H_{mf}^*=2T$，且 $w_f<w_m<w_f^*=w_m^*$ 时，m 和 f 的财产丰厚，可以双双“赋闲”，完全从事家务劳动，即 $H_m=H_f=T$，如图 3—4（d）。

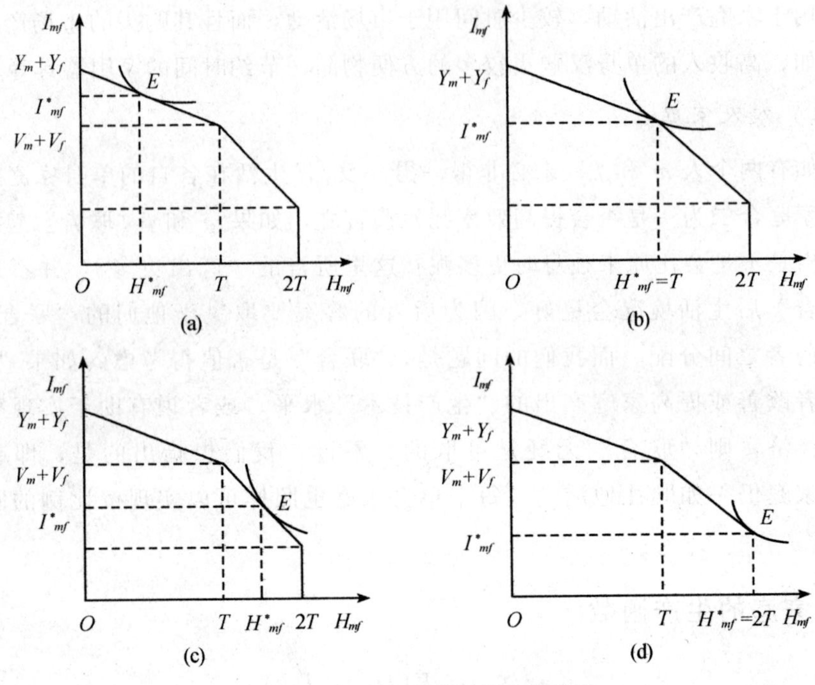

图 3—4　双人家庭的四种分工模式

(5) 当 m 和 f 的工资率相等，且 $w_f=w_m<w_f^*=w_m^*$ 时，两个家庭成员都从事家庭产出活动。

(6) 当 w_f，$w_m>w_f^*$，w_m^* 时，两个家庭成员都从事市场性劳动，而完全不从事家庭劳动，这意味不可能组成家庭。

(7) 在不存在规模经济，且 $w_f=w_m=w_f^*=w_m^*$ 时，两个家庭成员从事等量的市场性劳动和家庭劳动，其产出量不比单身时高，也不可能组成家庭。

结论：双人家庭中，至少有一个成员，要么擅长于家务性活动，要么擅长于市场性活动，这样组成的双人家庭才是有效率的。

三、家庭生产的规模经济与交易费用

规模经济或收益递增问题，通常是建立在两个直接的假定基础上：一是对产出而言，成本函数是凸形的；二是对任何投入要素的线型组合而言，生产函数是处处下凹的。然而，这无助于解释大型组织中的投入要素是否实现了最佳利用。规模经济的源泉之一在于劳动分工。另一个源泉与家庭开支所形成的家产有关，如房屋、家具、家用器皿等；这些家产对每一个家庭成员而言都具有“共用品”

的属性。当把这些家产考虑在内且人均占有量一定时，则家庭成员越来越多，人均成本则越少。

为了把来自于成本分担所形成的节余额与劳动分工所形成的效益增量分离开来，我们在此假设家庭成员间并不存在身份上的差别。由于家庭成员之间并无差别，都执行着相同的功能，家庭成员的身份标签便可以统统弃之不用。这样，我们以 I 代表人均收入和人均家庭支出，H 代表人均家务活动时间，$X=f$（H，I）代表人均产出函数，N 代表家庭成员数目。

通常地说，家庭总支出 E 并不等于 N 和 I 的乘积，而是如下式所示：

$$E=N^{\gamma}I \qquad (0\leqslant\gamma\leqslant 1)$$

可以把公式中的 γ 理解为密度系数：值越小，成本分担的范围就越大。γ 等于零，意味着该家庭所购置的物品完全是“共用品”（即不论家庭成员是多少，I 恒等于 E）。γ 等于 1，意味着该家庭所购置的物品纯粹是个人私有物品（即 I 等于 N 分之 E）。

不论 N 为何值，当 $X=T$，或家庭共同影子工资率等于其家务时间的机会成本时，下述公式成立。

$$w^{*}\equiv\frac{F_H}{F_1}=w\,N^{1-\gamma}$$

函数 $C(H_w+I\,N^{\gamma-1})$ 的人均成本都将趋于最小化。如果市场工资率为 W，家庭成员数为 N，以 $C(w，N，X)$ 表示生产 X 产出品的最低成本，根据包络定理可知：

$$C_N=-(1-\gamma)IN^{\gamma-2}$$

因而，若 γ 小于 1，生产 X 单位产品的最低成本与 N 成反比。

在不考虑其他因素的条件下，当 $\gamma=1$ 时，经济合理的家庭（成员）规模是难以确定的，当 $\gamma<1$ 时，家庭规模可以随意地扩大。推断家庭规模限度或使之得以确定的方式之一，是将交易费用因素考虑在内。如果两个或两个以上的人正在酝酿组建一个家庭，他们必须首先为找到“合作伙伴”而花费一定的时间和货币成本，然后要坐下来讨论彼此的工作分工以及如何向新“家”捐赠产品。这些初始性的交易费用并不会一次性地终结：当彼此的市场价格（即工资）发生变化，或当某个家庭成员的潜在能力为对方所认知或承认时，初始交易费用还会相应地变化或调整。为了坚持家庭成员是否遵守协议以惩罚违约者，还会发生附加的交易费用。

四、家庭劳动供给理论的应用与拓展

以贝克尔为代表的家庭生产理论的核心是关于家庭劳动供给的理论。家庭生产理论认为，对于一个家庭来说，其可以利用的时间总和可以被花费在三个方面，即市场工作、闲暇、家务劳动。并且，家庭生产理论将家务劳动也看成是一种生产性劳动。家庭生产理论实际上是把劳动者放在家庭的背景下去分析他们的劳动供给决策的一种方法。它倾向于将夫妻双方之间的劳动供给决策看成是一种联合决策，而不是彼此独立的两种决策。

家庭生产理论认为，通过家务劳动所生产出来的家庭产品既可以采取时间密集型的生产方式（花费较多的时间而使用较少的半成品或利用较少的辅助设备）来生产出来，也可以用商品密集型的生产方式（大量使用半成品或利用辅助设备，而只投入较少的时间）生产出来。

在这种情况下，一个家庭中的全体成员就要做出这样一种决定，即如何在市场工作、家庭产品的生产以及闲暇之间进行分配。而分配的原则采取比较优势的原理，即每位家庭成员都应当选择他们个人的相对效率最高的那种时间利用方式。

（一）职能的分工

在家庭里的夫妻双方，哪一方应当更多地留在家里或者从事时间要求宽松的工作以承担照顾孩子的主要责任，他们会对其中一名成员承担该责任的收益和损失加以权衡。他们留在家中的损失与其各自的市场工资率有关，而其收益取决于他们在照顾孩子过程中所能得到的快乐（效用）多少和照顾孩子技能水平高低。在此处，可将所得到快乐（效用）多少和照顾孩子技能水平高低作为在照顾孩子时父母“生产率”高低的标志。一般来说，妻子的工资率较丈夫的工资率低，且在照顾孩子方面比丈夫生产率高，因此，让妻子承担照顾孩子的主要责任更具有比较优势，使得该家庭放弃的市场商品更少，所获得的快乐更多。

随着工资率、收入及家庭生产率的变化，家务劳动的时间分配情况也会发生改变。有研究表明，假如夫妻双方都从事市场工作，他们各自在照顾孩子等家务劳动方面所花的时间会受到两人相对工资率的影响。随着妻子的工资率相对于丈夫的工资率有所上升，丈夫承担家务劳动的时间也会有所增加，而妻子从事家务劳动的时间则会减少。

（二）劳动力供给的经济周期

在经济衰退时期，可能会对家庭的劳动力供给产生两种并行的效应，这就是附加的工人效应和灰心丧气的工人效应。

所谓附加的工人效应，是指当家庭中的主要收入获取者（比如丈夫）失去工作以后，其他的家庭成员（比如妻子）将临时性地进入劳动力队伍，以力图通过找到工作而缓解家庭收入的下降。对于其他家庭成员来说，主要收入者的收入可以视为非劳动收入，而随着其他成员的失业，这一非劳动收入下降了，因此而产生的收入效应导致其他家庭成员的劳动力供给增加。

所谓灰心丧气的工人效应，其作用与附加的工人效应正相反，在衰退时期，一些失业工人对于在某一可行的工资率水平下找到工作变得非常悲观，因而停止寻找工作，从而临时成为非劳动力参与者。衰退时期工资率的下降导致闲暇的机会成本下降，结果导致对劳动力供给的替代效应发生较大的作用。

（三）劳动力供给的生命周期

一个基本原则是，当一个人得到工资报酬的能力高于家庭生产率时，倾向于从事更多的市场工作；相反，当获得工资报酬的能力比较低时，他将从事家庭生产。

通常情况下，一个人的市场生产率（可以用其能够获得的工资率来表示）在年轻的时候往往比较低，但是会随着年龄的增加而不断上升，到了晚年时生产率又会出现停滞甚至下降的情况。因此，如果将生命周期的因素引入劳动力供给，我们就不难发现：一般情况下，一个人的时间密集型闲暇消费活动主要发生在早年和晚年，而在工资率较高的中年阶段，人们往往会把较多的时间用在有酬的工作上。在国外，从事国际旅游的人当中青少年和老年人居多的现象与这一理论是相一致的。显然，在这些年龄群体中，时间的机会成本较低或者说时间相对较为便宜。

延伸思考

1. 贝克尔的时间分配模型与简单的工作—闲暇选择模型在哪些方面有所不同？

2. 新增工人效应可以用收入效应来解释吗？灰心丧气的工人效应可以用替代效应来解释吗？

3. 设计一份关于我国家庭时间配置与分工的实证研究计划，包括要解决的关键问题、调查问卷、调查方式、数据处理与分析等。

深度阅读

1. 贝克尔. 人类行为的经济分析［M］. 上海：上海三联书店，2003.

2. 坎贝尔·R. 麦克南，斯坦利·L. 布鲁，大卫·A. 麦克菲逊. 当代劳动经济学［M］. 北京：人民邮电出版社，2004.

第四章 社会劳动供给总量：度量与影响因素

经济中的劳动供给总量取决于人口的规模和人口构成，也取决于劳动参与率，即适龄工作人口中实际工作或正在找工作的人口比例。此外，社会所得到的劳动总量还取决于每周或每年的工作时间以及劳动力素质。本章中，我们主要探讨人口及其结构、劳动参与率对社会劳动供给总量的影响。另外，我们将分别讨论个人生命周期以及社会福利、税收制度对个人劳动供给决策的影响，以此来深入理解影响社会劳动供给总量的个人与社会因素。最后，我们总结了社会劳动供给曲线的特点。

一、人口规模及结构

人口对劳动供给的影响，主要表现在两个方面：其一为人口规模；其二为人口结构。

（一）人口规模

构成劳动供给的劳动力人口群体，是一定时期、一定地域人口总体的一部分。总体发生变化，其组成部分也要相应地发生变化。在其他条件不变的情况下，劳动供给与人口规模成正向关系。人口规模的变化有三种情况。如果以人口的自然增长率为标志，可分为：扩大的人口再生产，人口的自然增长率大于0，人口规模不断扩大；人口简单再生产，人口的自然增长率等于0，人口总量不变；缩小的人口再生产，人口的自然增长率小于0，人口总量减少。若是一个封闭的人口群体，那么，劳动力供给一般存在着与人口规模的正方向变化。人口的自然增长率是由出生率减死亡率得到的。人口预期寿命的延长，婴儿死亡率的大幅度降低，使得劳动供给的增长率与人口出生率存在着更为密切的关系。若劳动年龄的下限是16周岁，那么，目前的人口出生率也就近似地决定了15年后劳动力供给的增长率。人口规模的不断扩大，使劳动力市场劳动力供给增加。如果劳动需求不变，其结果必然是均衡工资率的下降。

（二）人口年龄结构

由于人口出生率与死亡率的变动，人口的年龄结构是在不断变化的。人口年龄结构对劳动供给的影响，主要表现在两个方面：通过劳动年龄组人口占人口总体比重的变化，影响劳动供给；通过劳动年龄组内部年龄构成的变动，影响劳动供给内部构成的变化。

首先分析第一种情况。劳动年龄组人口比重大，劳动供给将比较充分；反之，劳动供给将趋向减少。具体讲，如果0～15周岁年龄组人口占总人口比重大，意味着未来劳动力资源丰富，劳动供给将会增加；少年儿童人口比重大，表明人口的年龄结构属于年轻型人口，而年轻型人口属于增长型人口，故劳动供给将呈不断增长的态势。那么，在其他条件不变时，未来劳动供给曲线的斜率将会较大，从而劳动供给曲线的弹性较小。如果60周岁及以上人口比重大，表明人口年龄结构将趋于老化，今后人口发展比较缓慢，劳动供给将出现停滞或减少的趋势，其未来劳动供给曲线的弹性较大。

其次讨论第二种情况。在劳动年龄组人口比重一定的情况下，其内部年龄构成不同，劳动供给也有明显的差异。如果16～24周岁年龄组人口占劳动年龄组的比重大，新增劳动供给将明显增强，劳动供给曲线的弹性也会较大，曲线将会较为平坦。若将劳动年龄组分为16～39周岁和40～55周岁两组，那么，不同的构成对劳动供给也具有不同影响。这种差异主要体现在人力资本存量方面的差异。在劳动年龄组内年龄构成过于年轻或过于“老化”，都会对劳动供给产生不同影响，特别是对劳动供给曲线弹性的影响。

（三）人口城乡结构

人口的城乡结构既是人口地理分布的反映，也是人口经济结构的反映。由于历史等诸方面的原因，不同地区在经济发展水平方面存在着客观差异，特别是城市和乡村经济发展的不平衡，导致人口收入构成的种种差异。人口城乡结构及其变动，对正处于工业化和现代化进程中的发展中国家的劳动力市场产生重大影响，特别是对劳动力供给弹性的影响。乡村劳动力向非农业领域的转移，使劳动力供给弹性趋向增大。

二、劳动参与率：度量与趋势

（一）劳动参与率的度量

劳动力参与率测量的是一个国家从事经济活动的劳动年龄人口的规模。劳动力参与率是反映劳动力市场活动水平的一项总指标，它也可以以性别和年龄组分类计算，因而可以反映出一个国家经济活动人口的分布情况。

劳动力参与率的计算一般是以加入劳动力的人数占劳动年龄人口的百分比进行的。劳动力人口是就业人数和失业人数之和。劳动年龄人口是一定年龄之上的人口，该年龄线是为衡量经济特性而规定的。具体的计算公式为：

$$劳动年龄人口的劳动力参与率=\frac{劳动力人口}{劳动年龄人口}\times 100\%$$

$$年龄（性别）劳动力参与率=\frac{某年龄（性别）劳动力人口}{该年龄（性别）人口}\times 100\%$$

劳动力参与率指标在研究一个国家人力资源规模、构成因素以及预测未来劳动力供给时居于重要的地位。这类数据可用来制定就业政策并确定培训需要。这一指标也为计算男女人口的预期工作寿命和进入、退出经济活动的比率提供了基本数据。这些数据对于制订社会保障制度的财务计划也有着重大的意义。

这一指标也可用来了解不同类别的人口群体在劳动力市场上的行为。有一种理论认为，劳动力参与的水平和方式取决于就业机会的多少和收入要求，而不同的人群具有不同的收入要求。比如研究表明，妇女劳动参与率在任何年龄都是有规律地随婚姻状况和教育水平而变化。城镇和农村人口以及不同社会经济群体间的参与率也有很大的不同。

营养不良、残疾和长期疾病会影响工作能力，因此也被认为是决定劳动参与率的主要因素，在低收入的条件下更是如此。人口学家密切关注的另一个方面是人口出生率和妇女劳动力参与率之间的关系。如果以当前妇女对经济活动的参与趋势为基础．我们就可以利用这种关系来预测人口出生率的未来变化。

比较处于不同发展阶段的各国总的劳动力参与率时，发现了一种特殊的U形关系。在发展中国家，经济增长是与这些因素联系在一起的：教育设施的发展，劳动力从农业向城镇经济活动的转移，以及收入机会的增加，特别是处于黄金年龄段的（24～54岁）男性家长与其他家庭成员相比收入机会的增加。所有这些因素共同作用有可能会降低男女劳动力的参与率，尽管这种影响对妇女弱些并显示出一个较宽泛的变化幅度。

在较高的发展水平上，趋势是相反的。所有人，不论男女，就业机会越大，收入要求越高，则劳动力参与率也越高。在许多工业化国家中，这种模式在女性人口中继续存在，但对男性来说不是如此（年轻男性除外），显示在发展最高水平的国家中U形关系有一定程度的扭曲。

对妇女而言，在每个年龄组中的劳动参与率通常要低于男性。在黄金年龄段的妇女劳动参与率不仅低于相应的男性参与率，而且常常表现出略有不同的模式。在妇女的生命周期内，她们倾向于离开劳动力队伍从事生育和抚养子女。当孩子足够大时，他们又回到经济活动中来，但是参与率较低。然而，在工业化国家里，妇女参与率曲线越来越和男性的相类似，并且也明显地向男性的参与率水平靠近。

（二）劳动参与率的影响因素

影响劳动力参与率的因素错综复杂，各因素对劳动力参与率的影响程度、影响方向也不一样。即使是同样的因素，在经济社会发展的不同阶段，其发挥作用的程度和方向也不一样。目前，还无法计量各因素对劳动力参与率的影响程度。一般来说，影响劳动力参与率的主要因素有：

（1）人口的年龄结构和性别结构。在总人口中，劳动力人口比重越大，则劳动参与率越高，反之则低。女性人口的比重越大，则现实的劳动力资源越少，劳动参与率越低。

（2）工资水平的高低。工资水平提高，一方面会吸引劳动力特别是妇女走出家门，参与社会劳动；另一方面也会使一部分家务负担重的妇女退出劳动岗位。

（3）社会经济制度，如工时制度、用工制度、社会保险和社会福利制度等。灵活的工时制度和用工制度会提高劳动力参与率；健全的社会保险制度也能提高劳动参与率。

（4）教育事业的发展状况，如教育年限、教育的直接成本和机会成本等。教育事业的发展状况，对青年人口（15～19 岁年龄组）的劳动力参与率有重大影响。同时，经济发展对劳动力质量要求的提高，也会促进人们受教育年限的延长，从而降低劳动力参与率。

（5）产业结构与产业政策。产业结构的变动会引起社会劳动力需求的相应变动，从而引起劳动供给的变化。第三产业的发展，无疑有利于妇女的就业，从而有助于提高劳动力参与率。

（6）家务劳动的社会化、机械化水平。家务劳动的社会化、机械化水平的提高，能有效地缩短人们进行家务劳动所必需的时间，从而提高劳动力特别是女性的劳动力参与率。

（7）宏观经济状况，如经济周期波动、繁荣与衰退的交替对劳动力参与率有重大影响。例如，当经济处于衰退时期，失业者长期找不到职业，就可能丧失寻找工作的意愿，从而退出劳动力市场，使劳动力参与率降低。

以上影响劳动力参与率的各个因素，都能从各个不同侧面影响到社会劳动供给的总量，我们在分析一个国家或地区劳动供给总量时，决不可忽视对该国家或地区劳动力参与率及其影响因素的分析。

（三）劳动参与率的变化趋势

如果从横断面即从各年龄组人口的劳动力参与率的变动情况，研究劳动参与率的长期变动，一般可看到如下趋势：

首先，15～19 周岁年龄组的青年人劳动参与率下降。特别是 20 世纪 80 年代以后，教育事业的发展，中、高等教育入学率的提高，技术进步对高素质结构劳动力的需求，以及高学历者的较高工资收入等原因，造成初始就业年龄后移，青年组的劳动力参与率下降。

其次，女性劳动力参与率呈上升趋势。虽然在总体上仍较男性劳动参与率低，并且存在着对经济周期循环的敏感反应性，但 20 世纪八九十年代与 60 年代相比，女性劳动力参与率水平有显著的提高。形成这种变动趋势的主要原因是：(1) 女性受教育程度普遍提高，与此相应的工资率普遍提高；(2) 制度劳动时间缩短，灵活工时制度的普遍推行，如弹性工作制、非全时工作制等；(3) 人口出生率下降对家务劳动的全面影响；(4) 科学技术进步对产业技术状况、对家务劳动效率的全面影响等。

再次，老年人口劳动力参与率下降。这种变化的主要原因是收入保障制度以及各种形式的企业养老保险计划的完善和推广。

最后，25～55 周岁年龄段男性成年人的劳动力参与率保持高位水平，观察不到因经济周期循环产生的变动，也不存在显著的趋势性变化。长期的变动趋势说明，男性成年人是稳定的高水平劳动力供给的主体，同时也是家计的主体。他们在家庭经济内部的分工中处于最优先就业的位置。

三、劳动供给的生命周期

（一）劳动力参与率的生命周期

劳动力参与率的生命周期是指劳动力参与率依年龄增长呈周期性变动的曲线。在平面直角坐标中，横轴取年龄或年龄组，纵轴为劳动力参与率，将各年龄或年龄组人口的劳动力参与率连接起来所得到的曲线，即为劳动力参与率的生命周期。图 4—1 的 (a) 和 (b) 即为分性别的劳动参与率的生命周期。

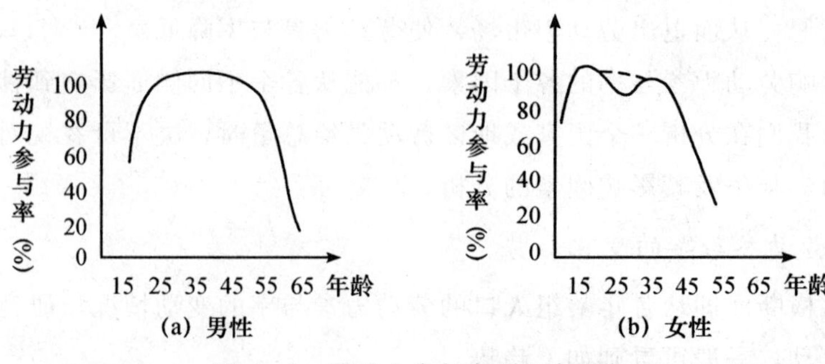

图 4—1 劳动力参与率的生命周期

男性劳动力参与率的生命周期呈倒 U 形，青年与老年劳动力参与率较低，25～55 岁年龄段劳动力参与率持续保持高水平，一般均在 90%以上；男性劳动力参与率总体水平比女性劳动力参与率高。

女性劳动力参与率的生命周期所呈形状比较复杂。多数国家和地区女性劳动力参与率的生命周期呈 M 形，也有一些国家则大体呈倒 U 形［如图 4—1（b）的虚线所示］。但无论哪种形状，其总体水平均比男性劳动力参与率低。在 M 形的生命周期中，15～20 岁年龄段，劳动力参与率迅速上升，形成第一个峰头。20 岁以后，由于婚育退出劳动力市场，劳动力参与率下降，形成一个峰谷。在孩子长大以后，大约在 35 岁，劳动力参与率再次上升，形成第二个峰头；50 岁以后，劳动力参与率迅速下降。

（二）生命周期变动与劳动供给

劳动—闲暇模型和家庭生产模型的共同缺陷就是，这些模型都是静态分析或者是“一个阶段”分析。这些模型没有考察人们在整个生命周期内从事市场劳动、闲暇和非市场活动的最优时间安排。我们知道，由于人们在生命周期的不同时期内，从事市场工作的生产率与从事家庭工作的生产率不同。所以在生命的不同时期对劳动力市场供给的工作时效也不同。因此，近年来．经济学家已经通过建立动态劳动供给模型进一步拓宽了劳动供给理论。这些动态劳动供给模型能够预测个体在整个成年的生命周期内的最优时间配置，同时也对已婚妇女的市场劳动参与模式、退休年龄选择以及男性参与率下降的原因等问题做出了合乎常识的解释。下面就这三个方面的问题做出介绍。

为什么超过 65 岁以后人们很少从事市场工作，在生命周期的背景下，两个有关的事实可以对此做出解释。第一，人们实际工资率的生命周期模式是一个典型的倒 U 形，实际工资率从生命周期的中期到后期迅速上升然后下降，原因是人们拥有的技术已经过时，并且在职培训减少。由于存在这种收入模式，在一个人的黄金工作年龄内（24～54岁），额外一小时闲暇的机会成本相对生命周期的后期要高很多。其含义是人们在生命周期的中期有强烈的动机运用市场工作替代闲暇，并将闲暇推迟到生命周期的后期。因为在生命周期的中期市场工作报酬是最大的，而在生命周期的后期闲暇的机会成本最低。第二，实际工资因为经济增长从长期看是上升的，这是一个重要的事实。工资随着时间的推移而上升导致倒U形的年龄收入结构，对于下一代的同年龄组的人而言也会随着时间推移而向上移动，分离出来的对生命周期内劳动供给的收入效应和替代效应非常类似于家庭联合劳动供给模型在静态下的情况。假定工资增加的收入效应超过替代效应，那么增加一单位闲暇的最优时间是什么时候呢？生命周期模型预言最优的时间是一个人市场工作年限结束的时候，因为那时的机会成本是最低的。因此，较早的退休是对于因收入效应而导致的闲暇需求增加的理性反应。

从生命周期的角度考察一个人的时间配置，也有助于解释18～24岁年龄之间的年轻人中市场劳动参与率的下降现象。对于这些人来说，较少的市场工作时间支出很少与闲暇有关，它反映了从市场工作到教育和培训投资即所谓的人力资本投资的时间配置。以美国为例，在1998年，21%的人口完成了4年制或者更高以上的大学教育，而完成同样教育的人口数在1950年只有6%。同1950年相比，现在的工作要求具有更高的教育水平才能完成。由于大学教育是一项全日制的活动，因此人们面临的问题是在生命周期的什么时候从事市场工作，什么时候从事市场劳动之外的教育学习。

人力资本投资的最优时间是在一个人生命周期的早期，原因有二。第一，由于一个人年轻，因此将时间资源用来投资教育的机会成本是最低的。工资会随着一个人的年龄而上升，因为随着年龄增加，一个人的经验和在职培训都会增加，因此当一个人年轻时，投资于人力资本的代价是最低的，因而从经济上来说是合理的。第二，在一个人的生命周期中，其投资于教育的时间越早，则教育投资的收益就越大。大学教育的直接货币支出对于一个人来说，无论他是在25岁还是45岁都是一样的。然而，年轻人有20年的时间可以收回教育投资，从而使得人力资本投资的收益大大上升。

四、公共政策约束下的劳动供给行为：福利制度和税收政策

劳动供给曲线的推导、家庭生产以及收入效应和替代效应的理论，不仅可以用来分析各种劳动力市场政策，而且也可以为制定各种劳动力市场政策提供分析

工具。本节将从两个方面探讨劳动供给理论在政策上的应用：其一是以美国《个人责任与工作机会调整法》为例，利用劳动供给理论分析社会福利制度对劳动供给的影响；其二是利用劳动供给理论考察税收对劳动供给方式的影响。

（一）美国《个人责任与工作机会调整法》与劳动供给

因传统福利制度对福利享受者的工作动机产生了负面影响，美国在 1996 年实施《个人责任与工作机会调整法》（Personal Responsibility and Work Opportunity Reconciliation Act），对收入补贴型福利制度进行改革以鼓励工作、减少贫困和对福利的依赖。该法对福利享受者设置了一项 5 年（终身）的享受时间限制，并要求其在享受福利 2 年之后的每周必须工作至少 30 小时。事实证明，该法的确大幅度提高了改革前福利制度的主要对象——单亲母亲的劳动参与率：从 1994 年的 68%跃至 2000 年的 78%。

改革前的福利制度是一种有保障的年收入的形式，在这一年收入标准基础上，根据劳动者的家庭规模、当地生活费用及福利规定来决定福利享受者实际需要的福利水平（Y_n）。然后，从该劳动者所需收入中减去家庭实际工资报酬，按照该差额每月给该家庭提供一张支票。假设此人不工作，其所得福利即如图 4—2 所示的 Y_n；如果工作，则其所得福利会与工资按照 1∶1 比例减少，因而会产生如图 4—2 所示的 *BACD* 的预算约束线。如果此人享受福利计划，其收入就一直是 Y_n，每多工作 1 小时的净收入增长为 0。在该计划中，此人的净工资为 0，闲暇价格为 0，预算约束线即如图 4—2 所示斜率为 0 的 *BC*。该福利计划通过把预算约束线从 *AC* 外移到 *ABC* 而增加劳动者收入，这种移动会产生收入效应，该收入效应将劳动力供给从点 *E* 对应的工时水平降低到点 *F* 所对应的工时水平。福利与工资按照 1∶1 比例减少的做法产生大规模替代效应，使福利享受者将工作时间减少到 0（如图 4—2 所示的点 *B*）。

美国《个人责任与工作机会调整法》对终身福利享受时间限制通过强迫或者诱使福利享受者终止福利享受者的资格，脱离福利计划。[①] 如图 4—2 所示，福利享受时间限制从潜在福利享受者的预算约束线上去掉了 *ABC* 这一段，使之恢复到市场预算约束线 *AD* 上。可以看出终身福利享受时间限制通过最终取消收入补贴增加了对福利享受者的工作激励。

《个人责任与工作机会调整法》对于每周必须工作至少 30 小时（每天 6 小

---

① 罗纳德·G. 伊兰伯格，罗伯特·S. 史密斯. 现代劳动经济学（第十版）[M]. 刘昕等译. 北京：中国人民大学出版社，2013：183－186.

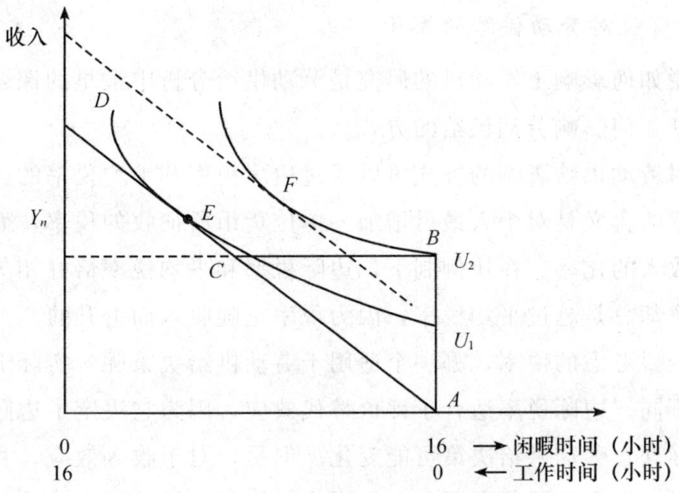

图 4—2　福利制度的收入效应和替代效应

时）的工作要求可以通过图 4—3 进行分析。如果一个人达不到每天工作 6 小时的要求，就得不到福利支付，则他只能处在预算约束线 AB 段。如果此人达到了最低工作要求，但收入少于 Y_n，则他会得到相当于 BCD 的福利支付。如果他超过了该最低工作要求，其收入（工资性报酬加上福利）依然保持在 Y_n 这一水平上（此时位于预算约束线 CD 段上），直到其工作所得的工资性报酬超过其所需收入，达到预算约束线 DE 段时，此人在经济上不再具备享受福利计划的资格。

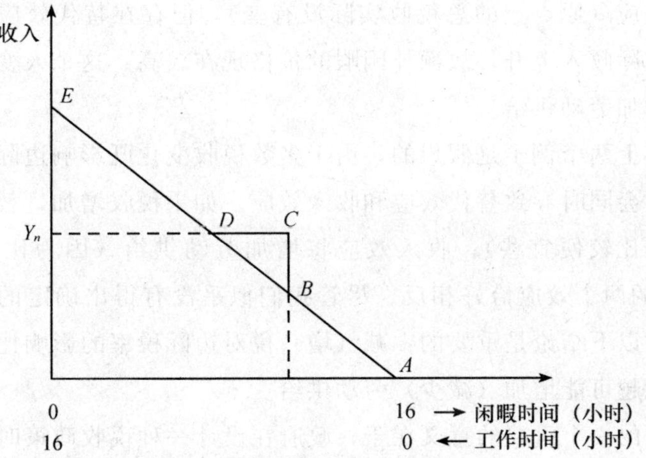

图 4—3　最低工作要求的福利制度

（二）所得税对劳动供给的影响

对所得税如何影响工作动机的研究是劳动供给分析中最早的课题之一。下面考察税收预期如何影响劳动供给的方式。

所得税对劳动供给影响的方式可以通过边际税率和平均税率的区别来加以理解。边际税率的含义是对个人最后增加一单位货币所征收的税率，而平均税率是总税收与总收入的比率。在比例制下，边际税率和平均税率恰好相等。在累进制下，边际税率却总是越过平均税率，因为税率是随收入而上升的。

对于两个要考虑的税率，哪一个适用于劳动供给决策呢？实际上，两者都适用，但方法不同。边际税率适合于评价替代效应，因为它决定了边际处的闲暇价格，在此边际处，劳动供给决策可能变化。但是，对于收入效应，我们必须确定按原来的工时一个人富了或穷了多少。因为平均税率反映了交纳的总税额，所以正是平均税率的变化才适用于评估收入效应。这个区别是重要的。一些税收变化主要影响平均税率而非边际税率，而其他变化则主要是影响边际税率。

我们考虑两个极端的情形对此加以说明。首先，假设税制是累进的，某个人的收入为 3 000 元人民币，3 000 元以下的所得税税率突然降低，但所有较高的税率不变。对这个人来说没有替代效应，因为相关的边际税率未变。然而存在着收入效应，因为这个人的总税额减少了，所以收入效应将减少劳动供给。其次，我们考虑相反的情形，3 000 元以下的税率不变而 3 000 元以上的税率降低。此时没有收入效应（原点上的总税收实际没有变），但存在替代效应。由于增加的单位工资中实际收入上升，故额外闲暇的价格现在较高。这个人变得相对会愿意减少闲暇而增加劳动供给。

当然，以上两个例子是假想的，由于多数税收变化既影响边际税率也影响平均税率，因而会同时导致替代效应和收入效应。如果税收增加，替代效应减少劳动供给（闲暇比较便宜些）；收入效应将增加劳动供给（因为比以前相对更穷了）。减税时的两个效应恰好相反。尽管我们似乎没有得出确定的结论，但是应该强调的是，以下结论是重要的：减（增）税对边际税率的影响比对平均税率的影响越大，就越可能增加（减少）劳动供给。

上述结论的一个重要的意义在于，政府在设计一种税收政策时如果不考虑该政策对劳动供给的影响显然是不明智的，尤其是在设计累进税制时更应如此。对高收入者的边际税率，可能会导致劳动供给的减少，从而使得一国的收入最终会受到影响，但是这并不一定说我们应该放弃累进的结果而代之以一种更能促进劳动供给的税收结构。因为国家税收在个人间分配的公平因素也是税制设计的一个重要方面。实际上，人们一直认为，富人应该在税收上支付较高的收入百分比。税制设计中实际涉及的仍是公平和效率的交替使用。理解可能的效率效应是做出明智的税收政策决策的一个重要部分。

五、社会劳动供给总量：市场劳动供给曲线

社会劳动供给，是指劳动者个人及其家庭为社会提供的劳动总量，也就是一个经济社会所能利用的劳动力数量。它主要取决于前面所述的适龄劳动人口、愿意工作的人口的比例、工作时间制度、劳动强度、劳动力的教育和训练水平等因素。这些因素共同作用，决定一个国家或地区的社会劳动供给。在一个经济社会里，社会劳动供给总量不是固定的，即使在一个短暂的时期内，它也是变化的，每个因素都取决于无数个人和家庭的决定。其中，影响社会劳动供给总量的一个重要指标就是劳动参与率。

市场劳动供给曲线，实际上是将一个市场中的个人劳动供给曲线相加。从上面的分析中，我们已经知道个人劳动供给曲线一般是向后弯曲的。那么作为个人劳动供给曲线汇总的市场劳动供给曲线是否也具有同样特征呢？即使把一个市场封闭起来考察，这也是一个十分复杂的问题。因为从整个市场来看，我们很难准确知道收入效应与替代效应的作用强度关系。不过一般说来，市场劳动力供给曲线是一条从左下向右上倾斜，具有正斜率的曲线（如图 4—4 所示）。

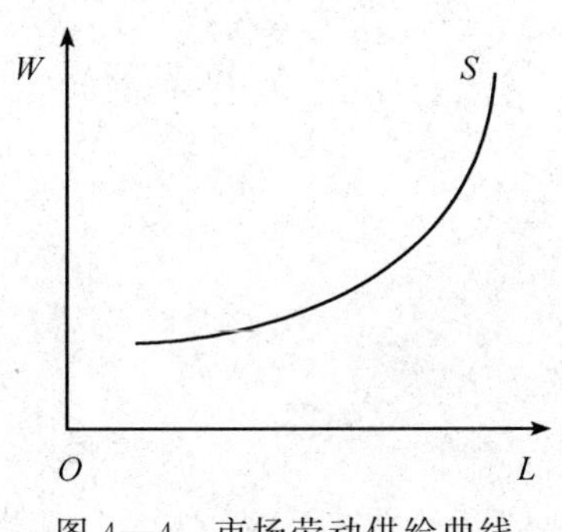

图 4—4　市场劳动供给曲线

在图 4—4 中，纵轴为工资率 W，横轴为劳动供给量 L，S 为市场劳动供给曲线。

市场劳动供给曲线不同于个人劳动供给曲线的原因在于：从总体上考察，工资率变化的收入效应小于替代效应。这是由于工资率变化的替代效应几乎对所有

人都起作用，而收入效应则可能对收入低下、家庭负担沉重的人不起作用。

如果将市场视为一个开放性市场，即允许有进有出，则市场劳动供给曲线一定是一条正斜率曲线。因为工资率提高可能会使一部分原来就在这个市场上竞争的人减少劳动供给（对这些人而言，收入效应大于替代效应），但同时又会吸引一部分本来不在这个市场上竞争的人进入这一市场，从而使劳动供给总量最终呈增长趋势。

延伸思考

1. 如何考察已婚妇女的劳动参与问题？
2. 试分析所得税减免的劳动供给效应。
3. 社会劳动供给曲线与个人劳动供给曲线的联系是什么？
4. 如何度量一国或一地区的劳动供给总量？

深度阅读

1. 罗纳德·G. 伊兰伯格，罗伯特·S. 史密斯. 现代劳动经济学：理论与公共政策［M］. 北京：中国人民大学出版社，2011.

2. 杨伟国. 劳动经济学［M］. 大连：东北财经大学出版社，2010.

第五章　劳动力素质：人力资本投资

据国家统计局数据显示，我国劳动力规模在 2012 年首次出现下降。2012 年年末，15～59 岁劳动年龄人口 93 727 万人，比上年减少 345 万人，2013 年劳动年龄人口比 2012 年减少 244 万人，2014 年劳动年龄人口比 2013 年减少 371 万人。据中国社会科学院研究预测，在 2020 年之前，我国劳动年龄人口年均减少 155 万人；而 2020—2030 年年均减少 790 万人，2030—2050 年将年均减少 835 万人。在此背景下，为了使劳动力更具生产力，必须提高劳动者素质即增加人力资本投资。人力资本是和物质资本相对应的一种资本形态。① 人力资本是通过人力投资形成的，寄寓在劳动者身上并能够为其带来持久性收入来源的生产能力。因此，人力资本的显著标志是它属于人的一部分，同时它又是资本，以一定的数量和质量形式表现出来。现代经济发展的实践表明，人力资本对经济增长起着十分重要的作用，是经济发展中最关键的因素，也是国民收入最主要的来源。

本章所要回答的问题是：人力资本投资有哪些方式，为什么要进行人力资本投资，人力资本投资与收入的关系。

一、人力资本投资：概念与典型方式

有关人力资本投资的概念，我们比较倾向于美国经济学者贝克尔（G. S. Beckerv）的说法。贝克尔在《人力资本》一书中是这样描述的："这一学科研究的是通过增加人的资源而影响未来的货币和物质收入的各种活动。这种活动就叫做人力资本投资。"也就是说，凡是能够有利于形成与改善劳动力素质结构、提高人力资本利用效率的费用与行为都可以被认为是人力资本投资的范畴。

一般认为，人力资本投资包括各级正规教育、在职培训活动、健康水平的提

---

① 一般来说资源分为三类：物质资本资源、人力资本资源、组织资本资源。物质资本资源，包括该公司的厂房及设备，技术和地理位置等。人力资本资源，包括经验，在该公司的经理和工人的智慧、判断力。组织资本资源，包括该公司的结构、规划、控制和协调系统，以及和公司内的群体与其他企业集团之间的非正式关系。

高、对孩子的培养、寻找工作的活动、劳动力迁移。其中，前四项是关于如何增加一个人所掌握的人力资本数量，后两项则涉及最有效率地利用一个人的人力资本。

物质资本的增长来自对物质资源的投资，同样，人力资本的增长来自人力资本投资的增加。一般来讲，劳动者所拥有的知识、技能、劳动熟练程度和健康状况等构成了人力资本。因此，一切有利于提高劳动者的素质和能力的活动，有利于提高人的知识存量、技能存量和健康存量的经济行为，以及有利于改善人力资本利用率的开支，都是对人力资本的投资。由此可以看出，人力资本的投资是多方面的。经济学家把人力资本投资归纳为四种主要的方式。

（一）学校教育

教育投资是一种极为有效的人力资本投资方式，它有利于提高人力资本存量，增进个人和社会福利，促进经济和社会的全面发展，是人力资本投资的主要项目，在人力资本投资中居于十分重要的地位。学校教育的目的在于增加生产性的知识存量，提高人力资本价值。这种知识存量包含在人体之中，确保未来提供各种服务，如未来收益、未来经营能力、未来家庭活动能力、未来消费的满足。

作为一项投资，也面临着成本与收益的比较问题。从经济上考虑，这种成本包括三个部分。（1）为受教育而支出的各种费用和劳务，即教育投资的直接成本。它包括教师的工资，校园校舍投资，学生的学费、书籍费和交通费等。（2）因受教育而放弃的收入，也就是教育投资的间接成本。为求学而放弃的工作收益或闲暇的效用就是教育投资的间接成本，也就是所谓的机会成本。（3）社会公共部门也为学校教育支付了大量的费用，构成了教育的社会成本。

众所周知，教育是一种具有准公共物品特性的经济行为。个人对教育的投资，一方面可以提高自己的知识水平和决策效率，增加人力资本的价值，并由此获得较高的经济收益和非经济效用；另一方面，由于教育把人培养成有较高知识水平和道德修养的人，加快生产力的发展，推动社会发展，从而增加整个社会的财富和提高社会文明程度，这就使其他未作教育投资的经济单位也能享受到教育投资的部分收益，这时就产生了外部的经济效益。正是因为教育投资有外部性，因此，教育投资的成本一般由国家、社会、个人三方面承担。

在市场经济条件下，劳动者的收入与他们所提供的劳动的数量和质量联系在一起，教育投资可以明显改善劳动者的质量，提高劳动生产率，从而增加他们的个人收入。这种增量收入是受教育者提供产品和劳务增加的结果，或者说是人力资本中知识增量价值的体现，它构成了教育投资的主要经济收益。所以，人们一般认为教育是提高未来经济收入的重要保障。

（二）职业培训

教育投资的服务对象是未来的人力资源，为未来增加知识存量，而职业培训则是直接服务于现实的人力资源，在相应层次学校教育的基础上，使劳动者获得与发展从事某种职业所需的知识、技能与技巧，增加人力资源的技能存量。可见，职业培训与学校教育对人力资本的作用是完全不同的，二者在某种程度上形成互补的关系。因此，人们并没有因教育的发展而放弃职业培训。职业培训有正式的培训如举办技术培训班、开办职工业余学校等，同时也存在非正式的培训，如企业对每个新员工进行的例行“入厂培训”“安全教育”等。无论是哪种形式的培训，企业都必须投入一定的成本。其中直接成本有为支付受训人员所需的直接货币成本和为培训活动所需的物质条件的成本，而间接成本或机会成本一般包括三个方面：（1）受训员工因参加培训而减少的收入，以及参与培训所付出的时间和精力损失；（2）企业因受训员工参加培训而损失的工时和其他应得收入。（3）在部分培训中，利用企业的生产设备或有经验的员工从事培训活动，也在一定程度上影响企业的生产效率，形成机会成本。很显然，这些成本将会降低企业的现期收益，并提高现期支付，但是，只要培训能够大幅度地提高未来的收益或者大幅度地降低未来支出，企业就乐于提供这种培训。提供这种培训，对个人、企业、社会都是有利的，应得到广泛的发展，是一种重要的人力资本投资方式。

（三）卫生保健

用于卫生保健方面的支出是从人力资源的机体生理素质方面提高了人力资本价值的投资，它决定着人力资源健康存量的高低，包括政府的公共卫生保健措施和制度，以及个人的卫生保健支出。这种投资可以从三个方面去理解：（1）人口健康状况的改善意味着“生病”时间的减少和生命的延长，从而能供给更多的工时，相对地增加了社会劳动供给数量；（2）健康的身体和旺盛的精力也使劳动者的生产能力提高，单位时间的产出增加，也就是劳动质量会大大提高；（3）寿命的延长和更加充沛的体力、精力，再加上增加收入的可能性，促使劳动者更多地进行教育、培训、流动等其他形式的人力资本投资，因为寿命的延长使这些方式的投资可以在更长的时间内获得不断增长的未来收益。

（四）劳动力流动

劳动力流动是现代经济社会的普遍现象，是人力资本动态配置的实现过程。

虽然流动本身并不能增加人力资本的价值，但流动可以促使人力资源与物质资源之间的组合不断优化，使潜在的经济资源转变为现实的生产力，实现人力资本的增值。劳动力流动有利于促进人力资本在空间和时间上的优化配置和再配置，从而使人力资本产生更大的经济价值，推动经济的发展。

在人力资本投资方式的选择上，不同投资主体的侧重点是不同的。一般而言，个人倾向于投资个人教育；而企业注重雇佣投资和在职培训投资；政府部门和一些社会团体也在一定程度上参与了各种投资，他们更加重视学校教育和卫生保健，因为这两种投资方式直接关系到一个国家的整体人力资源储备，用于这两方面的投资不仅具有较高的经济效益，而且有较高的社会效益。当然，个人也对卫生保健和流动进行投资，并且部分或者全部地承担了在职培训的相关费用，但总体上来讲，教育投资是个人人力投资的重点。同时，部分企业也参与教育和卫生保健等其他方式的人力资本投资，政府部门和社会团体也在一定程度上参与在职培训等其他形式的人力资本投资。虽然以上主体在投资方式上的侧重点不同，但其决策模式都是依据其对预期收益和成本的比较来做出是否进行投资的决定的。

二、教育投资的经济学分析：人力资本模型

我们现在以对大学教育投资为例，来介绍一种人力资本投资的简单模型。假设一名刚刚高中毕业的学生，正在考虑是否上大学。从纯粹的经济角度考虑，首先要比较与上大学相关的成本和收益。接受大学教育的货币成本可分为两类：一类是直接成本或实际费用，包括学费、杂费、书本费和其他学习用品费用（食宿不属于直接成本，因为不管是否上大学，都需要支出食宿费用）；另一类是间接成本或者机会成本，这是指高中毕业后不进入劳动力市场而放弃的收入。投资于大学教育的经济收益，则是未来收入流的增加（如图 5—1 所示）。

图 5—1 清楚地显示了两类人收入流的差异。其中曲线 HH 描绘了一个 18 岁的高中毕业生毕业后不去上大学，而是立即进入劳动力市场的终身收入流。曲线 CC 则是一个在高中毕业后继续上大学再进入劳动力市场的终身收入流。横轴下的区域（1），代表了上大学期间所支付的直接成本或实际费用（“负收入”），区域（2）反映了间接成本或机会成本，即上大学期间所放弃的收入。区域（1）和区域（2）面积之和为上大学期间的总成本，区域（3）（在年龄 22～60 岁曲线 CC 和 HH 的差距）为上大学与未上大学的收入流差额。

通过以下的收入流图分析可知：

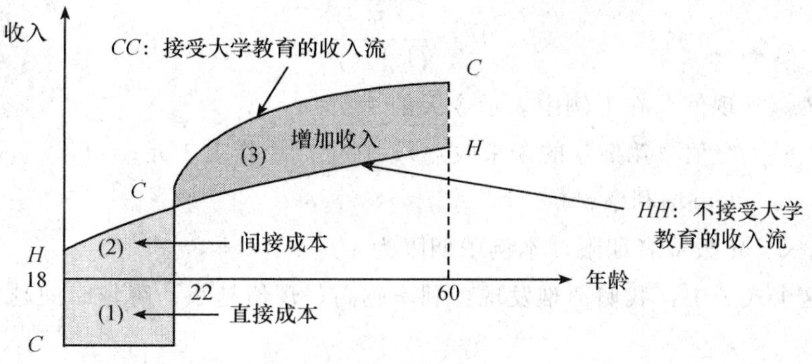

图 5—1　受过大学教育和未受过大学教育的年龄—收入曲线

1. 在其他条件不变时，大学教育的直接成本（1）下降，将会刺激大学教育投资。

2. 在其他条件不变时，若大学生年收入比高中生超出的部分（3）扩大，即大学和高中毕业生的平均工资报酬差距扩大，将会刺激大学教育投资，表现为大学入学率上升；反之，则会抑制大学教育，表现为大学入学率下降。

3. 教育的投资报酬率 r 增大，将会刺激大学教育投资。例如，若 r 为 12%，而银行存款率或债券利率小于 12%，必将刺激大学教育投资。

要做出理性的决策，需要比较成本［区域（1）和区域（2）］和收益［区域（3）］。但此时，会出现一个复杂情况，与大学教育相联系的成本和收益是在不同时点上的，然而在不同时点上所付出的成本和收益的价值不一样，即货币存在时间价值。所有与大学教育相联系的成本和收益只有在同一时点上比较才有意义，比较的基础是将未来的收益值按某一贴现率折现。一般来说有两种方法可以评估人力资本投资决策。

（一）净现值法

净现值法就是把未来收益与成本按预定的贴现率进行折现后，比较两者的差额，如果差额为非负值，那么作为追求效用最大化并抱有终身观点的决策主体而言，就有继续投资的意愿；如果差额为负值，则投资终止。

消费者对现期消费的偏好，使货币具有时间价值。一年后 1 元钱的价值小于今天得到的 1 元钱，这是因为今天得到的 1 元钱以某一利率贷出或者投资，使其在一年之后，价值超过 1 元钱。我们假设利率是 10%，某人投资 1 元钱，则在一年之后得到 1.1 元。这 1.1 元等于本金 1 元加上投资收益 0.10 元，可以由下述公式来表达：

$$P=\frac{F}{(1+r)^{t}} \qquad 式（5—1）$$

式中　P——现值，在上例中表示今天的1元；

F——终值（第t年的未来收益），在上例中指1.1元；

r——为市场利率；

t——年数或者期限，本例中期限为1。

从这个式子中，我们不难发现：利率越高，现值越小；跨越时间越长，现值越小。

式（5—1）就是贴现公式，将上例的数字代入，有：

$$1.00=\frac{1.10}{(1+0.10)^{1}}$$

即如果利率是10%，一年后获得的1.1元只相当于今天的1元。由于一项投资的成本和收益都是在一定年限内发生的，我们可以将公式（5—1）进行扩展，如下：

$$P=E_0+\frac{E_1}{(1+r)}+\frac{E_2}{(1+r)^2}+\frac{E_3}{(1+r)^3}+\cdots+\frac{E_t}{(1+r)^t} \qquad 式（5—2）$$

这里P表示预期总收入的现值；E_t代表预计投资后第t年投资者所获得的收入，E_0是立即得到的新增收入（或成本），不需要贴现；r为利率；t为投资年限。

现在我们回过头来再次讨论18周岁的高中毕业生要不要上大学的问题，很容易得到选择直接就业的现值公式：

$$P=E_{18}+\frac{E_{19}}{(1+r)}+\frac{E_{20}}{(1+r)^2}+\frac{E_{21}}{(1+r)^3}+\cdots+\frac{E_{59}}{(1+r)^{41}} \qquad 式（5—3）$$

也可以简捷地表示为：

$$P=\sum_{t=18}^{59}\frac{E_t}{(1+r)^{t-18}} \qquad 式（5—4）$$

该公式表明，可以用个人工作期间贴现的收入E_t之和来计算总收入。从18～60岁工作，当达到60岁时退休（假定都是在60岁退休）。工作年限为41年。上式中P表示将这41年的工作收入贴现。

公式（5—3）说明的是18岁高中毕业生没有选择上大学，而是直接就业，并到60岁退休得到的总收入的现值。如何利用这个公式来分析18岁的高中毕业生毕业后没有直接就业，而是选择了上大学的成本和收益呢？答案是，把成本看作负收入，这个人上大学4年（E_0、E_1、E_2和E_3）期间的“收入”将是直接成本和间接成本之和（为负值），毕业后每一年（直到退休）的收入为正值，这样我们就可以根据公式（5—3）计算出选择上大学的18周岁高中毕业生直到退休的总收入的现值。

决策原则 $P>0$，即指如果投资的净现值远远大于0，个人就应该进行投资。净现值为正，说明收益的贴现值大于成本的贴现值，投资决策在经济上是合理的；如果净现值为负，那么成本大于收益，投资决策在经济上是不合理的。从这个案例中我们可以得出人力资本投资决策的模型为：

假设某项人力资本投资，在未来一段时期内（t 年）为投资者带来收益为 $B_1, B_2, \cdots, B_t$，贴现率为 r，t 年内折现的收益为 PVB，那么人力资本投资收益现值为：

$$PVB=\frac{B_1}{(1+r)^1}+\frac{B_2}{(1+r)^2}+\cdots+\frac{B_t}{(1+r)^t}$$

$$=\sum_{i=1}^{t}\frac{B_i}{(1+r)^i}(i=1,\ 2,\ \cdots,\ t) \qquad \text{式（5—5）}$$

同时假设该项人力资本投资的成本为 C，在 n 年之内完成，且每年的投资成本为 $C_1, C_2, \cdots, C_n$，n 年内投资成本的现值为 PVC，那么人力资本投资成本现值为：

$$PVC=\frac{C_1}{(1+r)^1}+\frac{C_2}{(1+r)^2}+\cdots+\frac{C_n}{(1+r)^n}$$

$$=\sum_{j=1}^{n}\frac{C_n}{(1+r)^j}(j=1,\ 2,\ \cdots,\ n) \qquad \text{式（5—6）}$$

有了上面的收益和成本，就可以比较他们的现值。假设净现值为 Q，那么：

$$Q=\sum_{i-1}^{t}\frac{B_i}{(1+r)^i}-\sum_{j=1}^{n}\frac{C_n}{(1+r)^j}\geqslant 0 \qquad \text{式（5—7）}$$

由此可见，人力资本投资的原则应该是使净现值 Q 为非负值。

（二）内部收益率法

内部收益率法是另一种关于投资决策的方法，首先是计算一项投资的内部收益率 r。令投资总收益现值等于投资总成本现值，$PVB=PVC$，即：

$$\sum_{i=1}^{t}\frac{B_i}{(1+r)^i}=\sum_{j=1}^{n}\frac{C_n}{(1+r)^j} \qquad \text{式（5—8）}$$

然后再将 r 与其他投资的报酬率 s 加以比较。如果 $r\geqslant s$，则人力投资计划是可行的；相反，如果 $r<s$，则人力资本投资是不可行的。

趣味阅读

读大学，失败的投资？

2013 年 9 月 1 日是很多大学的开学日，在新生们忙着开始迎接大学生活时，家住槐树店路的玲玲，却在为上大学的事和父亲进行着一轮又一轮的谈判。父母都只读完小学，就开始自己做小生意。5 年前，父母带着玲玲和弟弟举家搬到成都，在槐树店路附近全款买了一套房，还买了个小铺面房做着小生意。“我们家经济条件不错，不缺上大学的钱。”玲玲说，父亲反对主要是认为上大学没什么用。

• 女儿的愿望：只有读大学，才能更有修养，更有层次

复读一年，终于考上自己中意的成都某高校本科。我不想成为只会做小生意的人，不想过父亲那样的生活，“思想封闭、眼界和层次低，没有任何精神追求”。更重要的是，在玲玲看来，只有读大学，才能让自己更有修养、更有层次，大学是对一个人综合素质的提升。

玲玲否认了父亲有重男轻女的思想，“爸爸也不关心弟弟的成绩，他准备等弟弟初中一毕业就接手经营家中那个小铺子”。在生活方面，父亲很关心疼爱自己和弟弟，也未打骂过自己。

• 父亲的账本：读大学，失败的投资

玲玲父亲掰着手指头给成都商报记者算了笔账：大学四年学费加生活费肯定需要 8 万元，如果高中一毕业就开始打工，四年至少可以赚 8 万元，这样一来一回就是 16 万元。这 16 万元可以拿去投资个房子做首付，或者直接开个店做生意也能赚钱。可是拿去读大学，毕业后也许找不到工作，或者找一个工作每个月就两三千元，又要四五年才能赚回这 16 万元。“咋算都划不来。”读大学是“肯定会失败的投资”。

不过玲玲父亲也坦承：“我们是从农村进城的，没知识没文化，好多人看不起我。但是我也看不起你们城里人，特别假。老是喜欢说有文化受人尊重，死要面子活受罪，包包里有钱就行了。”

• 大成网专题调查投票

昨日，一万多名网友参与了大成网专题调查投票，其结果如下图：

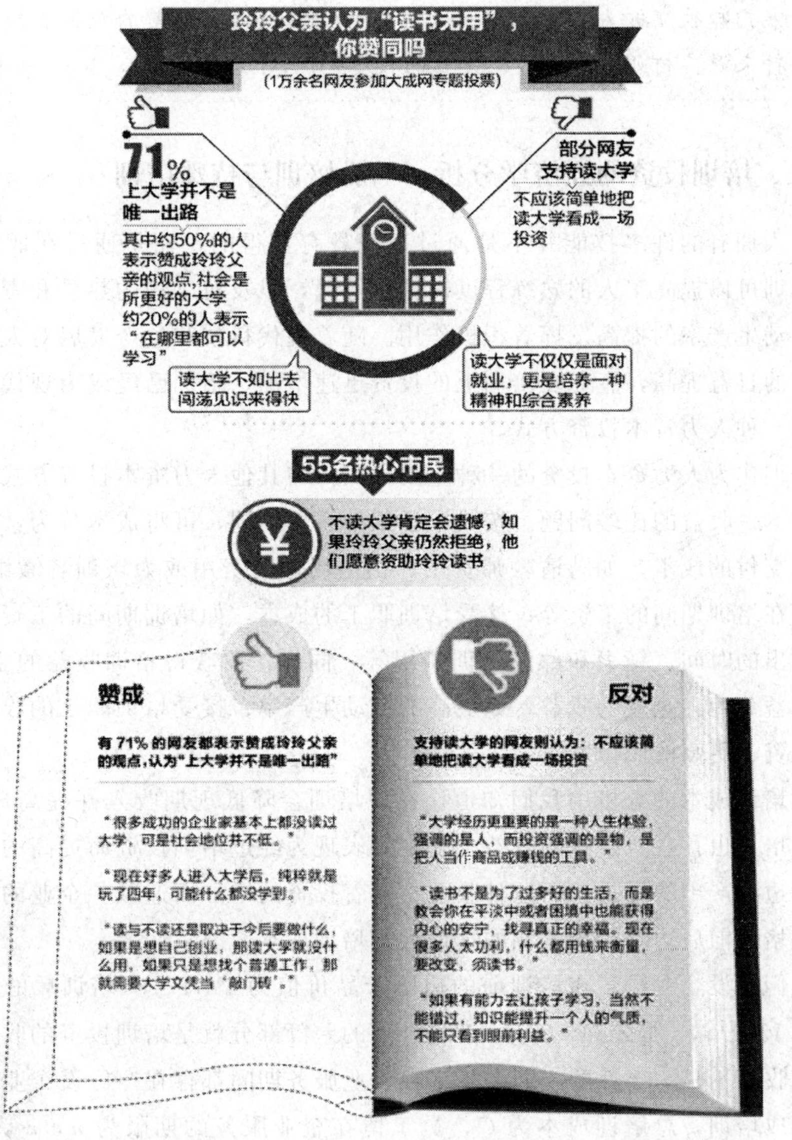

• 编后

“读书无用论”实际上指的是当庞大的教育成本只换来相对较低的回报时，人们对读书的现实功效的一种否定与怀疑。事实上，读书不能简单地用“有用”

"无用"来判断，你所采用的标准是什么。如果仅仅是为了工资，获得更高的报酬，那么当你想要进入医疗、法律和学术等稳定且高收入的行业时，高文凭依然是"敲门砖"。但读书并非只是为了赚钱，更重要的是能养成良好的习惯、科学的思维方式和独立的人格，这些将令你终身受益，而非眼前的短期利益。

资料来源：柯娟. 读大学，失败的投资？[N]. 成都商报，2013—09—01.

三、培训投资的经济学分析：一般培训与特殊培训

工人拥有的许多技能并不是通过正规教育获得的，而是通过在职培训得到的。培训可以提高工人的熟练程度、教育等级，以及对工作的热爱和责任感，对企业劳动生产率的提高发挥着积极作用。随着现代科技和生产发展对人力资源质量要求的日益提高，企业在培训上的投资迅速增加，培训已经成为现代企业普遍采用的一种人力资本投资方式。

培训作为人力资本投资的一种重要方式，与其他人力资本投资方式一样，存在着成本—收益的比较问题。按成本承担的主体不同，可将成本分为：企业为在职培训支付的成本，如聘请教师费用、租用场地的费用或为培训者缴纳培训费、培训者在培训期间的工资等；接受培训职工的成本，如培训期间的工资损失，为培训付出的时间、精力和部分培训费用等。同样，按获得培训收益的主体不同，可将收益分为：企业的收益，如更高的劳动生产率；接受培训职工的收益，如更高的工资、更高的职位。

从培训成本的分析中我们知道，在职培训会降低现期收入并提高现期支出，但是，培训也存在着潜在的收益，它主要表现为经过培训投资而提高的劳动生产率，即边际产出的增加，而这种收益将随着投资的增加而递减。企业的培训投资应该使培训前后边际产出差额的现值大于培训成本。

我们假设企业员工在培训前的边际产品价值为 VMP_A，培训后的边际产品价值为 VMP_B，那么（$VMP_B - VMP_A$）的差额部分就是培训投资的收益。培训投资的收益不是一次性的，而是员工在企业服务期间都存在。假设企业用一年的时间完成培训，总培训成本为 C，员工留在企业服务的期限为 n，r 为贴现率，则这种培训投资的模型为：

$$\sum_{i=1}^{n}\left[\frac{VMP_{Bi} - VMP_{Ai}}{(1+r)^{i}}\right] > C \qquad \text{式（5—9）}$$

即当培训投资的收益大于成本时，企业会选择对员工进行培训投资；当培训

投资的收益小于成本时，企业不会进行培训投资。很显然，企业培训投资决策模型与个人投资决策模型是相似的。

但是，在企业培训投资决策模型中存在一个问题，即培训成本由谁来承担，培训预期收益由谁享有？关于成本和收益谁承担谁享有的问题，市场经济的法则是：谁投资谁受益。我们知道，在个人普通非义务教育投资决策模型中，教育投资成本和收益均由个人承担和享有。在企业培训中，培训成本由谁承担？培训收益由谁享有？如果企业承担了培训成本，员工培训后，没有为企业服务就辞职，使企业蒙受损失，那么，企业该如何决策呢？即使按谁投资谁受益的原则，但是在企业培训中，企业和员工个人都是收益的享有者，那么这种成本与收益在企业和员工之间如何分配呢？我们通过对一般培训和特殊培训的经济学分析来回答这个问题。

根据企业培训投资所产生的效用（如员工的技术知识、技能等）是否具有较普遍的适用性，将企业培训分为一般培训与特殊培训。一般培训，也称普通培训，指员工通过培训获得的技能、知识等，对所有企业都适用，这种培训能提高所有企业员工的劳动生产率。如使员工具有在合理的时间内完成某项任务的能力、阅读能力、简单的数学统计能力、遵守指令的能力等都属于一般培训。同样，使员工具有文字处理技能、会计技能等的培训也被认为是一般培训。特殊培训是指通过培训的员工获得的技能和能力，只对目前提供培训的企业有用，这种培训仅能提高提供该培训的企业的劳动生产率，对其他企业没有任何效用。如教授员工操作本企业产品专有装配线的技能等的培训。但是在实际情况中，大多数培训都包含了一般培训和特殊培训这两方面的内容，很难将二者进行分类。

为什么要区分这两种培训呢？因为成本和收益在这两种培训中分配不同，这就有助于解释是员工还是企业更有可能支付培训的成本，有助于理解为什么企业更愿意留住那些受过培训的工人。

（一）一般培训的经济学分析

我们进行分析的前提是，企业在劳动力需求水平的决定中，坚持劳动的边际产品价值（VMP）等于工资率（W）的原则。在一般培训情况下，我们假设员工在接受培训前，一个员工的劳动边际产品价值为 VMP_1，其工资为 W_1；经过一段时间的培训，该员工的劳动边际产品价值为 VMP_2，与此相对应，有一个更高的工资率 W_2。如果在培训期间，企业支付的工资为 W_1，培训后按照 VMP_2 支付 W_2，那么谁来支付培训成本呢？

如果培训后企业支付的工资低于 W_2，由于一般培训给予员工的技能和知识是可以转移的，那么员工就很有可能辞职，流向愿意支付 W_2 的企业（因为这些企业没有支付任何培训成本，它们愿意支付与受训员工边际产品价值相等的工资 W_2），这种情况是企业不愿看到的，此时，提供培训的企业没有得到任何收益。

如果该企业为了留住受训员工，培训后，支付受训员工等于或者高于 W_2 的工资，显然，企业的培训成本还是无法补偿。

正因为如此，在通常情况下，企业不愿意提供具有较广适用性的一般培训，这一培训任务往往交给各类职业技术学校完成。职业技术学校是人力资本投资的重要途径，在这类学校期间，学生承担培训成本的全部或者大部分，且采用直接付费的方式。

如果企业提供一般培训，根据上述分析，受训员工应该承担全部的培训费用，因为培训会提高他们未来的工资，增加其就业机会，接受培训的员工愿意支付这些费用。只不过支付培训费用的方式不同于职业技术学校的直接付费方式，而是使员工在培训期间接受一个比他们本来能获得的工资更低的起点工资。可用图 5—2 来说明这个问题。

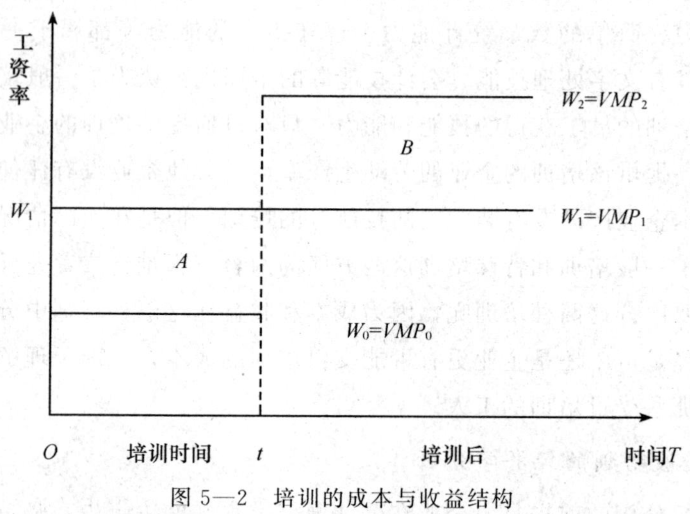

图 5—2　培训的成本与收益结构

在图 5—2 中，纵轴为工资率，横轴为时间，其中 Ot 表示员工接受一般培训时间，tT 是培训投资收益回收时间。W_1 表示员工没有接受培训时的工资率，因为其劳动边际产品价值为 VMP_1。在培训期间内，因为员工把时间从生产转移到了学习上，其边际产品价值为 VMP_0，故其工资率降为 W_0。（W_1-W_0）的差额部分为员工承担的培训成本。培训结束后的雇用期间 tT，受训员工由于接受了培训，其劳动边际产品价值为 VMP_2，故其工资率上升为 W_2，$(W_2 - W_1)$ 的差额部分为培训收益。从这里的分析中可以看出，雇主无法得到一般培训的收益，因此这种培训费用必须由受训员工自己承担，即通过员工在培训期间接受低于未接受培训员工的工资支付一般培训的成本。

趣味阅读

临时雇佣服务公司为什么会提供免费的一般性技能培训？

在美国，约3%的劳动者受雇于临时雇佣服务公司，这些员工实际上“出租”给需要该服务的公司客户。临时雇佣服务公司按小时向公司客户收取高于临时雇佣服务公司支付给员工工资35%～65%的一笔费用。多数临时雇佣服务公司为自己的员工在没“出租”前提供名义上的免费培训（培训期间支付工资），而且这些公司并不要求员工在受训后受雇于他们。这种培训属于打字及与计算机相关技能方面的一般性培训。这些培训尽管时间很短，平均仅有11小时，但是很有价值（临时雇佣服务公司在对其公司客户已雇用的正式职工提供类似培训需收取每天150美元的费用）。那么，在受训者接受技能培训后可能会流失的情况下，临时雇佣服务公司为什么还会为他们提供免费的一般性技能培训呢？

其一，这种做法有助于吸引那些缺乏特定技能、收入较低但有学习能力且重视学习的劳动者，培训使得临时雇佣服务公司将该类员工筛选出来，并了解其能力状况。

其二，许多公司客户利用临时雇佣服务公司获取能够填补某些长期性空缺职位的潜在求职者的信息，而不必再承担在雇佣和解雇方面所产生的准固定成本。临时雇佣服务公司就演变成为公司客户提供潜在的长期员工并对他们进行试用的机构，所获取的报酬主要是信息经纪费。公司客户也乐意为这些信息付费，而不必进行风险投资。

资料来源：David Autor. Why Do Temporary Help Firms Provide Free General Skills Training. *Quarterly Journal of Economics*，2001：1409－1448.

（二）特殊培训的经济学分析

由于特殊培训只对提供培训的企业有用，对其他企业没有什么价值，受训员工不能因为接受了培训而在劳动力市场上得到较高的工资率，所以工人拒绝承担这种培训的成本，并且不接受在培训期间的低工资，因此员工在培训期间和培训后其工资率都为W_1。这意味着企业承担培训的所有成本，并享受全部收益。如图 5—2 所示，在受训期间，企业支付的工资率W_1高于员工的劳动边际生产率VMP_0；在雇佣期间，企业支付的工资率W_1低于员工的劳动边际生产率VMP_2。

区域A为提供培训企业支付的成本，区域B为企业培训投资获得的收益，显然只有当$B>A$的时候，企业才能收回成本并获得培训带来的额外收益，但是区域B的大小直接和tT（员工接受培训后给企业服务的期限）的长短直接相关。也就是说企业面临员工接受培训后辞职的风险。员工辞职，对员工本人来说，他得到的工资率还是W_1，不会受损；而企业得不到其投资的收益从而无法弥补培训成本。解决这个问题的办法有两个：一是企业在提供培训之前，和员工签订长期劳动合同；二是对图 5—2 中特殊培训的成本—收益结构进行修正。

第一种方法存在一些困难，由于制度等的限制不能保证投资收益的实现。第二个办法比较理想，即由员工和企业共同承担培训的成本，共享培训收益。这种修正后的成本—收益结构如图 5—3 所示。

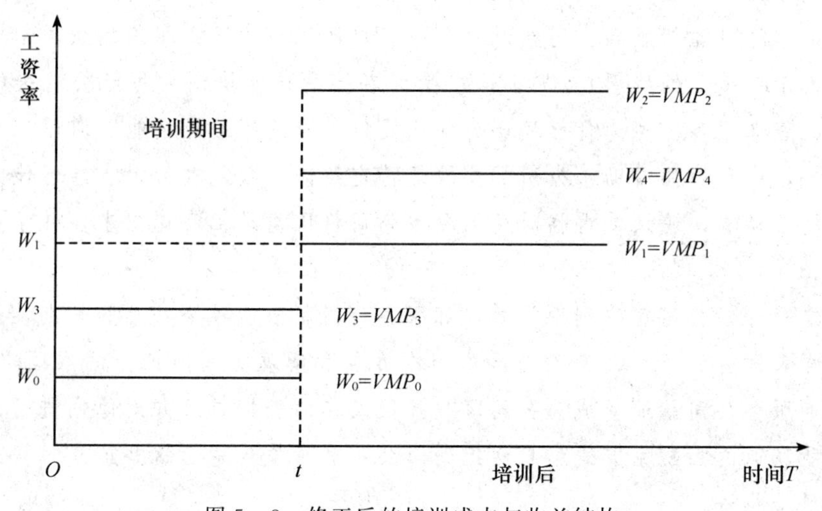

图 5—3　修正后的培训成本与收益结构

在培训期间，支付给受训员工的工资率为W_3，显然这高于员工在受训期间实际的劳动边际生产率VMP_0，(W_1-W_3)为受训员工承担的培训成本；(W_3-W_0)为企业承担的培训成本。在雇用期间，受训员工的工资率为W_4，这显然低于员工实际的劳动边际生产率VMP_2，(W_4-W_1)为员工的收益；(W_2-W_4)为企业的收益。这种成本—收益结构表明雇主以经济激励（支付高于受训员工在其他企业得到的工资）来降低受训员工的流动率或者辞职率。至于成本和收益如何在企业和员工之间分配，取决于员工离职率、企业的解雇率以及责任风险、流动愿望等。

一般而言，受过特殊培训的员工的离职率低于没有受过特殊培训的员工，这不仅因为他们承担了部分培训的成本，还因为他们受到的特殊培训不被其他企业认可，不能得到 W_4 的工资。而在受训期间的工资率虽然只有 W_3，低于不参加培训时的工资率 W_1，此时员工也不会辞职，因为如果他们辞职，将面临重新找工作、变换地理位置、未来不确定性的风险。同样，企业为了收回培训成本，获得培训额外收益，也不会解雇员工。

员工离职率与企业提供的培训（尤其是特殊培训）成反比，即企业提供的培训越多，员工辞职率越低。在发达国家中，日本雇主提供的培训最多，而美国比较少。例如 1991 年，日本 79％的员工在进入企业的第一年接受了雇主的培训，而美国只有 8％，欧洲国家也只有 19％。因此，这也解释了为什么日本雇员任职的平均期限长于美国。

四、人力资本投资与收入分配

下面我们来看图 5—4，标记为 r 的曲线被认为是人力资本需求曲线（D_{hc}）。如前所述，如果 $r>i$，投资是盈利的；如果 $r<i$，则投资是亏损的。我们假设个人是为教育目的而贷款的价格接受者，因而在既定利率下需要一定数额的货币资本。个人面临着一个具有完全弹性的投资资金供给曲线 S_2，由 $r=i$ 的法则，e_2 是可获得最大利润的在校年数。类似地，如果市场利率在更高的点 i_3 处，则只有 e_3 年的教育才可能获得最大利润；如果利率在更低的点 i_1 处，那么投资教育 e_1 年就将是最好的选择。把一系列可能的利率应用于边际收益率曲线，可确定一系列的均衡点（1、2、3）；连接这些点并延长，我们就可在纵轴表示投资的融资“价格”（各种可能的利率），横轴表示相应的人力资本需求量的坐标系中，得到人力资本或教育的需求曲线。

图 5—4 的供给和需求曲线可以用来解释为什么不同的人对人力资本的投资量是不同的（从而赚得的收入有很大的不同）。我们将重点集中在三个因素上：能力的差异，由于歧视使得这种转化（即把技术和知识转化为增加的收入）能力存在不同程度的不确定性，以及人力资本投资的贷款机会不同。前两个因素通过人力资本市场的需求方面来起作用，第三个因素通过供给方面起作用。

不同的人获得不同数量的教育，原因在于能力差异、歧视的影响和获得资本

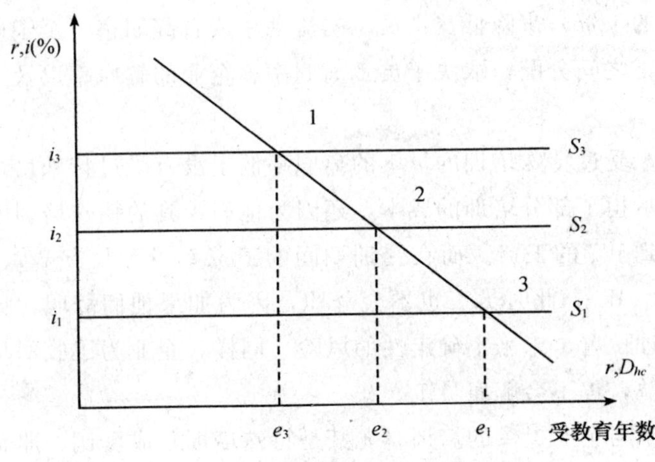

图 5—4 推导人力资本的需求曲线

的难易程度不同。教育程度上的差异对产生收入分配不平等起到很重要的作用。事实上，解释教育不平等的各种因素之间的相互作用，产生了比上述讨论所表明的更大的收入不平等。例如，歧视不仅可能影响人力资本市场的供给并使得女性等易受歧视群体的教育需求下降，而且也可能影响到人力资本市场需求。如果贷款方认为歧视使得女性等易受歧视群体不可能实现其所培训的特定岗位上的就业，将通过收取更高的利率来补偿这一风险。这将导致女性等易受歧视群体的人力资本供给曲线上移，因而他们获得教育的年数将进一步递减。类似地，能力较强的个人也可能享有较低的融资成本。较强的能力可能不仅仅源于个人遗传基因，同样也可能源于其优良的家庭环境。有幸出生在高收入家庭的孩子，一般来说可能享受更多和更好的学前教育，因而有更强烈的动机和自律能力，以及更加重视教育。这些因素意味着，孩子可能有更强的学习能力及更强的提高其劳动力市场率和收入的能力。出生在高收入家庭还意味着，孩子拥有以优惠的利率条件为教育融资的更强的能力。

五、人力资本投资理论的应用与拓展

（一）人力资本评估：美国离婚法

美国各州《离婚法》规定，离婚时，双方的财产——在婚姻期间所获得的一切财产，包括夫妻双方在婚姻存续期间所进行的人力资本投资的价值，都要按照某种方式进行公平分割。

多伊医生（Dr. Doe）在刚刚取得以开业医生身份行医的执照之时与妻子结

婚。不过，当时多伊医生并未立即开业（开家庭诊所）行医，而是去接受做一名外科医生的特殊培训。在培训期间，多伊医生和他妻子的收入远远低于如果他开业行医情况下的收入，这实际上说，夫妻双方都在为多伊医生的人力资本进行了投资。多伊医生取得外科医生资格后不久，两人决定离婚。此时，女方要求对多伊医生的外科医生资格中所包含的财产价格进行平等地分割。那么，该如何对这一财产价值进行评估呢？

人力资本投资带来的收益是隐形的，但是，其收益也是长期的。多伊医生离婚案中，对财产的分割考虑到了人力资本投资的增值性，是法律公平的重要体现。其实，一个家庭具有的物质财产是有限的，而具有的人力资本带来的收益却是无限的，多伊医生人力资本投资的过程，他的妻子是参与了的，就应该获得人力资本带来的收益。多伊医生未来人力资本的收益是：从离婚到多伊医生退休这段时间，多伊医生从事外科医生的收益减去多伊医生以开业医生身份带来的收益，就是人力资本投资的收益。依据这个收益，多伊医生的妻子就可以计算出自己可以获得的财产分割数量。

（二）公共部门培训项目的评价

美国政府为处于弱势的部分男性、女性及青年人的一系列培训计划提供了经费。这些培训计划中，有些项目是基于受训者自愿，有些是针对接受社会救助者的强制性项目，有些仅是提供成本较低的寻找工作服务，有些项目直接为受资助者提供获得工作经验的机会或者提供与离家谋生相关的综合性服务。在后两种类型项目中，以 2006 年美元价格计算，每位学生所花成本在 4 000～8 000 美元。[①]在所注册人员中，约有一半的人在职业大学或者社区大学受到课堂培训，约有15%的人员在工厂受到实地培训。有较为可信的研究表明，在受训者中，成年女性是从培训中受益明显的唯一群体，而成年男性和青年人并未出现工资性报酬稳定增长现象。对于女性，其中，参加自愿培训项目的工资性报酬每年的增长约为 1 750 美元，而其他培训项目的工资性报酬增长还不及前者的一半。[②]

评价这些培训项目，就必须比较其成本和其预期收益。通过比较未接受培训所能得到的工资性报酬的估计值，计算因培训所获得的工资增长来确定培训收益。这些培训项目为每位受训者支出的直接成本为 4 000～8 000 美元，此外，这

---

① Rbert J. Lalonde. The Promise of Public Sector-sponsored Training Programs [J]. Journal of Economic Perspectives，1995：149－168.

② David H. Greenberg，Charles Michalopoulos，and Philip K. Robins. A Meta-analysis of Government-sponsored Training Programs [J]. Industrial and Labour Relations Review，2003：32－53.

些受训者还必须承担放弃部分产出的机会成本。这些培训项目中，一位代表性的受训者要受训 16 周。一个人的生产率既可以用于市场交换，也可以用于家庭生产。如果以当时（2006 年）最低工资水平每小时 5.15 美元计算，参加 16 周的培训的机会成本为 3 500 美元。那么，一位受训的成年女性参加培训项目的总成本为 7 500～11 500 美元。如在其随后的 20 年中，每年得到 1 750 美元的收益，以贴现率 2%计算，则总收益的现值为 28 500 美元。收益的规模远超过成本支出。如果参加培训所带来的工资性报酬增长仅持续 6 年，则总收益的现值为 9 000 美元，恰好位于总成本浮动范围 7 500～11 500 美元的中间点。

延伸思考

1. 评估人力资本投资的方法有哪些？
2. 试针对自身情况以及劳动力市场状况对“上大学是否划算”做出评估。
3. 如何区分一般和特殊的在职培训？

深度阅读

1. 罗纳德·G．伊兰伯格，罗伯特·S. 史密斯. 现代劳动经济学：理论与公共政策［M］. 北京：中国人民大学出版社，2011.

2. 坎贝尔·R. 麦克南，斯坦利·L. 布鲁，大卫·A. 麦克菲逊. 当代劳动经济学［M］. 北京：人民邮电出版社，2004.

第六章　劳动需求行为：短期与长期

企业（雇主）组织生产或提供服务，需要必要的生产要素，如土地、资本、技术、劳动力等，其中，劳动力投入构成了企业（或雇主）的劳动需求。因此，研究劳动需求是社会组织生产的重要基础。本章将探讨劳动需求的基本原理，阐释决定劳动需求的各种因素，分析厂商短期和长期的劳动需求行为。

一、劳动需求的派生性

劳动需求，是指用人单位在某一特定时期内，在某种工资率下愿意并能够雇用的劳动力数量。劳动需求是企业雇用意愿和支付能力的统一，两者缺一不可。

劳动是一种生产要素，对劳动的需求是在生产要素市场上通过买卖完成的，就需求主体和目的而言，生产要素市场的劳动需求与产品市场的产品需求具有不同的性质。

在产品市场上，需求来自消费者，对产品（服务）的需求是所谓“直接”需求，即满足“效用”，是一种绝对需求。而在生产要素市场上，需求不是来自消费者，而是来自企业，企业购买生产要素，如劳动、资本、土地、技术、信息、政府环境[①]等，不是为了自己的直接需要，而是为了生产和出售产品以获得收益，即满足“利润”的需求。企业对生产要素的需求是从消费者对产品的直接需求中派生出来的，因此被称为“派生需求”或“引致需求”。例如，企业增加雇佣劳动者并不能直接提高企业（或雇主）自身的效用，而是扩大生产规模，增加产品数量，从而增加企业（或雇主）的利润。因此从这个意义上来说，对生产要素的需求不是直接需求，而是一种“间接”需求。

在市场经济中，企业之所以雇用劳动，是因为劳动与其他生产要素相结合，能够提供市场消费者所需要的产品和服务，从而使企业以满足消费者产品和服务

---

① 政府环境也是企业组织生产经营所不可缺少的生产要素，企业往往通过支付税费的方式向政府购买。参见：李全伦. 企业产权研究的一个新视角：直接产权与间接产权［J］. 财经研究，2002（7）：38－44.

需求为手段实现其自身利润的根本目的。因此，劳动需求产生的直接基础在于产品和服务的需求，劳动需求是产品和服务需求派生而来的。如果不存在消费者对产品和服务的需求，则企业就无法从生产和销售中获得收益，从而也不会去购买生产资料并生产产品。例如，如果没有人去购买汽车，就不会有汽车公司对汽车工人的需求；面包店之所以雇用面包师，是因为存在众多的面包食客；医院之所以需要医生，是因为医生可以解除患者的病痛等。由此可见，企业对劳动等生产要素的需求是从消费者对产品的直接需求中派生出来的。从这个意义上说，对劳动等生产要素的需求被称为"派生需求"或"引致需求"。

生产产品不仅需要劳动力，而且还有其他生产的投入，如土地、资本等。因此劳动力需求是生产要素需求的组成部分。对劳动力的需求是对生产要素联合需求的一部分。这种联合需求具有相互依赖的性质，即所谓"共同性"。这个特点是由于技术上的原因，即企业在生产过程中使用的生产要素往往不是单独发生作用的，而是协同生产的。例如，一个人赤手空拳不能生产任何东西；同样，光有机器本身也无法创造产品，只有人与机器（及其他原材料）的结合才能生产出产品。这种共同性特点使得企业对某种生产要素的需求，不仅取决于该生产要素的价格，还取决于其他生产要素的价格。因此，企业对生产要素的需求理论应当是关于多种生产要素共同使用的理论。但是由于同时处理多种要素的需求问题使分析过于复杂，为了简化起见，一般的经济分析都集中于分析一种生产要素的情况。本章也集中于同质劳动要素的情况。

二、劳动需求的决定因素与企业目标

影响劳动需求的因素很多，但主要可以归纳为技术因素、经济因素和社会制度因素。在这三种因素影响下，企业的目标是不同的，如在技术因素约束下，企业的目标是产量最大化；在经济因素约束下，企业以利润最大化为目标；而在制度因素的约束下，企业则追求社会利益最大化。

（一）技术因素决定的劳动需求

由于企业对生产要素的需求具有"共同性"，一种生产要素无论如何不可能独立地创造出商品和服务。经济学一般用生产函数表示生产要素之间的"共同性"关系。生产函数表明在技术不变的条件下企业生产一定量的产品和服务所必需的最低劳动数量。在技术因素的约束下，企业将自己追求的目标确定为产品和服务的数量最大化，简称"产量最大化"。

为了分析简便，我们常常用劳动（L）和资本（K）两种生产要素的生产函数来分析技术因素对劳动需求的影响。生产函数可以用下式表示：

$$Q=Q(L,K)$$ 式（6—1）

同一生产函数表明了生产中投入量和产出量之间的相互依存关系，不同的生产函数也反映了各种投入之间的配合比例关系。

1. 等产量线及其技术内涵

生产函数中，投入量和产出量之间的相互依存关系一般运用等产量线来考察。等产量线是在技术水平不变的条件下生产同一产量的两个生产要素投入量的所有不同组合的轨迹。如图 6—1 中的 Q_1、Q_2、Q_3 所示。

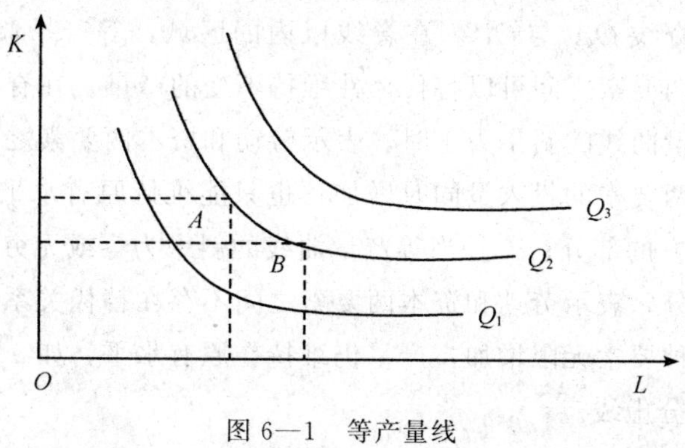

图 6—1　等产量线

如果把技术理解为生产某一产量的生产要素数量的投入组合，那么，在一条等产量曲线上只有一点表示使用该技术生产那一产量所需要的劳动和资本数量。对于企业能够生产的可能产量来说，都存在一条等产量曲线说明可行的劳动和资本组合。在同一等产量曲线上，不同的组合点表明不同的生产技术。

不同企业的等产量曲线具有不同的形状，等产量曲线的形状取决于企业特定产品所存在的各种不同技术的性质。

如图 6—1 所示，这组等产量曲线具有 3 个重要特征。第一，位置较高的等产量曲线具有较高的产量，因为生产较大产量至少需要一种投入更多些，但常常是两者同时增加。第二，等产量曲线是连续的。其经济含义是：企业有无限种生产技术可以生产任何数量的产品。尽管这种描述与现实不符，但是这种描述包含了现实的各种可能情况。第三，等产量曲线没有常数斜率，在左边较陡直，而在右边较平坦。这意味着在等产量曲线的左边企业一般采用资本密集的技术，如图中的 A 点，而在等产量曲线的右边企业一般采用劳动密集的技术，如图中的 B 点。

2. **技术系数**

不同的生产函数也反映了各种投入之间的配合比例关系。技术系数是反映生产一单位产品所需要的各种投入之间配合比例关系的概念。一般来说，技术系数可以划分为可变技术系数和固定技术系数。

可变技术系数是指生产某一单位产品所需要的各种生产要素的配合比例是可以变动的。例如，农民在收割稻子时，既可以使用手工收割，也可以使用割稻机收割，可能的情况是1台割稻机和6个农民组合的收割量与2台割稻机和4个农民组合的收割量是相等的。在这里割稻机与农民数量是可以替代的。

如图6—2所示，将类似于等产量曲线 Q_1、Q_2、Q_3 斜率为负的两个端点分别连接起来，形成脊线 OA 与 OB。在脊线以内的区域，等产量曲线的斜率为负，表示劳动与资本两要素之间可以替代，并维持不变的产量。在脊线以外有两种情况：一是当等产量曲线的斜率为正时，表示劳动和资本两要素之间不存在替代关系，劳动和资本两要素的投入量同时增加，也只能维持原有水平，如 Q_1 上 a 点右方部分和 a' 上方的部分；二是当等产量曲线的斜率为零或无穷大时，如图中脊线以外的虚线部分，表示劳动和资本两要素之间不存在替代关系，在一种要素投入不变时，另一种要素无限增加，产量仍维持在原有水平，如 a 点右方部分的虚线和 a' 上方的部分虚线。

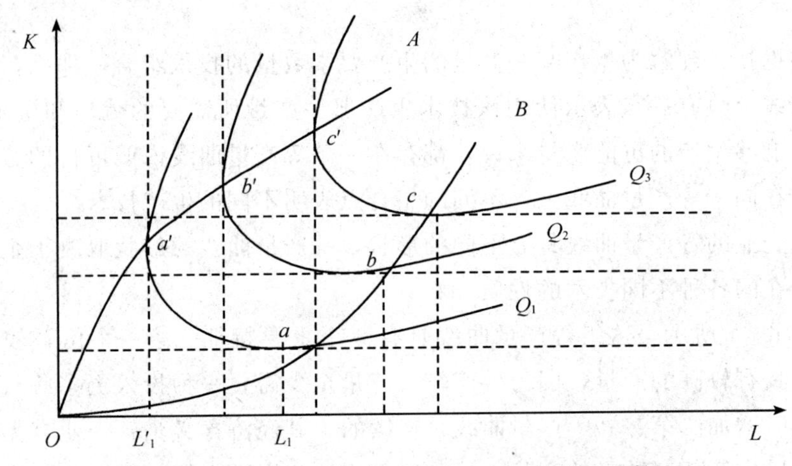

图6—2　面对可变技术系数时，企业的劳动需求量

显然，任何理性的企业只可能在脊线以内的区域组织生产。这样，我们可以得出结论：在资本要素可变条件下，即技术系数可变或者要素配合比例可变时，劳动需求的技术边界为脊线以内的区域。如在 Q_1 产量条件下，企业（或雇主）

最大的劳动雇佣量为 L_1，最小的劳动雇佣量为 L'_1。

固定技术系数是指生产某一单位产品所需要的各种生产要素彼此之间不能替代。例如，某些工厂工人数与机器数之间的比例是固定的，人少了机器就不能正常运转；人多了也不能增加产量，因为没有相应的机器设备使用。

在技术系数固定即劳动与资本两要素的配合比例不变时，图 6—2 中的脊线 OA 与 OB 重合，形成一条脊线 OR，如图 6—3 所示。这表明，企业只能在脊线 OR 上选择劳动和资本要素的组合方式进行生产。这时，厂商所能雇用的最大劳动量取决于所能得到的最大资本量，即：

$$L_{\max}=K_{\max}\times R=K_{\max}\times\frac{\Delta L}{\Delta K}\qquad\text{式（6—2）}$$

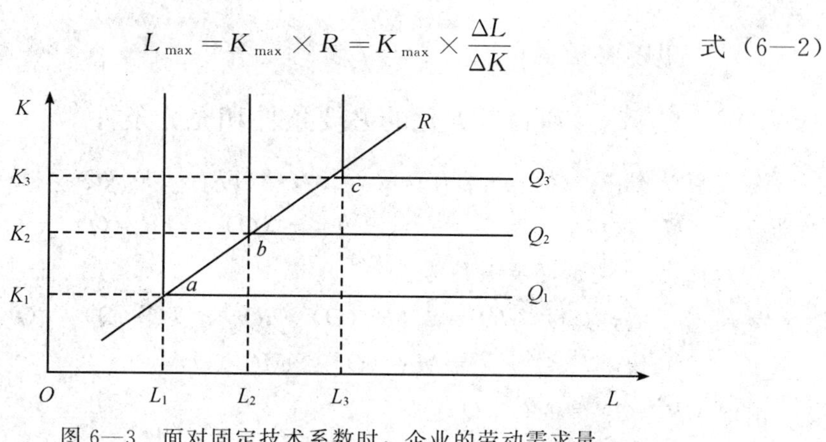

图 6—3 面对固定技术系数时，企业的劳动需求量

其中，R 表示劳动与资本的固定比例。

显然，如果某一企业使用的生产函数具有固定技术系数的特征，那么该企业在使用生产要素时无法相互替代；如果某一企业的生产函数具有可变技术系数的特征，那么该企业在生产中就可以根据生产的成本状况进行替代，以最经济的方式生产产品。

需要指出的是，技术因素决定的劳动需求是劳动雇佣量的一种可能范围和极限，无论技术系数是否可变，企业都以自身产量最大化为目标。

（二）经济因素决定的劳动需求

一般来说，经济学将企业目标确定为利润最大化。在利润最大化这一经济因素的约束下，企业（或雇主）的劳动需求决策是，要么在既定成本下最大化产量，要么在既定产量下最小化成本。因此，在生产技术既定的条件下，企业的劳动需求还受到经济因素的影响。

追求利润最大化，体现了企业的经济效率原则。其基本含义是：在其他条件不变的情况下，企业选择最佳产量，最终使得最后一单位产量所带来的边际收益（MR）等于所付出的边际成本（MC）。用公式表示为：

$$MR = MC \quad \text{式（6—3）}$$

若企业处在 $MR > MC$ 的生产阶段，这表明每增加一单位产量所得到的收益增量大于所付出的成本增量，这时，继续增加产量会增加总利润，理性的企业必然继续增雇劳动，扩大生产，直到 $MR = MC$ 为止。此外，当 $MR = MC$ 时，若 MR 的变化率小于 MC 的变化率，则该产量上的利润就是最大的利润值。

知识链接

利润最大化的必要条件和充分条件

假定商品价格一定，企业的总收益函数为 $TR = TR(Q)$，企业的总成本函数为 $TC = TC(Q)$，那么企业的利润为：$\pi(Q) = TR(Q) - TC(Q)$。

$\pi(Q)$ 最大化的必要条件为：

$$d\pi(Q)/dQ = d\,TR(Q)/dQ - d\,TC(Q)/dQ = MR(Q) - MC(Q) = 0$$

即：$MR(Q) = MC(Q)$

$\pi(Q)$ 最大化的充分条件为：

$$d^2\pi(Q)/d^2Q = MR'(Q) - MC'(Q) < 0$$

即：$MR'(Q) < MC'(Q)$

假设利润最大化的产量为 Q^*，由等产量线可以得到，生产 Q^* 的产量时，劳动需求和资本需求的多种组合，其中，只有成本最低的组合所生产的产量 Q^* 才能实现利润最大化。

等成本曲线表示在总成本（C^*）以及劳动价格（P_L）和资本价格（P_K）既定的条件下，企业（或雇主）可以购买到的最多资本（K）和劳动（L）的不同组合，即：

$$C^* = P_L \cdot L + P_K \cdot K \quad \text{式（6—4）}$$

如图 6—4 所示，等成本线的斜率为劳动价格与资本价格之比的负值。在同一平面坐标上可以有无数条等成本线，以至覆盖整个平面图。

运用等成本线可以进行两种最优投入组合分析，一是既定成本条件下，产量最大化的最佳要素组合；二是既定产量条件下，成本最小化的最佳要素组合。我

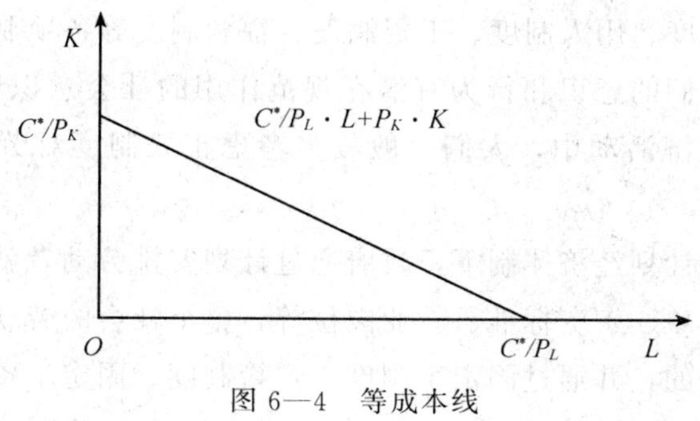

图 6—4　等成本线

们以后一种为例进行分析。如图 6—5 所示，在切点 E，等成本线和等产量线的斜率相等。

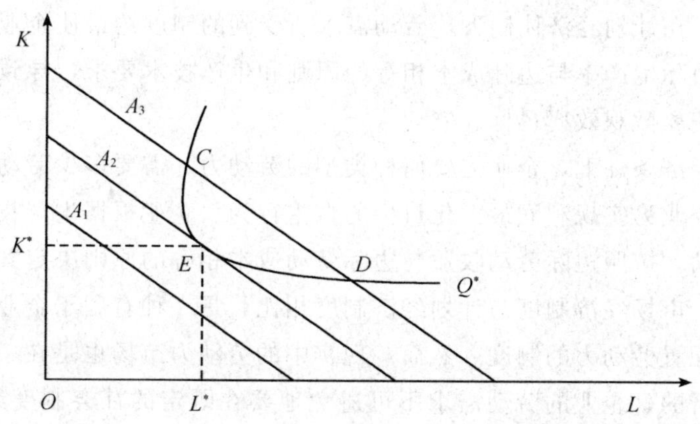

图 6—5　既定产量条件下，成本最小化的最佳要素组合

在图 6—5 中，等产量线上的 C、D 两点的要素组合也能生产既定产量 Q^*，但是，这两点处在更高的等成本线 A_3 上，这表明这两点所决定的要素组合不是成本最小的。而等成本线 A_1 虽然代表的成本小于等成本线 A_2，但 A_1 与既定产量线 Q^*，既无交点，也无切点，这表明等成本线 A_1 根本无法实现既定产量 Q^*。因此，只有既定产量线 Q^* 与等成本线 A_2 成相切时，才能实现既定产量条件下的成本最小化。

我们可以得出结论：E 所对应的劳动雇佣量是利润最大化这一经济因素约束下的最优劳动需求量。

（三）社会制度安排决定的劳动需求

劳动需求除了受到技术因素、经济因素的影响之外，还受到社会制度安排的影响。约束劳动需求的制度因素可分为两类，一是正式制度，即一定的经济体制及其相应的就业制度、用人制度、工资制度、福利制度等各项制度安排；二是非正式制度，即对人们的意识和行为有潜在规范作用的社会意识形态、伦理道德、习惯等。在实际经济活动中，人们一般较多考虑正式制度对劳动需求构成的约束。

在我国传统的计划经济体制下，政府通过计划安排劳动者就业，确定企业的招工人数、招工对象、工资标准、就业岗位等，整个社会的劳动力资源配置是按行政配置规则进行的，并通过固定工制度、户籍制度、固定工资制度、企业福利保障制度等相应的制度安排予以保证。企业只有接受和服从国家劳动计划的义务，没有自主决定劳动用工的权利，它们无法严格按照企业技术特征的要求来确定劳动力需求数量和结构，也无法根据外部经济环境的变动严格按效率原则裁减职工。因此，在计划经济体制下，劳动需求所受到的制度约束使企业劳动需求无法顾及劳动边际生产率与边际成本相等的原则和生产技术要求，导致企业行为及其结果远远偏离微观效率目标。

在市场经济条件下，企业需要何种类型的劳动力、需要多少劳动力或解雇劳动力，都是企业为实现利润最大化目标的自主行为。企业根据生产技术要求和经济状况的变动，按照边际劳动收益与边际劳动成本相等的原则决定其最佳劳动需求量。显然，市场经济制度与计划经济制度相比，是一种有利于企业按技术因素和经济因素配置劳动力的制度。然而，现实中的劳动力市场也是在一定制度结构的规范下运行的，企业的劳动需求不可避免地要在既定的社会制度约束下确定，这些制度约束可能有利于企业在当时的技术和经济环境下去追求利润最大化，也可能使企业行为包括劳动需求行为偏离利润最大化或至少在短期内偏离利润最大化。因此，研究厂商的劳动需求必须考虑政府对劳动力市场的干预和影响。

在劳动力市场上，影响厂商劳动需求的社会制度安排主要包括：

1. 最低劳动标准

在劳动需求减少和人口过剩的压力下，非熟练工人在劳动力市场上一般会处于劣势，企业往往可能压低工人工资，降低劳动条件，最终极易导致工人不得不陷入“低工资——多就业——低工资”的恶性循环。针对这一情况，各国政府普遍利用立法手段，如通过禁止招用未成年的儿童、禁止女工夜间作业、规定最低工资标准和最长工作时间等措施，以保证必要的劳动条件，保护劳动者的身心健康和安全。

2. 最低生活保障

最低生活保障，包括国家救济、养老保险、免费医疗等社会保障制度，确保了劳动者维持基本生活所需要的最低生活标准，排除了劳动者在最低限度的生存和安全无保障时可能产生的不合理劳动合同。

3. 工会组织和雇主的法律权利

在劳动力市场上，供需双方的力量对比往往不对等。若承认工会组织的合法地位，工会就有权参与有关劳动条件、工资待遇等方面的谈判与决策，并在监督企业雇用工人、遵守最低劳动标准等方面发挥作用，这就在一定程度上限制了企业的权力，使力量的对比有利于劳动者。如果政府对工会的活动加以限制，就会增大企业权力，使力量对比有利于企业。当今世界多数国家都确认工会组织的合法地位和权力，并将其作为一项正式的社会制度安排固定下来。确认工会组织和雇主的法律权利最终必然影响企业的劳动需求。于是，就有一个这类制度安排是否有利于经济效率的问题。

4. 市场垄断和市场歧视

市场垄断和市场歧视也是劳动力市场中的制度安排之一。在存在市场垄断和市场歧视的情况下，企业可能调整其劳动需求的数量和结构。若企业是劳动力市场的垄断者，便可能压低劳动力价格（即工人工资）并增加劳动需求量；若劳动力市场存在歧视某类劳动者的现象，有歧视的企业便会减少该类劳动者的雇佣量或者降低该类劳动者的工资。

三、短期劳动需求：完全竞争与非完全竞争企业

（一）基本条件假设

1. 关于生产的若干假设

事实上，生产函数在短期和长期可能是不同的，不同的生产函数就会导致对劳动需求的不同。如表 6—1 所示，资本、劳动和技术变动都需要一定的时间，其中，资本调整较困难，所花费的时间较长；劳动调整较容易，所需要的时间较短；而生产技术（即生产函数）调整更困难，往往需要革命式的技术进步，所需要的时间更多。

表 6—1　　　　劳动、资本和技术调整的时间

	劳动调整时间	资本调整时间	技术调整时间
1	改变劳动数量和类别的决策	改变资本数量和类别的决策	基础理论研究与科技发明
2	广告（以及其他方式）搜寻	资本筹集与设备搜寻	应用技术研发
3	面试	生产者的制造与供应	技术成果甄选与转化
4	培训	设备安装和调试时间	技术使用与调试

根据资本、劳动和技术调整的时间特征，经济学家通常将短期劳动需求定义为只能改变劳动投入数量的时间范围，在这个时间段资本数量保持不变；将长期劳动需求定义为可以改变劳动和资本投入数量的时间范围，但在这段时间范围内还不足以改变生产技术；将超长期劳动需求定义为不仅可以改变各种生产要素投入数量，而且可以改变生产技术的时间范围，见表 6—2。

表 6—2　　劳动需求的类型与要素变化

劳动需求的类型	变化的要素	固定不变的要素
短期劳动需求	劳动	资本和技术
长期劳动需求	劳动和资本	技术
超长期劳动需求	劳动、资本、技术	——

需要说明的是，关于劳动需求，进行短期、长期、超长期的简单划分可能是不现实的。其原因如下：第一，不同的生产要素是以不同的比例发生变化的，例如，改变手工工人的数量可能比改变技术工人的数量更容易；第二，来自某一特殊要素的服务流以不同的比例发生变化，例如，工作时数可能比工人人数更容易改变；第三，某一特定要素变动的速度在不同的时点可能变化不同，例如，当劳动力市场需求相对疲软时，可能更容易改变劳动的投入。

然而，尽管有多方面的因素在决定劳动需求时期的长短中起了重要的作用，但为了集中分析问题，我们首先在一个简化的劳动需求模型中做了如下的假定：第一，只存在着两种投入，劳动和资本；第二，两种投入各自都是同质的，例如，每一个工人都是一样的，每一单位的资本及其占有者和使用者的能力都是相同的；第三，劳动投入在短期内是可以变化的，而资本只在长期内变化，生产技术在超长期内才能发生变化。

2. 市场条件假设

除了时间长短对劳动需求产生影响外，不同的市场结构也会导致不同的劳动需求。在这里我们分析完全竞争市场和非完全竞争市场结构对劳动需求的影响。

完全竞争市场的假设条件是：第一，产品市场、劳动力市场有为数众多的供给者和需求者，市场上任何一个主体的供给量和需求量所占市场的比例很小，从而任何一种交易都无法影响市场的价格。供给者与需求者是市场价格的接受者，而不是价格的决定者。第二，商品和服务生产中仅使用两种同质的生产要素，即劳动力和资本。此外，假设劳动条件也是一样的。第三，资源完全自由流动，企业和劳动者均可以自由地进入或退出某个行业。第四，市场主体具有完全信息，且获得信息的成本为零。

但是，现实中的市场都是非完全竞争的，企业也大都具有一定的垄断性。非完全竞争市场结构包括垄断、寡头和垄断竞争三种情况。在这种市场结构中企业能够制定自己的价格而不是被迫地接受由市场确定的价格，具有一定的垄断能力。因而其生产函数和完全竞争市场结构下的生产函数不同。

（二）劳动边际报酬递减规律

假设在技术水平不变的条件下，其他生产要素固定不变，唯一可变的生产要素条件只有劳动。并设劳动的总产量、劳动的平均产量和劳动的边际产量分别记为 TP_L 、AP_L 、MP_L 。我们可以用图 6—6 来说明劳动报酬递减规律。

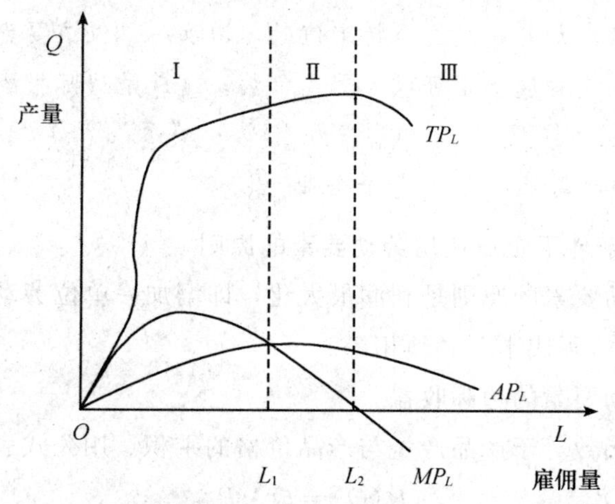

图 6—6　劳动的总产量、平均产量和边际产量曲线

由图不难看出，TP_L 、AP_L 、MP_L 在其开始阶段都递增，随着劳动投入的不断增加，它们先后趋于下降。其变化过程可分为三个阶段：(1) AP_L 上升，TP_L 上升较快，MP_L 曲线先上升后下降，但 MP_L 一直大于 AP_L ；当 $MP_L = AP_L$ 时，AP_L 达到最大值。(2) AP_L 曲线与 MP_L 曲线都下降，且 $MP_L < AP_L$ ，但 $MP_L > 0$，TP_L 曲线继续上升，在 $MP_L = 0$ 时，TP_L 达到最大值。(3) AP_L 、MP_L 曲线保持下降趋势，且 $MP_L < 0$，TP_L 曲线也开始下降。由此可以看出，只有第二阶段才是较合理并可供选择的阶段。因为在第一阶段中，每增加一个单位生产要素所增加的产量大于平均产量，因而继续扩大生产是有利可图的。如果在第一阶段停止扩大生产，就不能充分发挥技术效应，因而不可取。而在第三阶段，增加劳动的投入量，不仅不能增加产量，反而使总产量有所下降，更加不可取。因此，任何一个精明的企业家，都会选择第二阶段作为劳动量的合理投入区

域。也就是说，在其他要素不变的条件下，劳动雇佣量应该处于 L_1 与 L_2 之间，而 L_1、L_2 便成了劳动需求的两个技术界限点。

知识链接

关于边际报酬递减规律

在技术水平不变的条件下，连续地把等量的某一种生产要素增加到其他一种或者几种数量不变的生产要素上去的过程中，当这种生产要素的投入量小于某一特定值时，增加一单位该要素的投入量所带来的边际产量是递增的；当这种生产要素的投入量连续增加并超过这个特定值时，增加一单位该要素所带来的边际产量是递减的，到一定程度甚至可以为零或负数，这就是边际报酬递减规律。

（三）短期劳动需求：完全竞争企业

1. 完全竞争条件下企业使用劳动要素的原则

企业使用劳动要素的原则是利润最大化，即增加一单位劳动的使用所带来的“边际收益”和“边际成本”必须相等。

（1）使用劳动要素的边际收益

企业的收益函数等于产品产量与产品价格的乘积。用公式表示如下：

$$R(Q)=Q\cdot P \qquad \text{式（6—5）}$$

式中，R、Q 和 P 分别为企业的总收益、产量和产品价格。在上述公式中，产品价格 P 是既定的常数，企业的收益便决定于产量 Q。因此，总收益 R 被看成是产量 Q 的函数。利用企业的收益函数求收益对产量的一阶导数即得产品边际收益，表示企业增加一单位产量所增加的收益。

在产品市场分析中，企业收益只被看成是产量的函数而与生产要素无关。但从要素市场看，产量本身又是生产要素的函数。由于完全竞争企业在短期内只能变动劳动要素 L，其他生产要素都无法变动，则产量为劳动的函数。将企业收益看成劳动要素的复合函数，即：

$$R(L)=Q(L)\cdot P \qquad \text{式（6—6）}$$

在产品市场理论中，收益是产量的函数，收益对产量的导数就是产品的边际收益 MRP；而在完全竞争条件下，产品的边际收益等于产品价格，即 $MRP=P$。

在劳动力市场上，收益为劳动的复合函数，对式（6—6）求导可以求得劳动的边际收益，即得到：

$$dR(L)/dL = dQ(L)/dL \cdot P \qquad \text{式（6—7）}$$

上式中 $dQ(L)/dL$ 为劳动的边际产品 MP_L，表示增加使用一个单位的劳动所增加的产量。劳动的边际产品 MP_L 与既定产品价格 P 的乘积表明增加使用一单位劳动所增加的收益。这就是完全竞争条件下企业使用劳动要素的“边际收益”，即劳动的边际产品价值：

$$VMP = MP_L \cdot P \qquad \text{式（6—8）}$$

知识链接

劳动的边际产品价值 *VMP* 与产品的边际收益 *MRP* 的区别

产品的边际收益或者简称边际收益通常是针对产量而言；边际产品价值是对劳动要素而言。由于劳动的边际产品 MP_L 是产量对劳动的导数，根据“边际生产率递减规律”，劳动的边际产品为一条向右下方倾斜的曲线，即随着劳动使用量的增加，劳动的边际产品会逐步下降。根据式（6—8）可知，劳动的边际产品价值也是劳动的函数，由于产品价格 P 为常数，边际产品价值曲线显然也与边际产品曲线一样向右下方倾斜。当 P 大于1时，劳动的边际产品价值曲线在边际产品曲线的上方；当 P 小于1时，劳动的边际产品价值曲线在边际产品曲线的下方；当 P 等于1时，劳动的边际产品价值曲线与边际产品曲线重合。

（2）使用劳动要素的“边际成本”

成本函数是企业的成本与产量水平之间的各种关系，或者说成本仅被看成产量的函数，即下式：

$$C = C(Q) \qquad \text{式（6—9）}$$

由于产量又取决于所使用的劳动要素数量，故成本也可以直接表示为劳动的函数。若设劳动要素的价格为工资 W，则使用劳动要素的成本就可以表示为：

$$C = W \cdot L \qquad \text{式（6—10）}$$

由于在完全竞争的劳动力市场上，劳动价格 W 是既定不变的常数，即要素价格与单个企业的劳动使用量之间没有关系，因此，使用劳动要素的“边际成本”，即成本函数对劳动的导数就是劳动价格：

$$dC(L)/dL = W \qquad \text{式（6—11）}$$

由于使用劳动的成本被看成是劳动数量的函数，故它对劳动的导数即使用劳动要素的边际成本也是劳动数量的函数。不过，在完全竞争条件下，这个函数采取了最为简单的形式：它实际上是一个常数。因此，该函数曲线在图形上表现为一条水平直线。如图 6—7 所示。

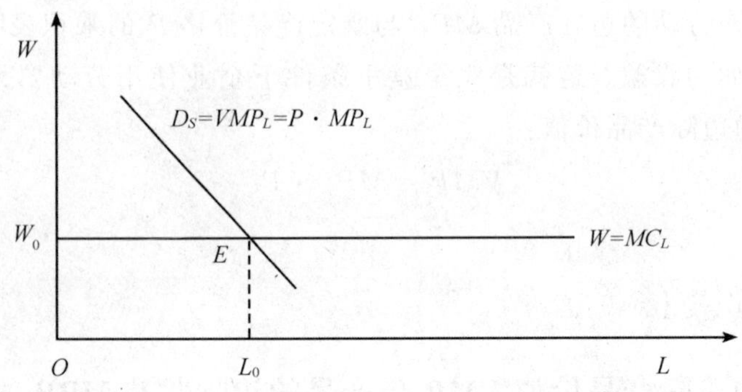

图 6—7　劳动需求曲线与劳动的边际产品价格曲线重合

在图 6—7 中，短期劳动需求曲线 D_s 与劳动的边际产品价值曲线 VMP_L 重合，劳动价格 W 等于使用劳动的边际成本 W_0，则 W_0 不随劳动使用量 L 的变化而变化。

(3) 完全竞争条件下企业使用劳动要素的原则

根据上述讨论，在完全竞争条件下，企业使用劳动的边际成本等于劳动的价格 W，而使用劳动的边际收益是劳动的边际产品价值 VMP_L 。因此，完全竞争条件下，企业使用劳动要素的原则可以表示如下：

$$VMP_L = W \quad \text{或}$$

$$MP_L \cdot P = W \qquad \text{式 (6—12)}$$

如果完全竞争条件下企业在使用劳动要素时实现了上述条件，那么该企业就实现了利润最大化，此时使用的劳动数量就是最优的数量。

知识链接

企业利润最大化的最优劳动数量

在完全竞争条件下，企业利润最大化的最优劳动数量的数学方法推导如下：

假设 π 代表完全竞争企业的利润，它是劳动需求量 L 的函数，则有：

$$\pi(L) = P \cdot Q(L) - W \cdot L$$

为了达到利润最大化，必须使下式成立：

$$d\pi(L)/dL = P[dQ(L)/dL] - W = 0$$

即 $P[dQ(L)/dL] = W$

上式即为：$VMP(L) = W$

因此，在完全竞争条件下，以利润最大化为目标的企业使用劳动要素的原则为，劳动的边际产品价值等于劳动的价格。

---

2. **完全竞争条件下企业劳动需求曲线**

劳动的需求函数反映的是企业对劳动需求的数量与劳动的价格之间的关系。完全竞争企业的劳动需求曲线是指，在其他条件不变时，完全竞争企业对劳动的需求量 L 与劳动价格 W 之间的关系。

由于产品价格 P 为常数，式（6—12）实际上确定了一个从劳动价格 W 到劳动数量 L 之间的一个函数关系，即确定了完全竞争条件下企业对劳动的需求函数。

考察这个劳动需求函数的特点。假定一开始时，企业使用的劳动数量为最优数量，即式（6—12）已经满足。现在让劳动价格 W 上升，于是有 $MP_L \cdot P < W$。为了重新恢复均衡，企业必须调整劳动使用量 L，使 MP_L 增加从而使 $MP_L \cdot P$ 上升。根据边际生产力递减的性质，只有通过减少劳动使用量才能达到这个目的。这样便得到结论：随着劳动价格的上升，企业对劳动的最佳使用量即需求量将下降。因此，完全竞争条件下企业的短期劳动需求曲线与其边际产品价值曲线一样向右下方倾斜。

进一步考察式（6—12）发现，在完全竞争的条件下，企业在短期内对单一可变的劳动要素的需求曲线将与其边际产品价值曲线完全重合，如图 6—7 所示。

（四）短期劳动需求：非完全竞争企业

现实中的市场一般都是非完全竞争的，企业大都具有一定的垄断性。当企业能够制定自己产品的价格而非被迫接受由市场确定的价格时，它就具有一定的垄断市场的能力。

由完全竞争的假设变为非完全竞争的假设，将会使我们的分析发生重大变化。由于不同的企业的产品存在差别，非完全竞争企业的产品需求曲线呈现向下倾斜的特征，而不像完全竞争企业那样具有完全弹性。这意味着企业若要增加产品的销售，将不得不降低产品的价格；而且，由于我们假定企业不能够进行价格歧视，所以企业不仅要降低最后一单位产品的价格，在此之前的任何一单位产品的价格事实上都被降低。因此，就垄断性企业而言，每增加额外一单位产品的销售所获得的边际收益要比其产品的价格更小（而在完全竞争的情况下，价格和边际收益是相等的）。因为现在要计算边际收益的现值，所以必须在最后一单位产品的卖价中减去因增加这一单位产品的销售而给此前所有的产品造成的收益损失，而那些产品本来可以索要一个更高的价格。由于完全竞争企业扩大销售时，其边际收益不变，所以非完全竞争企业的边际收益产品（$MR \times MP$）比完全竞争条件下的同一指标（$P \times MP$）要小一些。

由此我们可以看到，完全竞争企业的劳动需求曲线（*MPR* 线）之所以下降，仅仅是因为当更多的劳动被雇用时其边际产量会减少。但是非完全竞争企业的劳动需求曲线（*MPR* 线）下降的原因却有两个：第一是边际产量随劳动使用量增加而减少；第二是伴随产量增加的价格下降。表 6—3 是一组与非完全竞争厂商有关的数据。我们发现，现在要想卖掉后续的工人带来的边际产量，必须同时降低产品价格。

表 6—3　厂商作为产品市场上的非完全竞争者

劳动单位数 *L*	总产量 *TP*	边际产量 *MP*	产品价格 *P*	总收益 *TR*	边际收益产品 *MPR*	边际产品价值 *VMP*（$MP \times P$）
4	15	—	2.60	39.00	—	—
5	27	12	2.40	64.80	25.80	28.80
6	36	9	2.20	79.20	14.40	19.80
7	42	6	2.10	88.20	9	12.60
8	45	3	2.00	90.00	1.80	6.00
9	46	1	1.90	87.40	−2.60	1.80

为真正理解上述差别，有必要在此强调这样一个事实，即伴随产出增加的价格下降不仅影响到最后一单位劳动带来的产品，而且影响了此前所有本可以卖出更高价格的产品。如上表所示，第 5 个工人的边际产量是 12 单位，这些产品能够以 2.4 元的价格出售，那么第 5 个工人给企业创造的价值是 28.8 元的收益，这就是这个工人创造的边际产品价值或者是社会新增产品的价值。但是该工人的 *MPR* 却只有 25.8 元。这是因为：为了卖掉第 5 个工人创造的 12 单位的产品，此前 4 位工人生产的 15 个单位的产品必须在原来 2.6 元的基础上接受 0.2 元的降价。这样，第 5 个工人的 *MPR* 就减少了 3 元。类似地，其他的 *MPR* 均可以通过这种方式得到解释。

由此可知，在完全竞争条件下，厂商的 *MRP* 就是其劳动需求曲线。在图

6—8 中，我们绘制出非完全竞争企业的劳动需求曲线 D_L（MRP）。与完全竞争企业的劳动需求曲线（VMP）相比，我们发现，非完全竞争企业的劳动需求曲线比完全竞争企业的劳动需求曲线更加缺乏弹性。也就是说，垄断性企业对于工资率变化的反应要比完全竞争企业的反应更弱些。与完全竞争企业相比，面对同样的工资下降，拥有垄断权力的企业发现，生产规模增加得相对少些可能是更有利可图的事情。由于对生产规模的人为限制，垄断性企业增雇的劳动量也就比较少。

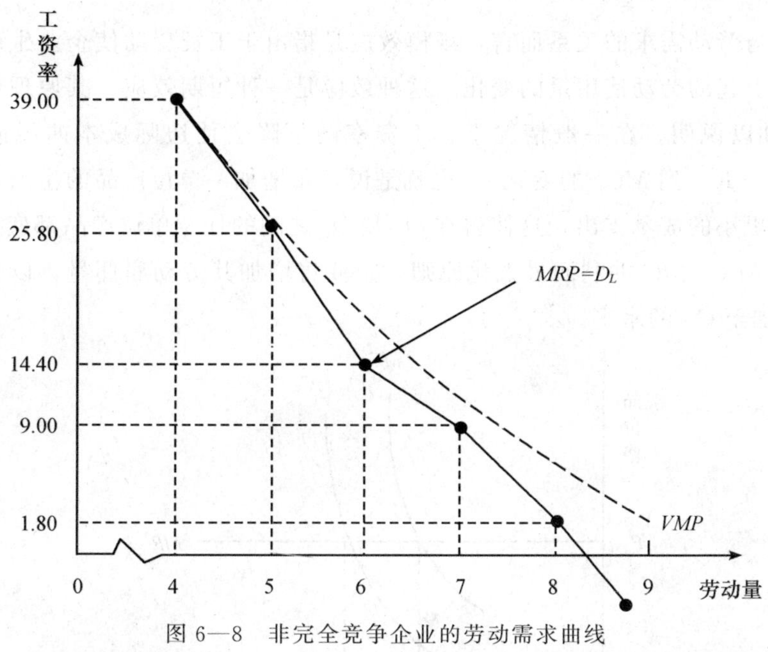

图 6—8　非完全竞争企业的劳动需求曲线

因此，我们可以得出，在非完全竞争的产品市场上，当企业越来越多地使用工人时，由于边际产量递减和企业需要降低价格以卖掉增加了的产量，企业劳动需求曲线是向下倾斜的。而且，在任何一个雇佣水平上，非完全竞争的 MRP 都要比 VMP 小些。

四、长期劳动需求：替代效应与规模效应

到目前为止，我们讨论了企业的短期生产函数和短期的劳动需求，下面我们来分析长期的情况。我们仍然假定劳动 L 和资本 K 是仅有的两种生产投入，而且劳动仍然是同质的；但与短期不同的是，在长期劳动和资本都被认为是可变的。相应地有如下长期生产函数：

$$TP_{LR}=f(L, K)$$

所谓长期劳动需求，是指当劳动和资本都可变时，工资率与企业雇用的劳动数量间的关系。从这个式中可以看出，在长期，当工资率上升时，企业不仅可以通过调整其使用的劳动数量的方式，而且也可以通过调整其资本存量的方式做出反应。长期劳动需求曲线也是向下倾斜的，这是因为工资率的变化在短期会产生规模效应，在长期则产生替代效应，这两种效应共同决定劳动的最优雇佣水平。

（一）规模效应

就其与劳动需求的关系而言，规模效应是指由于工资变动使企业生产成本发生改变而引起的劳动使用量的变化。这种效应是一种短期效应，其原理可以通过图 6—9 加以说明。在一般情况下，工资率的下降会使边际成本曲线向下移动（即图中由 MC_1 到 MC_2 的变化）。也就是说，每增加一单位产品的生产，企业会有比以前更小的成本支出，这使得在 Q_1 和 Q_2 之间的任意单位产品都变得有利可图。遵循 $MR=MC$ 的利润最大化原则，企业将增加其劳动雇佣量，以便把产量由 Q_1 增加至 Q_2 的水平。

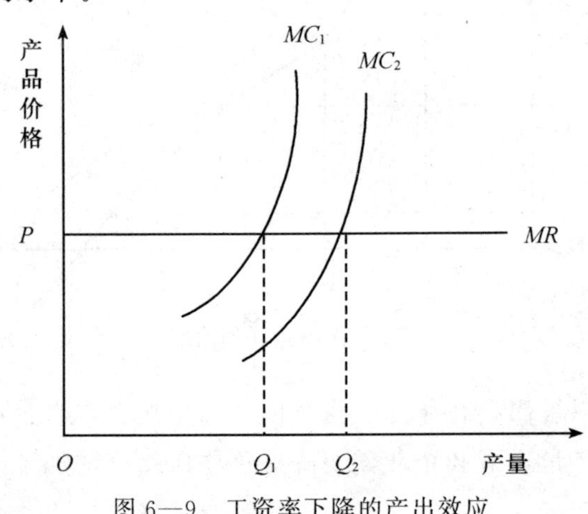

图 6—9　工资率下降的产出效应

（二）替代效应

就其与长期劳动需求的关系而言，替代效应是指在产出保持不变的前提下，劳动的相对价格的变化导致的劳动需求量的变动。在短期，资本是固定不变的，因此不可能有劳动和资本在生产中的替代发生。但在长期，当工资下降时，企业将会用变得相对便宜的劳动替代某些类型的资本。由此我们认识到，在长期中，厂商对工资变化所做的劳动量的调整幅度将要比在短期中更大。换句话，长期劳动需求要比短期劳动需求表现得更富有弹性。

五、劳动需求的弹性：马歇尔—希克斯派生需求定理

在劳动力市场上，我们不难观察到这样一种现象，当劳动价格即工资率发生变化时，劳动的需求量会随之发生变化。若从定性角度分析，工资率上升会导致劳动需求量下降，工资率下降会导致劳动需求量上升；若从定量角度分析，就需要研究，工资率的变化到底会引起劳动需求数量发生多大的变化。

劳动需求对工资率变化的反应幅度通常称为“劳动需求弹性”。劳动需求弹性包括劳动需求的自身工资弹性和劳动需求的交叉弹性。

（一）劳动需求的自身工资弹性

劳动需求的自身工资弹性（通常简称为“劳动需求弹性”）是指当工资率变化一个百分比所引起的劳动需求变化的百分比的比值。用以下公式表述：

$$E_d = -(\Delta L/L)/(\Delta W/W) = -(\Delta L/\Delta W)(W/L) \qquad (6\text{—}13)$$

式中，E_d 为劳动需求弹性，ΔL 和 ΔW 分别是劳动需求数量 L 和工资率 W 的变动量。由于劳动需求数量和工资率的变动方向相反，即工资率上升，劳动需求数量下降，因此劳动需求弹性为负。

劳动需求弹性的绝对值是大于 1 或小于 1 的，弹性值一般在 0 和∞之间，即 $O < E_d < \infty$。根据弹性绝对值的大小，劳动需求弹性可以划分为五种类型，分别构成五条形状不同的劳动需求曲线，如图 6—10 所示。

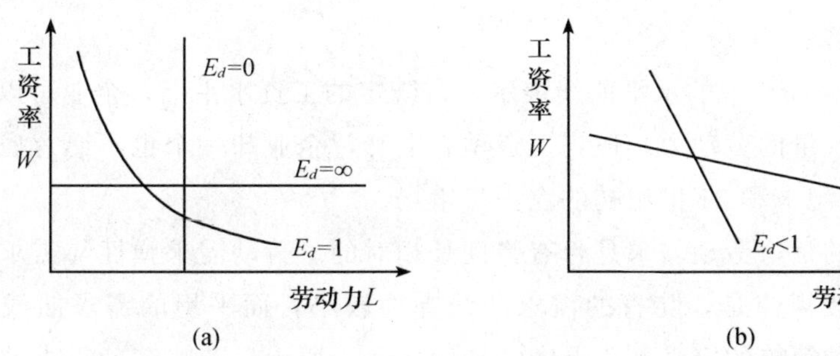

图 6—10　劳动需求弹性的五种类型

1. 当劳动需求的变化率等于零时，即 $E_d = 0$ 时，称劳动需求曲线完全缺乏弹性。

如图 6—10（a）中的垂线表示，无论劳动力市场上的工资率 W 如何变化，都不会对劳动需求产生任何影响，即 $\Delta L = 0$，此时劳动需求是完全无弹性的。例

如，我国21世纪初的大学生就业市场，在当期经济处于相对过剩状态下，企业对大学生的需求较稳定，甚至存在下降趋势，大学毕业生工资不断下降，并没有引起大学毕业生需求的增加。因此，降低（甚至人为压低）大学毕业生的工资，并不是解决大学毕业生就业问题的根本出路。

2. 当劳动需求的变化率小于工资的变化率时，即 $0< E_d <1$ 时，通常称劳动需求曲线缺乏弹性或者无弹性。

例如，工资水平上升10%，企业的雇工数量下降了4%，即劳动需求弹性等于0.4。劳动需求曲线的弹性较小，意味着企业的劳动需求量对工资的升降变化不敏感，其形状是一条较为陡峭的劳动需求曲线，如图6—10（b）所示。

3. 当劳动需求的变化率大于工资的变化率时，即 $1< E_d <\infty$ 时，通常称劳动需求曲线富有弹性或者有弹性。

企业劳动需求变动的百分比大于工资变动的速率，意味着企业的劳动需求量对工资升降变化的敏感程度较高，此时，劳动需求曲线的形状是一条较为平缓的曲线，如图6—10（b）所示。

4. 当劳动需求的变化率等于工资的变化率时，即 $E_d=1$ 时，称劳动需求曲线具有单位弹性。

如图6—10（a）所示，呈单位弹性的劳动需求曲线是一条直角双曲线，表示工资率上升一定的比例，劳动需求量下降一个同样的比例；反之，则相反。

5. 当劳动需求的变化率趋向于无穷大时，即 $E_d=\infty$ 时，称劳动需求曲线完全富有弹性。

如图6—10（a）中的水平曲线表示，在既定的工资水平上，企业可以获得其所需要的任何数量的劳动力，但当工资稍有上涨，企业却一个也不愿意雇用。例如，我国20世纪末和21世纪初的农民工市场。

需要说明的是，劳动需求是否有弹性是相对的。劳动需求弹性与需求曲线的斜率有关，一般规律是，陡直的需求曲线弹性较小，而平坦的需求曲线弹性较大。但是，这种简单的定义并不严密。如图6—11所示，若将劳动需求曲线抽象为一条向右下方倾斜的直线，这条直线上各点的弹性是不相同的，其中，直线中点的弹性为1。

例如，如果工资从8元降至6元，下降了25%，而企业的雇工数量从40人升至60人，上升了50%，则劳动需求弹性 $E_d=50\%\div25\%=2$，弹性较大。如果工资从4元降至2元，下降了50%，而企业的雇工数量从70人升至90人，上升了28.6%，则劳动需求弹性 $E_d=28.6\%\div50\%=0.572$，弹性较小。

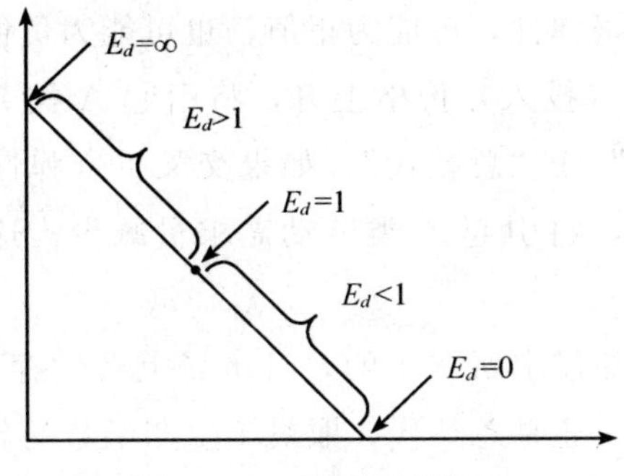

图 6—11　劳动需求弹性

从上例中可以发现，工资变动的绝对值都是 2 元，企业雇工数量变动的绝对值都是 20 人，但在图 6—11 中，体现在直线的上端是比较有弹性的，在下端是缺乏弹性的。其原因在于：劳动需求的弹性与需求曲线的弹性是不同的，劳动需求曲线的斜率是工资和劳动需求数量变动量的比值关系，而弹性则是两者变动速率的比值关系。工资变动的绝对值虽然相等，但在直线上端，工资变动的速率较小，而它所对应的劳动需求变化速率却比较大，即劳动需求弹性公式中的分子大、分母小，需求弹性必然较大；在直线的下端，情况恰恰相反，因而劳动需求弹性必然较小。

（二）劳动需求的交叉工资弹性

在现实劳动力市场中，劳动力并不是同质量的，从企业组织生产经营的实际需要来看，不同劳动力之间，既可能存在替代关系（如熟练工与非熟练工），又可能存在互补关系（管理者与工人），还可能存在相互独立关系（如汽车司机与车间里的钳工）。

现代企业，尤其是大企业专业分工较细，一般需要雇用不同类别（不同专业、不同技能）的劳动力并将其有效地组合起来才能完成一套完整的生产经营活动。这样，在劳动力市场上，一种劳动力的需求会受到其他相关类别（主要是有替代关系或互补关系）劳动力价格的影响。

假设企业需要两类劳动力：A 和 B，那么劳动力 B 的工资率变动一定百分比，所引起的劳动力 A 需求量变动的百分比，就是劳动力 A 需求的交叉工资弹性。其计算公式为：

$$E_{A,B}=(\Delta L_A/L_A)/(\Delta W_B/W_B) \qquad \text{式 (6—14)}$$

式中，$\Delta L_A/L_A$ 表示 A 类劳动力需求量变动的百分比，$\Delta W_B/W_B$ 表示 B 类劳动力的工资率变动的百分比。

劳动需求的交叉工资弹性，可能为正值，也可能为负值。如果交叉工资弹性为正值，表明B类劳动（投入）价格上升，将引起A类劳动需求量增加，这种现象被称为“复合替代”或“总替代”；如果交叉工资弹性为负值，则表明B类劳动（投入）价格上升，将引起A类劳动需求量减少，这种现象被称为“复合互补”或“总互补”。

由于劳动需求是产品需求所派生的，且市场上劳动存在较大差异，A、B两类劳动力之间是总互补，还是总替代，取决于生产函数的具体特征、产品市场和劳动力市场的需求条件。例如，熟练工与非熟练工之间是存在替代关系的，非熟练工工资下降对熟练工有负面作用。一方面，存在替代效应：产量一定，雇主希望用非熟练工代替熟练工，减少熟练工的雇用；另一方面，存在规模效应：非熟练工工资降低会促使雇主扩大生产规模，增加使用所有投入要素（包括熟练工），规模效应的大小取决于产品需求的价格弹性，产品价格弹性越大，规模效应越大。

如果规模效应大于替代效应，A类劳动力的需求量与B类劳动力工资变化的方向相同，那么，A、B两类劳动力之间是总替代的；如果规模效应小于替代效应，A类劳动力的需求量与B类劳动力工资变化的方向相反，那么，A、B两类劳动力之间是总互补的。

（三）希克斯—马歇尔派生需求定理

在劳动经济学中，劳动需求弹性是一个十分重要的概念，许多问题都可从中找到答案。例如，为了实现理想的就业，工资应如何调整；一些特殊行业的工资补贴政策如何影响该行业的就业规模；集体签约、工会谈判往往促使工资上升，这种行为如何影响会员的就业等。

影响劳动需求弹性的因素主要体现在派生需求的四个法则之中，这四个法则就是所谓的“希克斯—马歇尔派生需求定理”[①]。该定理认为，其他因素保持不变的情况下，以下每一种情况都会导致劳动需求弹性越大：第一，在生产函数上，劳动投入与其他生产要素之间的可替代性越大；第二，该类劳动要素所生产的最终产品的需求弹性越大；第三，其他生产要素的供给弹性越大；第四，该类劳动成本占总生产成本的比重越大。

---

① 该定理首先由英国经济学家阿尔弗雷德·马歇尔提出，后由英国经济学家约翰·希克斯作了重大的发展。参见 AlfrEd Marshall. Principles of Economics. 8th ed. London Macmillan，1923. 518－538；John R. Hicks. The Theory of Wages. 2the ed. New York：St. Martin's Press，1966. 241－247.

从经验命题的角度来看，上述定理一般是正确的，并且前三条总是成立的，最后一个命题只是在有些情况下不成立。

1. 要素替代对劳动需求弹性的影响

当某类劳动的工资率上升，企业倾向于使用其他相对便宜的生产要素（如资本）来替代该类劳动，从而促使劳动需求量进一步减少。因此，从长期看，在其他因素不变的情况下，其他生产要素对劳动要素的替代越容易，则劳动需求弹性就越高。从等产量曲线的形状很容易得到这一结论。在其他因素不变的情况下，等产量线越是平坦，工资率的一个给定变化引起的替代效应就越大。

图 6—12 和图 6—13 说明了劳动需求的不同弹性对于一个受产量约束的成本最小化者的效应。在每一幅图中，实线表示等产量线，而两条虚线表明了可供选择的两种要素价格比率，在其他因素不变的情况下，较大的斜率意味着比较小的斜率具有一个更高的劳动—资本价格比。

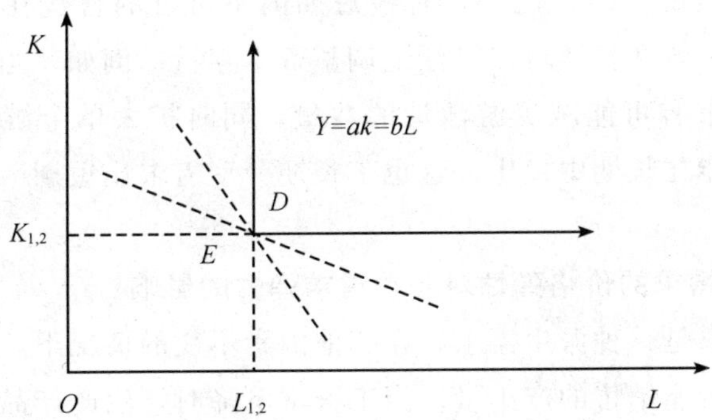

图 6—12 完全互补下相对价格变化对要素选择的影响

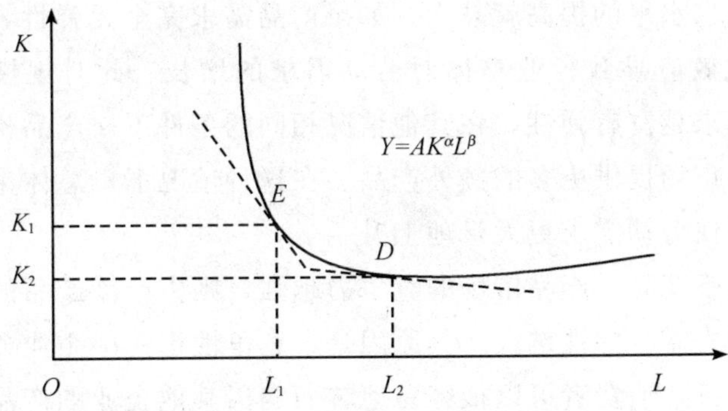

图 6—13 完全替代下相对价格变化对要素选择的影响

图6—12表明，在完全互补的情况下，由于企业只能以单一的资本与劳动比率的技术进行生产，这意味着劳动与资本在技术上是不能替代的，故相对价格变化对要素选择没有什么影响。

图6—13表明，资本和劳动两种生产要素在技术上是可以替代的，因此，某种生产要素的价格发生变化时，企业将用较便宜的生产要素对之进行替代。当工资率下降时，企业将用劳动替代资本，故企业使用要素的变化是从E到D的移动，即劳动要素从L_1增加到L_2，资本要素从K_1减少到K_2。

应该注意的是，对替代可能性的制约不仅限于技术，还存在着一些制度上的有关规定，这些规定使得企业无法通过资本对劳动进行替代。例如，在西方国家的劳资协议中工会有时强加的一些特殊工作规定就常常限制了对劳动的替代。再例如，政府出于安全的考虑，以法律的形式对某些工作规定最低的雇佣量或最高雇佣量等。例如，美国纽约州规定每个公共游泳池必须时刻有一名救护人员，因而提高了救护人员的需求。此外，有些短期内不可行的替代在长期内却变为可行。因为，企业一般在长期可以灵活地调整资本存量。例如，当游泳池救护人员的工资上升，城市有可能减少游泳池的数量，同时扩大单个游泳池的规模。但是，这种调整只能在长期中发生，这也是长期劳动需求比短期劳动需求更富有弹性的原因。

2. 最终产品需求的价格弹性对劳动需求弹性的影响

由于劳动需求是一种派生需求，在其他因素不变的情况下，劳动需求量直接取决于产品市场所能销售的产出量。当工资率下降时，生产产品的成本和价格也下降，导致产品市场的需求增加，从而造成企业扩大生产规模，增加劳动需求量。如果产品的需求曲线越富有弹性，在其他情况相同的条件下，则产品价格下降所引起的总需求水平的提高就越大。如果产品需求完全无弹性，那么，工资下降只会通过替代效应导致行业整体对劳动需求的增长，此时规模效应为零。因此，最终产品需求越富有弹性，在其他情况相同的条件下，产品价格的任何一点下降都将使产品市场提供更多的额外产品。在这种情况下，总体来说存在一个较大的产量效应并使劳动需求更大量地上升。

当其他因素不变时，产品市场的竞争力越强，则生产该产品的劳动力市场中单个企业的劳动力需求弹性越大。其原因是，竞争性行业中企业数目较多，某企业的产品一旦涨价，消费者可以很容易地转而购买其他企业的产品，因此，单个企业的劳动需求弹性要比整个行业或市场的劳动需求弹性大得多。

应该注意的是，最终产品需求的价格弹性在长期比在短期更大，从而劳动需求弹性也是如此。这是因为，在长期中，最终产品市场需求的价格弹性高；而在短期中，某种产品或者没有很好的替代品，或者消费者只使用已有的耐用消费品。但是，经过一段时间后，用以替代的新产品被生产出来，消费者开始更新已磨损的耐用消费品。

3. 劳动成本占总成本的比重对劳动需求弹性的影响

如果总成本中劳动成本所占的比例越高，那么，劳动需求的工资弹性就越大，这一定理被称为马歇尔命题。例如，某种劳动成本占总成本的最初比例是20%，在其他条件不变时，如果工资率上升10%，总成本将增加2%。如果最初的比例不是20%，而是80%，那么当工资率同样上升10%时，总成本将增加8%。在后一种情况下，企业被迫更多地提高产品价格，降低产量，可能大幅度地减少甚至裁减员工。因此，劳动需求弹性受其在总成本中所占份额的影响很大。

一般情况是，在劳动密集型行业中，工资变动会对就业水平产生较大影响；在资本密集型行业中，工资变动对就业水平的影响相对较小。

然而，马歇尔命题在某些条件下是不成立的。希克斯通过一个包括替代弹性条件在内的公式，证明马歇尔命题的有效性取决于这种产品需求价格弹性的相对范围，以及各种投入之间的替代弹性。当产品需求弹性大于各种投入之间的替代弹性时，马歇尔命题就是正确的；但是，当产品需求弹性小于各种投入之间的替代弹性时，相反的命题也是正确的。实际上，相反的情形是由个人能够调整其消费商品组合的相对容易程度以及生产者使用的各种投入之间的替代程度所决定的。

4. 其他要素供给弹性对劳动需求弹性的影响

如果与某一特定要素协同生产的其他生产要素的供给越富有弹性，那么，对该特定要素的需求就越富有弹性。以资本和劳动为例可以说明这一法则。

假定劳动和资本两种要素是替代品，那么，在其他条件相同的情况下，工资率的下降将会使企业在生产过程中倾向于利用劳动替代资本。如果假定忽略产量的规模效应，替代效应最终将会减少对资本的需求。如果行业的资本供给曲线高度富有弹性，那么资本的价格将大致保持不变，我们可以充分观察到替代效应。然而，如果资本供给曲线是缺乏弹性的，相同的替代弹性就会导致资本价格相对较大的下降，并且等成本线的斜率变化不是太大。这一观点同样适用于存在产量扩张的规模效应情况。任何由工资率的下降所引起的对资本的替代，都或多或少被产量扩张而引起的资本增加效应所抵消。如果对资本的替代导致资本价格产生较大的下降，这将强化产量扩张的规模效应，并且其净效应是使得劳动需求更富有弹性。因此，一般地说，资本的供给弹性越大，即资本供给随其价格变化的速率越快，企业以资本替代劳动的变通程度就越低，对劳动需求的影响就越小；反之，就越大。

需要指出的是，这一法则即使在不同劳动要素之间也可能发生，例如，技术性工人和非技术性工人之间，非技术性工人的供给弹性会影响技术性工人的需求弹性。

六、理论的应用与拓展

（一）派生需求定理的应用：飞行员的工资

以美国为例，在一家大型航空公司的运营中，飞行员的工资与燃料成本和资本成本相比，在总成本中所占的比例很小。而且，使用非技术性劳动力替代飞行员这一技术性劳动力的可能性很难。此外，在1978年美国政府解除对航空业的管制之前，很多航空公司在其经营航线上没有竞争对手。即使航空公司在同一航线上运营，政府禁止它们采用降价方式竞争。所有这些因素导致民航飞行员的劳动需求工资弹性非常小。最终，飞行员的工资被抬得很高，因为飞行员工会在推动飞行员工资大幅度上涨时，不用担心工资的上涨会大量降低飞行员的雇佣率。然而，在政府取消对航空业的管制之后，各航空公司间的竞争日益激烈，这导致航空公司对飞行员的劳动需求富有弹性。结果，飞行员的工资被航空公司成功地实施了削减。①

（二）派生需求定理的应用：交叉弹性

派生需求定理是以决定自身工资弹性规模大小的四大市场条件为基础的，这四个条件都会影响替代效应或规模效应，替代效应和规模效应的相对强度也是决定交叉弹性的符号因素。但是，在交叉弹性中，替代效应和规模效应的作用方向是相反的，所以不能将运用于自身工资弹性的定理直接运用于交叉弹性。但是相同的考虑构成了对交叉弹性进行分析的基础。例如，如果青少年的工资水平下降，对成年劳动者的需求会发生什么样的变化呢？这就取决于规模效应和替代效应相对强度的大小。

---

① 罗纳德·G. 伊兰伯格，罗伯特·S. 史密斯. 现代劳动经济学（第十版）［M］. 刘昕等译. 北京：中国人民大学出版社，2013：93-94.

延伸思考

1. 试比较短期劳动需求和长期劳动需求的异同。

2. 试运用劳动需求原理，分析最低工资对劳动力市场的影响。

3. 对比并解释过去 20 年间我国纺织业工人和快餐业工人的需求变化情况。在要不要提高最低工资的争论中，为什么劳动需求弹性的大小可能是至关重要的？

深度阅读

1. 袁伦渠. 劳动经济学［M］. 大连：东北财经大学出版社，2011.

2. 杨伟国. 劳动经济学［M］. 大连：东北财经大学出版社，2010.

第七章　公共部门的劳动需求行为：非利润最大化

在市场经济体制下，并不是所有部门都以利润最大化为目标，如公共部门。我们这里所说的公共部门既包括纯粹的公共部门即政府组织，也包括准公共部门即公共企业或非政府公共机构。公共部门由于其目标与私人部门不同，决定了其劳动需求的特殊性。本章将讨论政府部门、国有企业及非营利组织的劳动力需求行为。

一、政府部门的劳动需求：公共服务最大化

通过公共部门向社会提供公共服务是政府参与和服务于经济活动的重要方面。政府部门的行为目标因政治体制及政策决策者的偏好不同而有所不同。如果现行政治体制决定了决策者的个人和政治前途完全由公众（即纳税人）决定，即通过公众选举决定，那么，决策者制定公共部门目标时，必然是在尽可能少的税收基础上使公共服务最大化；如果现行政治体制决定了决策者的前途在很大程度上不受公众的制约，甚至在相当大程度上可以运用行政手段“强制”公共产品的消费者接受公共部门确定的交易条件（包括服务质量、服务价格、服务项目等），那么，决策者就会考虑在提供一定的服务，以满足公众的基本条件下，尽可能使财政收入最大化。

在公共服务最大化目标下，决策者在确定劳动雇佣水平时将面临这样的抉择：是增加公众负担以提高公共服务，还是减轻公众负担以降低公共服务。其原因是，公众希望服务水平提高，而不愿负担（税收）加重，但是在其他条件不变时，提高服务水平，增加雇佣量，势必加重公众的负担。如果提高服务水平给公众所带来的满意度小于因负担增加而产生的不满意度，那么决策者将决定不提高服务水平；如果提高服务水平给公众所带来的满意度大于因负担增加而产生的不满意度，那么决策者将决定提高服务水平。

假设以服务最大化为目标的公共部门最佳雇佣量为 L_0，用 $S(L_0)$ 表示雇用最后一个单位劳动所带来的满意度，用 $U(L_0)$ 表示雇用最后一个单位劳动而

增加公众负担所带来的不满意度，则劳动的最佳雇佣量 L_0 由式（7—1）决定：

$$S(L_0)=U(L_0) \quad 式（7—1）$$

二、政府部门的劳动需求：公民负担最小化

我们讨论政府部门在提供一定的公共服务时，怎样雇用劳动者以使公民负担最小化。我们假定：

（1）对公共服务的需求是公民的需求，政治家作为选民利益的代表，在保证公共服务既定产出的前提下追求供给成本（公民负担）最小化。

（2）理论上将公职人员分成两个等级：熟练的与非熟练的，非熟练公职人员的边际产出率一般不高于熟练的公职人员，其工资也不高于后者。同时熟练的与非熟练的公职人员间能相互替代，这种替代的可行性包括技术上的和制度上的。公共部门就业变动不影响市场工资率，只考虑局部均衡情况。

（3）公共服务需求水平为外生变量。研究确定劳动需求与供给成本两组变量，实际上就是确定就业人数与就业结构以及工资总额与工资率，将公职人员工资率视为外生变量，假定工资率并不由公共部门决定，而由市场确定。将公共服务的其他生产要素（如资本、组织管理等）外生给定，只考虑劳动与产出的关系，预算成本仅指工资性报酬。

则可以建立如下模型：

需求水平　$Y=Y_0$　式（7—2）

生产函数　$Y=F(L_a, L_b)$　式（7—3）

就业方程　$L=L_a+L_b$　式（7—4）

预算方程　$C=L_a \cdot W_a+L_b \cdot W_b$　式（7—5）

边际生产率的比较　$MP_a \geqslant MP_b$　式（7—6）

工资率的比较　$W_a \geqslant W_b$　式（7—7）

其中，Y_0表示给定的产出水平；L 表示公职人员需求总数，L_a、L_b分别表示熟练的公职人员 A 与非熟练的公职人员 B 的需求人数；C 表示工资预算，W_a、W_b分别表示 A 和 B 的工资率；MP_a、MP_b分别表示 A 和 B 的边际产出率。如图 7—1 所示。

纵轴代表 L_a，横轴代表 L_b。L 是就业线，由式（7—4）决定，其斜率的绝对值为 1。C 是预算线，由式（7—7）可知，C 的斜率小于 1。I 是等产量曲线，由式（7—6）可知，I 曲线的技术替代率为：

$$TRS(\text{B, A})=MP_b/MP_a \leqslant 1 \quad 式（7—8）$$

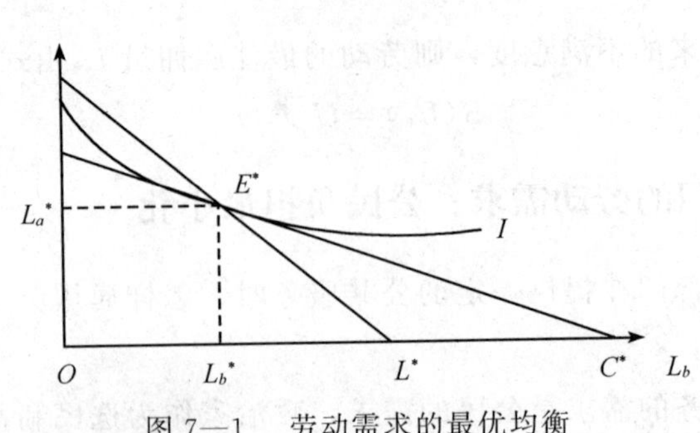

图 7—1　劳动需求的最优均衡

因此曲线 I 在图像上只存在对应于 $TRS\in(0, 1)$ 的部分，为便于说明，对应于 1 的点与 L_a 轴相交；又受边际产品递减规律作用，TRS 单调递减，曲线 I 呈现严格凸状。

根据模型寻求为满足既定公共服务需求，所需最小工资预算及对应的就业结构：

$$\min C = L_a \cdot W_a + L_b \cdot W_b$$
$$\text{s. t. } Y_0 = F(L_a, L_b) \qquad \text{式（7—9）}$$

则最优化的一阶条件为：

$$\frac{MP_b}{MP_a} = \frac{W_b}{W_a} \qquad \text{式（7—10）}$$

由于凸技术生产特征所对应的生产函数为严格正的拟凹，从而保证了一阶条件是全局唯一最小值存在的充要条件，从而不必考察二阶条件。这样通过式（7—8）与式（7—9）可以得到最小工资预算对应的就业结构：

$$L_a^* = G_1(Y_0, W_a, W_b) L_b^* = G_2(Y_0, W_a, W_b) \qquad \text{式（7—11）}$$

将式（7—10）代入式（7—3）可得最小预算成本对应的就业量：

$$L^* = G_1(Y_0, W_a, W_b) + G_2(Y_0, W_a, W_b) \qquad \text{式（7—12）}$$

将式（7—10）代入式（7—4）可得最小工资预算：

$$C^* = G_1(Y_0, W_a, W_b) \cdot W_a + G_2(Y_0, W_a, W_b) \cdot W_b \qquad \text{式（7—13）}$$

最优均衡解如图 7—1 所示，E^* 对应唯一的 C^*、L^* 与 L_a^*、L_b^*。

趣味阅读

帕金森定律

英国学者诺斯科特·帕金森（Northcote Parkinson）1957 年在《帕金森定律

——组织病态之研究》（Parkinson's Law）中提出帕金森定律。他在书中对官僚组织机构、事业单位易于发生又极难改进的近似病态的多种现象进行描述，具体归纳为十种定律。其中，定律一“冗员增加原理”阐述了机构人员膨胀的原因及后果。一个不称职的官员，可能有三条出路：第一是申请退职，把位子让给能干的人；第二是让一位能干的人来协助自己工作；第三是任用两个水平比自己更低的人当助手。第一条路肯定不能走，因为那样会丧失许多权力；第二条路也不能走，因为那个能干的人会成为自己的对手；只有第三条路最适宜。于是，两个平庸的助手分担了他的工作，他自己则高高在上发号施令。两个助手既然无能，也只能上行下效，再为自己找两个更无能的助手。帕金森举例说：当官的A君感到工作很累很忙时，一定要找比他级别和能力都低的C先生和D先生当他的助手，把自己的工作分成两份分给C、D，自己掌握全面。C和D还要互相制约，不能和自己竞争。当C工作也累也忙时，A就要考虑给C配两名助手；为了平衡，也要给D配两名助手，于是一个人的工作就变成七个人干，A君的地位也随之抬高。当然，七个人会给彼此制造许多工作，比如一份文件需要七个人共同起草圈阅，每个人的意见都要考虑、平衡，绝不能敷衍塞责；下属们产生了矛盾，他要想方设法解决；升级调任、会议出差、恋爱插足、工资住房、培养接班人……所有工作都需要认真研究，工作越来越忙，甚至七个人也不够了。如此类推，就形成了一个机构臃肿、人浮于事、相互扯皮、效率低下的领导体系。每位官员都希望增加助手而不是竞争对手，官员们相互为对方制造工作，在正常条件下，人员增加符合下面公式：

$$x=\frac{100(2k^m+l)}{yn}\%$$

其中，k表示一个要求派助手从而自己获得晋升的官员人数；l表示任官时年龄与退休年龄之差；m表示部门内部行文通气而耗费的劳动时数；n表示官员管理的单位数；y表示原有全部人员；x表示每年需要补充的新职工人数。按照该公式，不论工作量有无变化，用这个公式求出来的得数总是处在5.17%～6.56%之间。这个定律不仅在官场中出现，在很多组织中都能看到这样的帕金森现象。

资料来源：C. N. 帕金森. 帕金森定律（潘焕昆等），台北：台湾中华企业发展中心，1988.

三、国有企业的劳动需求：劳动力储备

（一）国有企业适度增长目标下的劳动需求

在各种经济体制中，可能存在这样一类企业：它们不追求利润最大化，而去追求适度的增长目标。传统计划经济下的国有企业就是这种企业。传统计划经济体制下，国有企业作为行政机关的附属物，规模越大意味着企业占有的经济资源越多，权力越大，在国民经济中的地位越高。企业预算约束软化，不考虑经济活动的效益。一方面，企业领导人为了企业和自己的形象和前途，不得不追求一定的增长率。因为，只有产量增长了，上级任务增多了，才可以此为筹码向上级“邀功请赏”，向上级申请更多指标，这样企业就可以上规模、上等级，企业领导的级别就可以提高，就可以提拔到更高的职位上去，各种荣誉也会纷至沓来。另一方面，传统计划经济体制下的上级主管部门习惯于对企业进行层层加码，出现所谓“鞭打快牛”的现象。对企业来说，今年的基数太高了，明年完成计划的难度就会增大，因此，企业只能放弃增长率最大化目标而确定一个适度的增长率，它们在上报计划时往往“留一手”。

由于传统计划经济体制下的国有企业既不追求利润最大化，又要保持适度的增长率，以扩大企业规模，因此，在同等条件下，传统计划经济体制下的国有企业比利润最大化企业雇用更多的劳动力。

（二）国有企业劳动储备的经济效果

在我国传统的计划经济体制下，政府全面控制了社会劳动力资源的安排与使用，企业的用工规模和用工方式完全由政府决定，实行固定工制度，劳动者的工资由政府规定全国统一的标准，劳动者在地区间、企业间的转移也必须经过行政计划调配，企业在劳动用人、工资决定等方面事实上没有任何决策权。企业缺乏生产经营自主权，成为具有单一生产功能的行政附属物。在整体经济规模较小、劳动吸纳能力较弱，而社会劳动力总量庞大的情况下，政府将自己承担的全面就业的宏观职能，通过行政体制微观化，借助于行政强制力，迫使企业接受行政配置结果。这样，企业的劳动需求不是根据劳动力的使用效率决定的，而是由政府根据全面就业的需要决定的，从而造成大量过剩劳动力在企业内部的滞存，形成劳动储备。

事实上，企业的劳动需求不单表现为被动地接受政府强制投入的过剩劳动力，企业主观上也倾向于大量“囤积”过剩劳动力。这是因为：

（1）服从劳动安排成为企业领导人晋升的重要依据。政府直接插手企业的生产经营管理，企业领导人是由上级主管部门任命的，有相应的行政级别，因而具有无条件服从包括劳动力安置在内的各种行政安排的动力。国有企业作为行政机关的附属物，作为政府的延伸，承担了解决就业这一政府职能的现实任务。这样，企业接纳更多的劳动力，为政府分忧，就成为企业领导人追求的政绩之一。

（2）职工人数决定企业行政级别。我国以往企业行政级别主要依据企业职工人数多少而定，人数越多，越有利于企业社会政治地位的升格，企业领导人的地位、待遇、升迁、影响力等都会相应提高。

（3）企业社会职能不断膨胀。企业办社会，承担了许多社会服务职能，职工对企业形成人身依附，加之人情因素的考虑，即使企业劳动力过剩，企业领导人也不情愿削减劳动需求，以免招致对自身的攻击和报复。至于退休职工子女顶替、本企业职工子女招工优先等，更是企业领导人获得企业内支持而必须坚持的做法。

（4）计划随意性高。我国宏观经济受非经济因素干扰而形成的经济波动较多，不确定性高，政府给企业下达的生产任务、考核指标多变，这也迫使企业储备劳动力，以便更从容地适应要求，完成计划。

（5）缺乏劳动力自由流动机制。企业为应付突发的生产与非生产性用人需求，特别是应付社会或政府临时派加给企业的政治、经济、社会任务，企业领导人愿意也必须储备一定数量的各类劳动力。

如图 7—2 所示，横轴表示企业用工数量 L，纵轴表示利润 π，AB 线表示就业量与利润之间的函数关系，曲线 U 是反映企业领导人对利润和用工数量不同组合的主观评价。在 M 点，企业利润为最大，即 π_0，劳动需求量为 L_0，但企业领导人的个人效用却不是最大化。在 E 点，企业领导人的个人效用最大化，这时企业劳动需求为 L_1，企业利润为 π_1。当政府不以利润指标衡量企业领导人的业绩时，企业领导人个人理性支配下将劳动需求量选择在 L_1，这样，L_1-L_0 构成企业事实上的劳动储备。

在行政垄断体制下，企业主体性地位的丧失，使其劳动需求不考虑边际劳动生产率，而是表现为一方面被动地接受政府安排的过剩劳动力，另一方面又主动争取扩大招工指标，储备劳动力。在现实中，造成企业劳动需求过剩的行政部门，反过来又扮演着通过劳动用工、工资总额计划来限制企业无节制的劳动需求的角色。

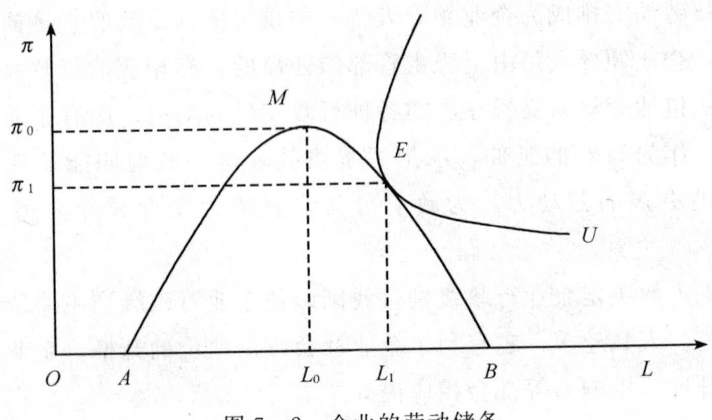

图 7—2　企业的劳动储备

如图 7—3 所示，横轴表示企业劳动用工数量 L，纵轴表示单个劳动者的工资水平 W 和劳动力的边际产出水平 MP_L。在行政垄断体制下，由于实行全国统一工资制，一个企业中单个劳动者的工资在短期内是固定的，这时单个劳动者的工资线 W_F 与横轴平行，即是说单个劳动者的工资水平同企业用工规模和劳动力的边际产品无关。劳动力边际产品曲线 $OMABC$ 表示由于劳动力边际产品递减规律的作用，当劳动力数量增加到 L_2 时，劳动力的边际产出等于零，总产出达到最大。在企业的用工规模由政府决定的情况下，企业的劳动需求是无弹性的，即劳动力需求曲线 D_L 是垂直的。若政府规定企业用工人数为 L_3 时，由于 $L_3 > L_2$，则会导致企业的总产出下降，这种产出损失在数量上相当于图中 BCD 的面积。L_3 超过 L_2 的部分越大，即企业劳动储备（$L_3 - L_2$）越多，企业产出的净损失越大。

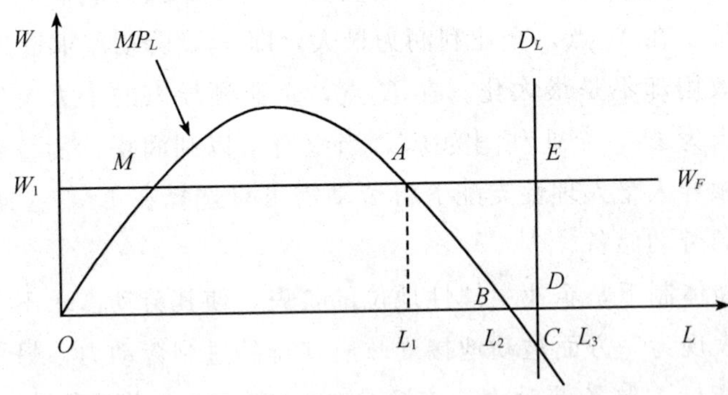

图 7—3　劳动储备造成的产出损失

另外，如果 L_1 是企业劳动力的边际产出与工资相等的用工规模，则当企业的实际用工规模 L_3 超过 L_1 时，由于劳动力的边际产出低于工资，企业的总利润就会减少，这种利润损失相当于图中 ACE 的面积。L_3 超过 L_1 的部分越大，即企业实际的劳动储备（L_3-L_1）越多，企业的利润损失就越大。

四、非营利企业的劳动需求

非营利企业是指不以营利为目标的生产性企业。国家或者社会希望这些企业把营利保持在特定的数量（如零利润甚至负利润）水平上，用减免税收或者财政补贴等办法来鼓励此类企业生产和提供一些社会或者国家需要的产品或者服务。这就决定了非营利企业的经营目标与营利企业不同，那么其对劳动力的需求也就存在特殊性。一般来说，在同等的工资率下，非营利企业比以利润最大化为目标的企业更愿意雇用更多的劳动力；或者说，在雇用同样的劳动力条件下，非营利企业愿意承担更多的劳动成本。

在这里我们把非营利企业的行为分为两类进行分析：一是潜在利润为正的企业的行为；二是潜在利润为负的企业的行为。

图 7—4 表示的是以横坐标为雇佣量 L，纵坐标为工资率 W 和产品收益的生产函数图。MRP 为劳动的边际收益曲线，ARP 为劳动的人均产品收益曲线。MRP 和 ARP 交于点 A。从图中可以看出：A 点是 ARP 最大处点；当 MRP 上升时，ARP 曲线呈上升趋势；当 MRP 下降时，ARP 曲线也随着下降，不过下降速度较 MRP 曲线慢而已。图中的第三条曲线 $ARP-F/L$ 曲线是人均产品收益减去人均资本成本后得到的人均净收益曲线，净收益等于利润加工资。其中 F 表示企业资本成本总量，L 表示企业劳动力雇佣量。

企业潜在利润为正的含义是指社会或者国家不希望企业亏损，但是也不希望企业追求利润最大化，只要求它的利润保持在一个特定的数值上。我们这里假设要求它的利润保持为 0。根据这个目标，企业只能在市场工资率低于 W_0，即正好与人均收益水平相等的情况下运营。因此，如果市场工资率高于 W_0，企业亏损无疑。企业可以在低于 W_0 的任一工资水平雇用劳动力。但是根据利润目标为 0 这一要求，其确定雇佣量的原则是：市场工资率等于人均净收益。即：

$$W=ARP-F/L$$

假设此时市场工资率为 W_1，企业的劳动雇佣量为 L_1。那么这类的劳动需求曲线正好与 $ARP-F/L$ 的曲线的下降的部分重叠。

由此可以看出，与以利润最大化企业相比较，潜在利润为正的非营利企业的

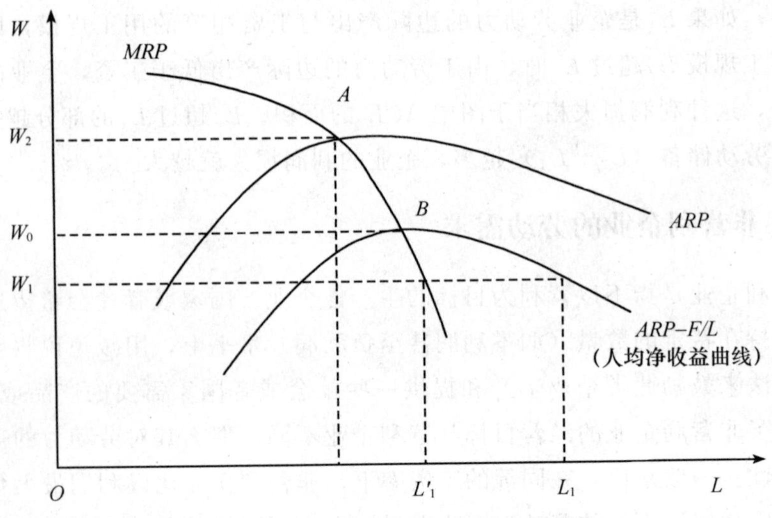

图 7—4　非利润最大化企业的劳动需求

劳动需求有两方面的不同：一是在市场工资率相等的情况下，非营利企业比利润最大化企业使用更多的劳动力。如图 7—3 中所示，当工资率为 W_1时，非营利企业的劳动雇佣量为 L_1，而利润最大化企业为 L'_1。二是非营利企业的劳动力需求曲线比利润最大化企业的更平坦。

企业潜在利润为负的含义是指社会不仅不要求企业追求利润最大化，而且允许它有亏损，希望它把亏损压在最低水平，我国的“政策性亏损企业”就属于这类企业。这类企业在市场工资率高于 W_0的情况下运营，它的劳动需求曲线同利润最大化企业一致，都是 *MRP* 曲线，因为追求亏损最少的原则是一样的，都要使劳动的边际成本与劳动的边际收益正好相等。不过，潜在利润为负的非营利企业的劳动力需求曲线显然是图中 *B* 点以下的那段 *MRP* 曲线。这是因为，如果市场工资率低于 W_0，企业的利润便为正，该企业就不再是潜在利润为负的企业了。

通过以上分析可知，社会兴办潜在利润为正的非营利企业的主要目的是利用低工资扩大就业，而兴办潜在利润为负的非营利企业的目的则是生产一些需把价格控制在低水平上的特殊产品和劳务。

延伸思考

1. 政府部门如何确定其劳动力需求？

2. 非营利企业与营利企业在劳动需求决策上有何不同？

深度阅读

1. 赵履宽等. 劳动经济学［M］. 北京：中国劳动出版社，1997.

2. 坎贝尔·R. 麦克南，斯坦利·L. 布鲁，大卫·A. 麦克菲逊. 当代劳动经济学［M］. 北京：人民邮电出版社，2004.

第八章　劳动力市场均衡：类型与条件

劳动供给与劳动需求作为劳动力市场中相互依存和相互作用的两个方面，始终处于矛盾的运动状态。对于它们之间相互作用的形式和其内在规律的分析具有十分重要的意义，有助于我们准确掌握劳动力市场中供给方和需求方的发展趋势，以期实现劳动供给和需求的均衡，保证劳动供给的个人收益最大化和企业经济效益的最大化。本章主要讨论劳动力市场中劳动供求之间的均衡。

一、单一劳动力市场均衡：竞争与垄断

劳动需求是一种派生性需求。因此，分析劳动力市场供求和均衡需要同时考虑劳动力市场和相应产品市场的供求状况以及市场结构。依据劳动力市场和相应产品市场的供求状况及其市场结构，劳动力市场均衡可以分为以下四种类型：劳动力市场和产品市场均为完全竞争的均衡类型Ⅰ；劳动力市场完全竞争，而产品市场不完全竞争的均衡类型Ⅱ；劳动力市场不完全竞争，而产品市场完全竞争的均衡类型Ⅲ；劳动力市场和产品市场均不完全竞争的均衡类型Ⅳ（见表8—1）。

表8—1　　劳动力市场均衡的类型

劳动市场均衡的类型	劳动力市场的供求状况及其市场结构	相应产品市场的供求状况及其市场结构
类型Ⅰ	完全竞争	完全竞争
类型Ⅱ	完全竞争	不完全竞争
类型Ⅲ	不完全竞争	完全竞争
类型Ⅳ	不完全竞争	不完全竞争

为了简化分析，我们将均衡类型Ⅰ，视为完全竞争条件下的劳动力市场均衡，而将后三种均衡类型，统称为不完全竞争条件下的劳动力市场均衡。

（一）完全竞争条件下，劳动力市场的静态均衡

将市场劳动供给曲线和需求曲线置于同一坐标轴时，当劳动力的投入价格使需求数量等于供给数量时，完全竞争劳动力市场达到均衡。

如图 8—1 所示，在 E 点，均衡工资率是 W_e，均衡劳动量是 L_e，在一个完全竞争的劳动力市场上，均衡工资 W_e 和均衡劳动量 L_e 是由劳动力的需求曲线和供给曲线的交点决定的。

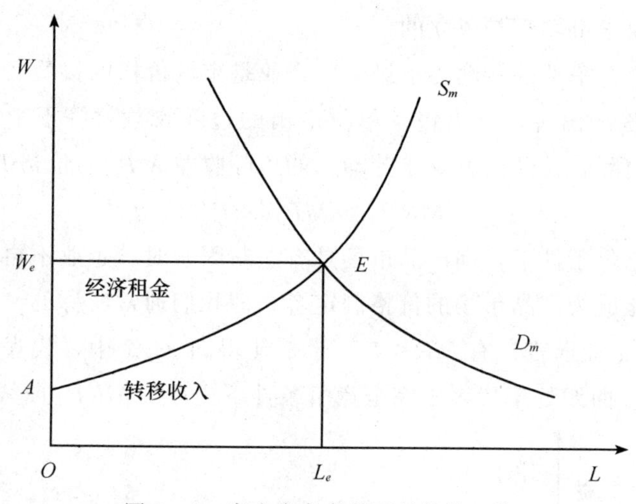

图 8—1　完全竞争条件下的均衡工资

在图 8—1 中，我们还可以得到经济租金和转移收入的概念。在均衡时，要支付给劳动者的总报酬为 $W_e \times L_e$，即面积 W_eOL_eE。这一部分分成两部分：一部分是为保持所使用数量的劳动不被用作其他的用途而必须支付的收入，称为转移收入，即面积 AOL_eE；另外一部分是经济租金，又称为马歇尔剩余，是指要素收入中超过其成本（机会成本）的部分，即面积 AW_eE。

经济租金和劳动供给曲线的弹性具有密切关系，当劳动供给完全有弹性时，经济租金为零；只有当劳动供给缺乏弹性时，经济租金才会出现；当劳动供给完全无弹性时，所有向劳动力要素支付的金额都是经济租金，因为无论支付什么样的价格，该劳动力要素都会供给，且该供给为既定。因此，充分的市场竞争是减少或消除经济租金的有效手段。

（二）不完全竞争条件下，劳动力市场的静态均衡

对于不完全竞争性劳动力市场，我们可以从需求和供给两个方面加以分析。

企业雇用劳动力的前提是有利可图，即该劳动力的产出带来的额外收益大于劳动力的雇佣成本。增加一单位劳动力的额外收益，即劳动力的边际收益产出 MRP_L。当 MRP_L 大于工资率 W 时，企业就应该继续增加劳动力的雇佣量，而当 MRP_L 等于一单位额外劳动带来的额外产出 MP_L 与一单位额外产出带来的额

外收益 MR 的乘积时，即：

$$MRP_L = MP_L \times MR$$

企业将停止劳动力的雇用，此时的劳动量即为均衡劳动量。这一重要结论对于任何竞争性要素市场都是成立的。

在一个完全竞争性的劳动力市场中，企业是市场价格的接受者，所有商品都将以同样的价格 P 出售，且出售一单位产出的边际收益就等于 P，在这种情况下，劳动力的边际收益产出就等于劳动力的边际收益 MP_L 与价格 P 的乘积：

$$MRP_L = MP_L \times P$$

在不完全竞争条件下，即产品市场具有垄断因素时，企业不再是市场价格的接受者，而可能成为产品市场的价格制定者，即我们通常所称的“企业操纵产品价格”。就此类企业而言，有 $MR<P$，于是使得图 8—2 中，代表完全竞争条件下企业的 MRP_L 曲线处于代表不完全竞争条件下企业的 MRP_L 曲线之上。

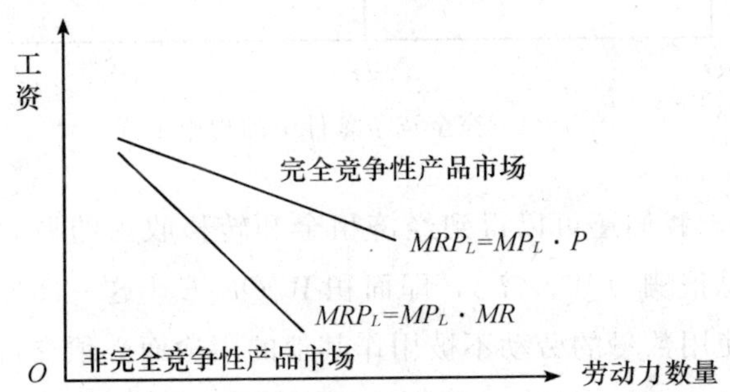

图 8—2　产品市场完全竞争与存在垄断时，劳动的边际收益产出曲线的比较

当劳动力市场存在垄断因素时，企业不再是“工资的接受者”，而是“工资的制定者”，即我们通常所称的“企业操纵工资”。由于买方垄断企业是劳动力市场上唯一的买者，该企业面临的劳动需求曲线向右上方倾斜。如图 8—3 所示，劳动力市场的供给曲线 S_L 同时也是厂商的平均工资成本曲线 AVC，由于企业边际成本 MC_L 大于劳动力的价格 W，所以劳动的边际要素成本曲线将位于劳动供给曲线 S_L 的上方。

我们将图 8—2 和图 8—3 所反映的情况合并起来，置入同一个图形之中，如图 8—4 所示，便可以得到劳动力市场和产品市场都不完全竞争时的均衡状态。

如图 8—4 所示，在劳动力市场和产品市场均不完全竞争的条件下，依据企业追求利润最大化的原则，企业对劳动力的均衡需求是由 $MRP_L = MC_L$ 决定的，即在图中由劳动力要素的边际成本 MC_L 和边际产出收益 MRP_L 的交点 A 对应的

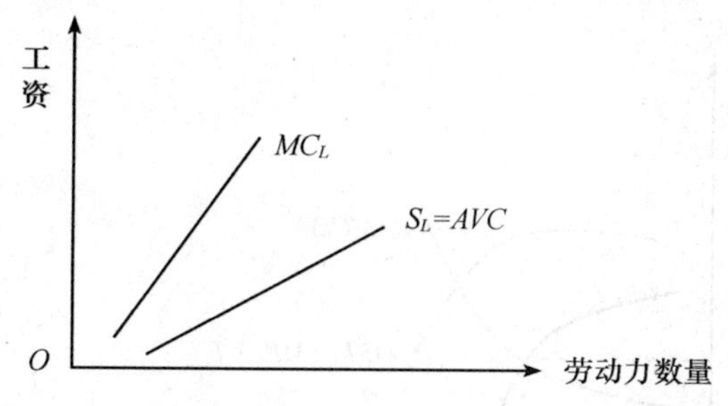

图 8—3　劳动力市场存在垄断时，劳动的边际成本

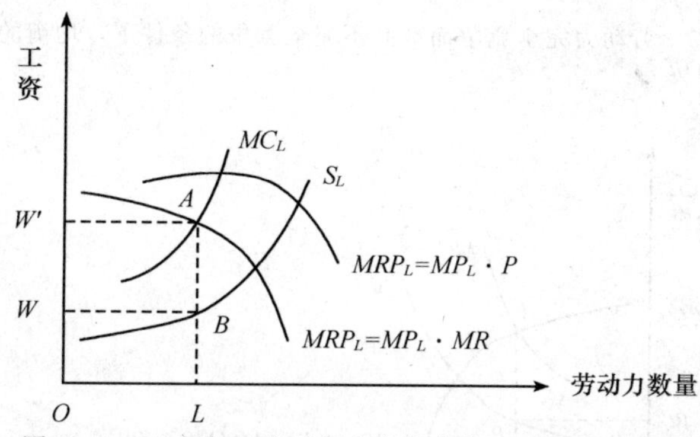

图 8—4　两个市场均不完全竞争条件下，均衡的决定

L 决定，但均衡工资，即企业实际愿意支付的工资，则由均衡劳动数量 L 在劳动供给曲线 S_L 的对应点 B 决定。由此可见，不完全竞争条件下，企业可以利用较低的工资 W（小于 W'）雇用到足够的劳动力，实现利润最大化目标。

在劳动力市场完全竞争而产品市场不完全竞争条件下，劳动力的供给曲线 S_L 与劳动力的边际成本曲线 MC_L 合并成一条曲线，但劳动边际产出曲线（$P \cdot MP_L$）与边际产出收益曲线（$MR \cdot MP_L$）仍为分开的两条曲线，如图 8—5 所示。向右下方倾斜的边际产出收益曲线（$MR \cdot MP_L$）成为企业对劳动力的需求曲线。这时，企业操纵工资的可能性消失，但并不影响企业追求利润最大化。

在劳动力市场不完全竞争而产品市场完全竞争的条件下，劳动力的供给曲线 S_L 和劳动力的边际成本曲线 MC_L 为分开的两条曲线，但劳动边际产出曲线（$P \cdot MP_L$）与边际产出收益曲线（$MR \cdot MP_L$）合并成一条曲线（如图 8—6）。这时 A、B 仍为分开的两点，企业对劳动力的需求量还是由劳动力的边际成本 MC_L 和边际产出收益 MRP_L 的交点 A 决定，均衡工资则由均衡劳动数量 L 在劳动供给曲线 S_L 的对应点 B 决定。这时，企业仍然可以利用较低的工资 W（小于 W'）雇用到足够的劳动力，实现利润最大化目标。

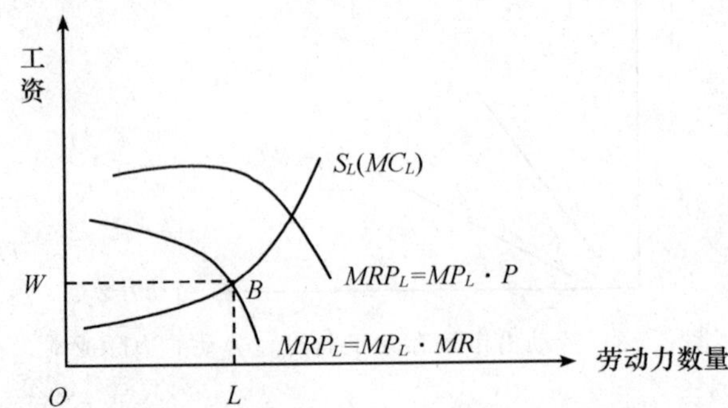

图 8—5　劳动力完全竞争而产品不完全竞争的条件下，均衡的决定

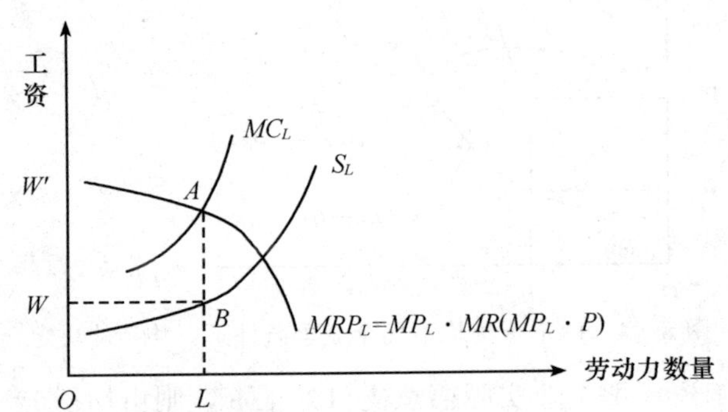

图 8—6　劳动力不完全竞争而产品完全竞争条件下，均衡的决定

二、多维竞争性劳动力市场均衡：岗位差别与劳动力配置

（一）劳动力市场的非均质性

在单一劳动力市场中，不同劳动者提供的劳动力（即劳动力供给）以及不同企业提供的工作岗位（即劳动力需求）之间不存在差异，然而，现实中，没有劳动力差异和行业（企业）差别的单一劳动力市场是不存在的，即现实的劳动力市场具有典型的非均质性。

劳动力市场的非均质性主要表现在两方面：一方面，劳动力的供给方——求职者（劳动者或工人）之间存在的差异。这些差异表现在：受教育程度、特长、技能熟练程度、职业道德水准、民族、地区等。另一方面，劳动力的需求方——用人单位（企业、事业单位或自然人等）在工作环境、工作条件、工作节奏、工作要求、工作责任程度、失业保障、生产方式等方面存在的差别。

这些差异使得劳动力市场呈现出非均质性。相对于单一劳动力市场而言，这种由劳动者的差异和用人单位的差异共同作用形成的劳动力市场，就是“非均质劳动力市场”，也被称为“多维劳动力市场”。

需要指出的是，与单一竞争性劳动力市场类似，在非均质劳动力市场上，供求规律仍然自由发挥作用，最终市场将达到一种均衡状态：不仅供求总量均衡，而且处于均衡状态的供求双方没有改变现状的能力和意愿。与单一竞争性劳动力市场不同的是，各类劳动力市场的相互作用将影响非均质劳动力市场走向均衡状态的道路。

（二）劳动力市场供求差异与均衡工资的形成

在非均质竞争性劳动力市场上，供求差异表现在两个方面：企业差异（即企业提供工作岗位的差异）和劳动者差异（即劳动者的非均质性）。这两个方面都会对劳动力市场的均衡工资产生影响。

首先假定劳动者（工人）方面没有差异，而只考虑企业差别，即工作岗位差别，对均衡工资形成过程的影响。

1. 面临企业差别（即工作岗位差别），劳动力供给方（工人）的决策行为

在可供选择的企业，即工作岗位存在差别时，工人的决策行为包含三个假定：

一是，工人以追求效用最大化为目标，而不是收入最大化。如果工人追求收入最大化，那么，他将总是选择工资最高的工作。这种行为与选择最终将使各类工人工资实现均等化；反之，如果一些工人不选择工资最高的工作，而宁愿从事低工资但更愉快的工作，那么，市场均衡工资就不会相等，但是边际工人的净利益——工资和工作心理方面的总效用——倾向于均等。这样，劳动力市场均衡时，均衡工资就不是唯一的，而是存在相互差别的均衡工资。

二是，工人拥有关于工作岗位特征的完全信息。若工人能得到关于工作岗位相关特征的充分信息，这样，一方面，确保了工人选择工作岗位的行为是理性的，另一方面，工作条件差的企业将不得不支付较高的工资，以确保消除企业工作条件差给工人带来的负效用，否则，工作条件较差的企业，将招聘不到工人。其中，工作条件差的企业所支付的高于一般或正常工作条件企业所应支付的工资部分，即为“补偿性工资”。

三是，工人具有高度的自由流动性。在劳动力市场上，该假定包含两层含义，其一是工人有几个工作机会可供选择，其二是工人自愿流动。换句话说，有

几种工作可供选择的工人，可以暂时接受工作，如果他认为还可以改善的话，他可以继续寻找工作。因此，即使在某一时点上工作机会很少，但在一段时间内工人的选择范围还是较宽的，这样工人最终可以找到使他们达到效用最大化的工作。

依据以上三个理论假定，企业提供和工人接受的工作岗位，在责任程度、工作节奏、职业保障以及工作环境等方面，有很大差别，工人感到不满意的工作岗位，需要企业支付补偿性工资，而那些他们喜欢的工作岗位，企业可以支付较低工资。

我们假定工作岗位的差别只表现为工作条件好坏，这样，我们便可以将影响工人效用水平的因素抽象为：工作条件好坏（通常以伤害风险程度 i 表示）和工资率（W），由此，我们可以建立一个工人在工作条件好坏与收入之间进行选择的效用函数。即：

$$U=U(i,\ W) \qquad \text{式（8—1）}$$

由于工资率与 U 呈正方向变动，则有 $\partial U/\partial W>0$，即工资率的边际效用为正效用；而工作条件的伤害风险程度 i 与 U 呈反方向变动，则有 $\partial U/\partial i<0$，即伤害风险程度 i 的边际效用为负效用。

如图 8—7，以 i（工作条件好坏造成的伤害风险程度）为横轴，W（工资率）为纵轴，建立平面坐标，U_1、U_2 是两条关于工资率与伤害风险程度的、不同效用水平的等效用曲线。曲线位置越高，表示效用水平越高，这是因为，若工作条件好坏不变，工资率越高，效用总水平越高，如图中，A 点的效用水平为 U_A（2%，8），C 点的效用水平为 U_C（2%，12），显然 $U_A<U_C$。等效用曲线之所以向上倾斜，这是因为，若工作条件好坏造成的伤害风险程度从 2%提高到 4%，为了抵消伤害带来的效用降低，必须提高工资率（比方说，从 8 元/小时提高到 12 元/小时），如图 A、B 两点有，$U_A=U_B$。等效用曲线凸向 i 轴，反映了工人对工作条件形成伤害风险的边际负效用是递增的。

假定每个工人对收入和工作条件造成的伤害风险程度的选择存在一个固定的心理倾向，我们称这种倾向为工人的“工作偏好”。实际观察发现，每一个工人的工作偏好或多或少地存在差异，并且一般具有相对稳定性。若用 K 表示工人的工作偏好，则：

$$K=\frac{\text{工资率}}{\text{伤害风险程度}}=\frac{W}{i}$$

那么，一个工人进行工作岗位决策的自我约束方程，即为：

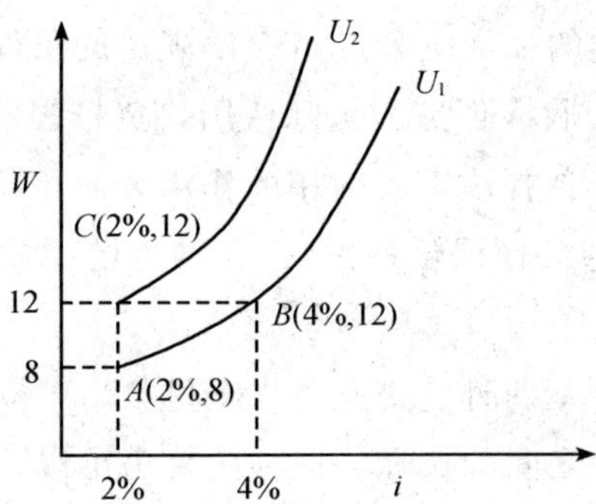

图 8—7　工人选择工作岗位时，抉择收入与伤害风险程度的等效用曲线

$$W = Ki \qquad \text{式（8—2）}$$

图 8—8 中的射线 OA 即为工人进行工作岗位选择决策的自我约束线。

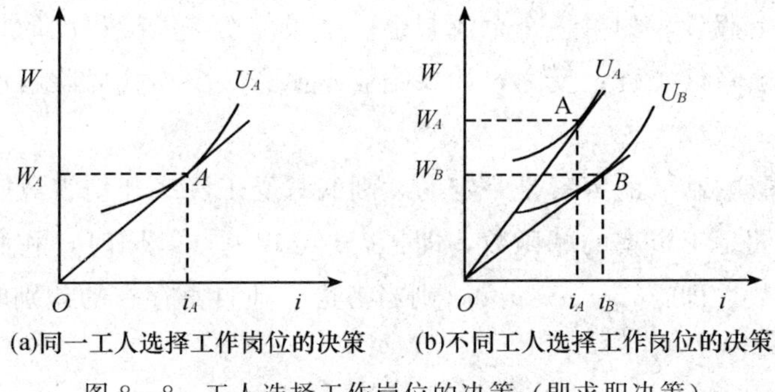

图 8—8　工人选择工作岗位的决策（即求职决策）

如图 8—8（b）所示，等效用曲线 U_A 或 U_B 与工作岗位选择决策的自我约束线 OA 或 OB 在 A 点或 B 点相切，这就是工人进行工作岗位选择的均衡决策点，A、B 分别对应的收入与伤害风险程度组合（i_A，W_A）或（i_B，W_B），能分别使工人 A、B 实现效用最大化。

对于存在不同工作偏好的工人来说，其 K 值不同。如图 8—8（b）所示，A 是一个特别厌恶工作伤害风险的工人，B 是一个并不怎么厌恶工作伤害风险的工人，即 $K_A > K_B$。

联列式（8—1）和式（8—2），A、B 的约束条件，可以通过下列方程求得。

$$\max U = U(i, W)$$

$$\text{s. t. } W = Ki$$

由拉格朗日方程：$L = U(i, W) + \lambda(W - Ki)$，得到：

$$\frac{\partial U}{\partial i} = -K\frac{\partial U}{\partial W}$$

即工人选择工作岗位的最优决策点 A、B 满足的条件是：伤害风险程度的边际效用等于 $-K$ 倍的工资收入创造的边际效用，负号表明伤害风险程度与收入对工人 A、B 进行工作岗位选择决策总效用的作用方向相反。

2. 面临企业差别（即工作岗位差别），劳动力的需求方（企业）的招聘决策行为

当考虑企业自身存在差别时，企业面临支付更高工资与改善工作岗位条件以降低伤害风险程度的成本之间的抉择。这种抉择满足以下三个假设：

一是，改善工作条件，减少伤害风险程度需要很高的费用。

二是，竞争的压力可能使许多企业在零利润上经营，即在这一点上全部成本得到补偿，资本收益率与类似的投资相近；

三是，其他所有工作特征是给定的。

依据这三个假设，如果一个企业制定一个减少伤害风险程度的计划，为了保持竞争力，必须降低工资；反之，如果企业不愿意减少伤害风险程度，那么，就必须增加工资。

假定其他影响利润的因素是一定的，利润只受工资率和伤害风险程度变动的影响，并且利润是工资率的减函数，即：$\partial\pi/\partial W<0$，同时，利润又是伤害风险程度的增函数，即：$\partial\pi/\partial i>0$，则当考虑企业自身存在的差别时，企业的利润函数即为：

$$\pi=\pi(i,\ W) \qquad \text{式（8—3）}$$

如图 8—9 所示，以伤害风险程度 i 为横轴，工资率 W 为纵轴的平面坐标中，曲线 π_0、π_1、π_2 分别代表企业在提供工作岗位过程中，关于工资率和伤害风险程度成本开展决策所形成的等利润曲线。

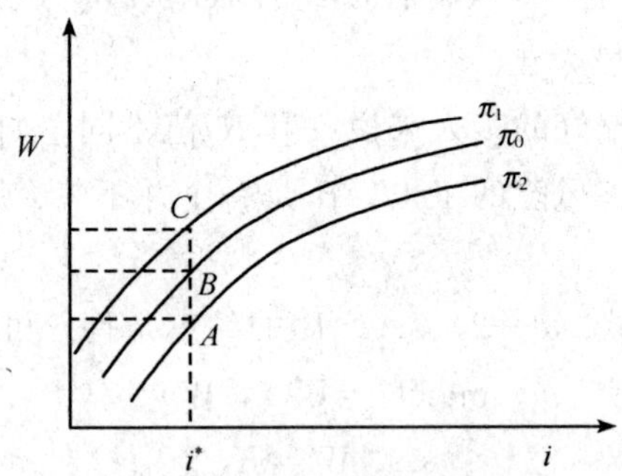

图 8—9　企业提供工作岗位时，抉择工资与伤害风险程度的等利润曲线

π_0、π_1、π_2 分别代表三种不同的利润水平，π_0 为零利润曲线，位置越高者，

利润水平越低。这是因为，在相同的伤害风险程度下，如 i^*，企业工资支出水平越高，成本越高，利润水平越低，即图中的 $\pi_A > \pi_B > \pi_C$。等利润曲线凹向横轴，反映了企业用于改善工作条件，降低伤害风险程度的支出的边际收益呈递减趋势，即随着工作条件的连续改善，每增加一个单位降低伤害风险程度的支出，所能为企业带来的利润增加量最终会递减，甚至为0。

企业目标是利润最大化，它总是尽量地减少支出，既不想支付高工资，也不愿意增加在降低伤害风险程度上的支出。但是，企业受到了两方面压力，一方面是其他企业的竞争，另一方面是工人选择工作岗位的压力。为此，它必须在支付高工资与支付降低伤害风险程度的费用之间进行抉择，最佳的抉择是工资的边际支出与降低伤害风险程度支出的边际收益正好抵消。

实际观察发现，在一定技术条件和市场压力下，一个企业在工资和降低伤害风险程度支出上的比例相对固定，我们称其为企业降低伤害风险程度的安全支出倾向，用 h 表示，即：

$$h = \frac{\text{工资率}}{\text{伤害风险程度}} = \frac{W}{i}$$

这样，约束企业提供工作机会的方程，即为：

$$W = hi \qquad \text{式（8—4）}$$

如图 8—10 所示，企业 X、Y 提供工作岗位的约束线为 OX、OY，它们与零利润曲线 π_X、π_Y 相切于 X、Y 点，这两点即为从企业角度看，企业 X、Y 分别向工人提供工作岗位的最优决策点。

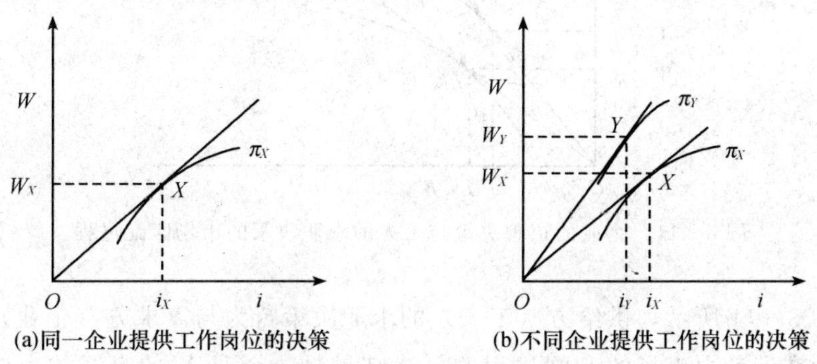

图 8—10 企业提供工作岗位的决策（即招聘决策）

对于不同企业来讲，由于其生产技术方式不一样，其 h 值必然不一样，它们向工人提供工作岗位的决策也不一样，如图 8—10（b）所示，X、Y 两个企业，$h_x < h_y$。

联列式（8—3）和式（8—4），X、Y 的约束条件可以通过下列方程求得。

$$\max \pi = \pi(i, W)$$

$$\text{s.t. } W = hi$$

由拉格朗日方程：$L = \pi(i, W) + \lambda(W - hi)$，得到：

$$\frac{\partial \pi}{\partial i} = -h \frac{\partial \pi}{\partial W}$$

即企业提供工作岗位的最优决策点 X、Y 满足的条件是：当降低伤害风险程度支出的边际利润（或安全支出的边际利润）等－h 倍的工资支出造成的边际利润时，企业向工人提供工作岗位。负号表示二者对利润的作用方向相反。

3. 面临企业差别（即工作岗位差别），供给方（工人）的求职决策行为与需求方（企业）的招聘决策行为在劳动力市场的匹配过程

假定有 A、B 两个工人的等效用曲线 U_A 或 U_B，如图 8—8（b）所示。在劳动力市场上，工人 A、B 努力寻找能满足他们效用最大化的企业所提供的工作岗位，最后他们终于找到了类似 X、Y 的两家企业，如图 8—10（b）所示。

供给方（工人）的求职决策行为与需求方（企业）的招聘决策行为在劳动力市场的匹配过程的最终结果，就是我们将图 8—8（b）与图 8—10（b）合并起来所得到的图 8—11。

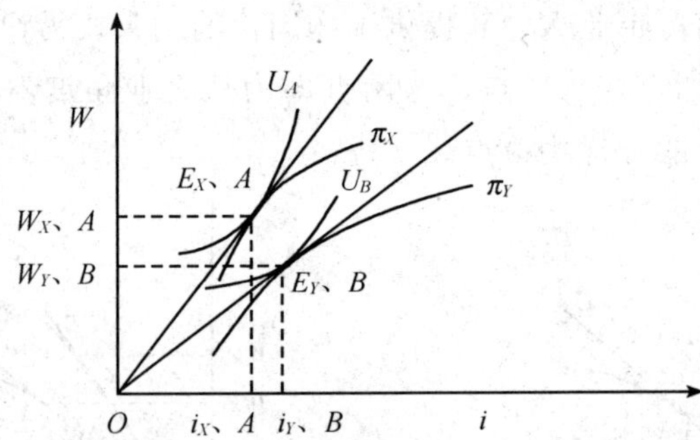

图 8—11　企业的招聘决策与工人的求职决策的市场匹配过程

如图 8—11 所示，供给方（工人）的求职决策行为与需求方（企业）的招聘决策行为在劳动力市场的匹配过程的最终结果是，企业 X 的自我约束线 OX 与工人 A 的自我约束线 OA 重合，企业 X 的等利润曲线 π_X 与工人 A 的等效用曲线 U_A 相切于 $E_{X、A}$ 点，且 $E_{X、A}$ 在两条自我约束线 OX 与 OA 重合线上。依次类推，企业 Y 的自我约束线 OY 与工人 B 的自我约束线 OB 重合，企业 Y 的等利润曲线 π_Y 与工人 B 的等效用曲线 U_B 相切于 $E_{Y、B}$ 点，且 $E_{Y、B}$ 在两条自我约束线 OY 与

OB 重合线上。通过企业和工人的市场匹配过程，这时，劳动力市场中，既没有工人失业，也没有企业存在岗位空缺，否则，市场匹配过程将不会结束，市场最终会促使工人和企业分别调整自己的偏好和决策，实现市场均衡。

从理论上看，无论是企业主动地寻找工人，还是工人努力地寻找工作岗位，均衡点 $E_{X、A}$、$E_{Y、B}$，分别能满足企业和工人双方的最大化目标。企业和工人进行市场匹配的结果是，市场达到了均衡状态，这种均衡状态满足的条件是：

$$K_A = h_X，K_B = h_Y$$

当然，我们可以把 A 当作一类工人，X 当作一类企业；也可以把更多类型的企业和工人放到劳动力市场上进行匹配，这在理论上完全符合逻辑。

（三）非均质竞争性劳动力市场的一般均衡

1. 短期均衡

在短期中，我们假设了各行业之间不能替代，即职业经理人和技术工程师之间的工作是不能替代的，一个人一旦进入了职业经理人的行业，他是不可能轻易地放弃职业经理人的职业转而成为技术工程师的，否则，他们不仅在职业经理人方面已进行的人力资本投资得不到补偿，而且他们转向其他职业又需要重新花费较大的成本，包括时间成本、培训成本等。

因此，在短期内，在纯粹市场力量的作用下，由于行业之间竞争壁垒，造成行业之间的均衡工资差别，构成多种工资差别并存的均衡工资体系，如图 8—12 所示。

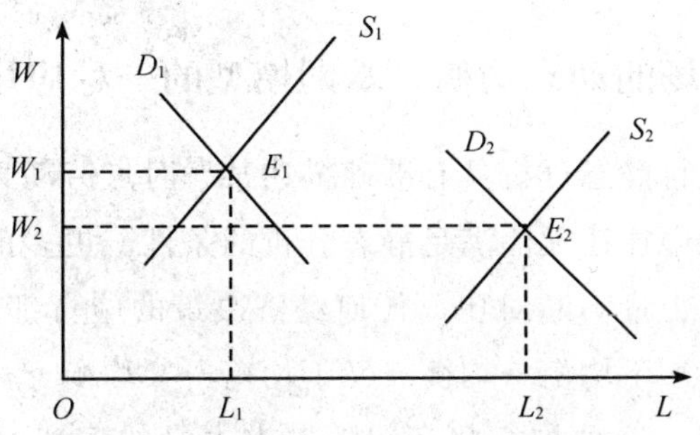

图 8—12　非均质劳动力市场的一般均衡

如图 8—12 所示，S_1、D_1 代表职业经理人市场的供求曲线，相交于 E_1 点，S_2、D_2 代表技术工程师市场的供求曲线，相交于 E_2 点。在短期内，由于市场处于分割状态，职业经理人和技术工程师这两个职业（行业）的供求体系是互不影响的，对职业经理人数量的需求和供给决定了职业经理人的均衡工资 W_1 和聘用

数量 L_1，对技术工程师的需求和供给决定了技术工程师的均衡工资 W_2 和聘用数量 L_2。

2. 长期均衡

在长期中，各个职业或行业之间的均衡工资将会通过影响教育和培训决策，从而影响供给结构，并最终导致均衡工资体系的相互影响。

正在进入教育和培训部门的学生，才有自由的决策权，市场的运行状况才会影响他们的教育和培训决策。当然，依据效用最大化原理，他们并不总是追求高收入的职业或行业，但在人力资本投入一定时，高收入肯定会吸引更多的人，从而改变教育和培训结构，并最终影响供给结构。当然，天赋和教育培训部门的培训能力及培训成本可能会限制高收入的吸引力。

需要说明的是，教育和培训决策并不能立即影响供给结构。这是因为：一方面，不同职业或行业人才的造就需要一个过程；另一方面，正在接受教育和培训的学生，即使发现了市场需求的变化，一般也不大可能改变专业方向。但是，这并不是说不存在转变专业方向的现象，这两个方面的结合，导致教育和培训的决策总是滞后于市场对供给结构的需求。

总之，在短期内，劳动力市场上存在工资差别的均衡工资体系是完全可能的；但从长期看，技术工程师市场和职业经理人市场上的均衡工资差别，将会通过影响邻近的下一代人的教育和培训决策，从而影响劳动力市场的供给结构，并最终导致均衡工资体系的相互影响。

三、劳动力市场的动态均衡：蛛网模型的一种应用

对劳动力市场进行静态分析具有准确描述某一时点劳动力市场供求状态的优点，但是在现实经济中往往无法满足静态分析的条件。更多的时候，劳动力市场是不断波动的，供求力量不断对比，任何经济决策的施行都不可能在瞬间完成，也就是说存在着时滞。不均衡→均衡→又不均衡→又均衡→……这是一个周而复始、无限循环的过程。这种均衡状态，随供求力量的演变而不断发生变迁的过程，就是市场的动态均衡过程。因此，劳动力市场的均衡，在现实经济中更多呈现的是一种动态均衡的状态。

（一）劳动力供求变化对劳动力市场均衡的影响

当劳动力市场上的供求力量对比发生变化时，均衡点的位置会相应地发生变化，劳动力市场上旧的均衡状态将被打破，并向新的均衡状态迁移。

劳动供求曲线的变动，将引起均衡工资和均衡劳动量的变化，如图 8—13 所示。

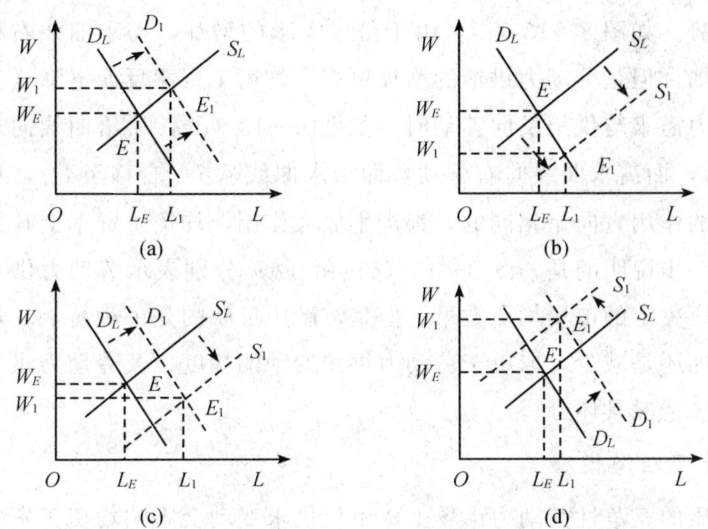

图 8—13 供求曲线变动与劳动力市场均衡

如图 8—13（a），在某行业中劳动力的供给不发生变化，但由于某种原因（企业规模扩大、产品需求增加），导致企业对该类劳动力数量的需求增加，劳动力的需求曲线右移（即 $D_L \rightarrow D_1$），供给曲线不变，则均衡点由 E 迁移到 E_1，引起均衡工资上涨（即 $W_E \rightarrow W_1$）和均衡劳动量增加（即 $L_E \rightarrow L_1$）。需求曲线不断右移的结果是：均衡工资水平不断上升，均衡劳动量不断增加；反之，亦然。

如图 8—13（b），在某行业的劳动力需求不变，但由于某种原因（例如人口增加、劳动力转移等）导致该类劳动力供给数量增多，将使得供给曲线向右下方移动（即 $S_L \rightarrow S_1$），需求曲线 D_L 保持不动，均衡点由 E 下降到 E_1，引起均衡工资下降（即 $W_E \rightarrow W_1$）和均衡劳动量的增加（即 $L_E \rightarrow L_1$）。供给曲线不断右移的结果是：均衡工资水平不断下降，而雇用人数却不断上升；反之，亦然。

在现实经济中的劳动力市场，均衡状态发生变化，往往是由供给和需求同时发生变化，即供求力量的共同作用下产生的。

当劳动力需求与供给同向移动时，对劳动力市场均衡工资的作用方向是相反的。需求曲线的右移（需求增加）形成了工资上升的推动力，而供给曲线的右移（供给增加）则形成了工资下降的压力；反之，亦然。劳动力市场的均衡工资是上升，还是下降，最终取决于收缩作用与放大作用的力量对比。例如，若因环境受到损害，疾病流行，对医生的需求会增加；但若因“救死扶伤”责任感和热爱医生职业的观念，新进入劳动力市场的医生可能会增加，这时就很难预测均衡工资的变化趋势。如图 8—13（c），由于医生需求的增加，需求曲线右移，均衡工资率本应增加，但是劳动力供给的增加更多，均衡工资率反而下降至 W_1。

当劳动力需求与供给反向移动时，如图 8—13（d），供给曲线向左移动，即 S_L 左移至 S_1，而需求曲线向右移动，即需求曲线从 D_L 右移至 D_1，对劳动力市场均衡工资的作用方向是相同的，都产生放大作用，均衡工资率上升到 W_1。

需要进一步说明的是，图 8—13（c）和（d）分别表示劳动力供求同向变动和反向变动所决定的市场均衡数量。但是，图中反映的是一种特例，最终市场均衡数量是增加还是减少，取决于劳动力供求变动的幅度以及劳动力供求曲线的斜率，需要具体情况具体分析。

（二）蛛网动态模型

在非均质的竞争性劳动力市场上，不仅供求变动会影响均衡工资的决定，而且在一个足够长的时期内，不同行业或职业供求变化会产生相互影响，从而影响均衡工资的决定。

短期内，由于教育和培训的供给结构不会变化，因此，职业经理人市场和技术工程师市场分别完成动态调整过程，彼此不相互影响，可以把它们看成两个单一的竞争性市场的动态调整。但在长期内，针对劳动力市场供给结构的情况，教育和培训部门会产生适应需求结构变化的调整，因此长期内，技术工程师市场和职业经理人市场的竞争状况将会相互影响。考虑到时滞问题的长期动态均衡过程，一般采用蛛网模型来分析。

互动式蛛网模型的基本假定：

（1）时间足够长，以致教育和培训部门能够根据市场需求结构的变化来调整供给结构；

（2）供给结构与需求结构不能同步变化，即存在调整时滞；

（3）劳动力在不同类型的市场中自由流动。

1. 收敛型的蛛网动态模型

若供给曲线斜率的绝对值大于需求曲线斜率的绝对值，即供给曲线比需求曲线更陡，其经济含义是劳动力供给弹性小于劳动力需求弹性，在这种条件下，工资率与劳动力投入量的波动越来越小，最终走向均衡，形成一种收敛型的蛛网动态模型。

以职业经理人市场与技术工程师市场为例，说明两类劳动力市场相互影响，形成收敛型蛛网动态模型及其调整过程，如图 8—14 所示。

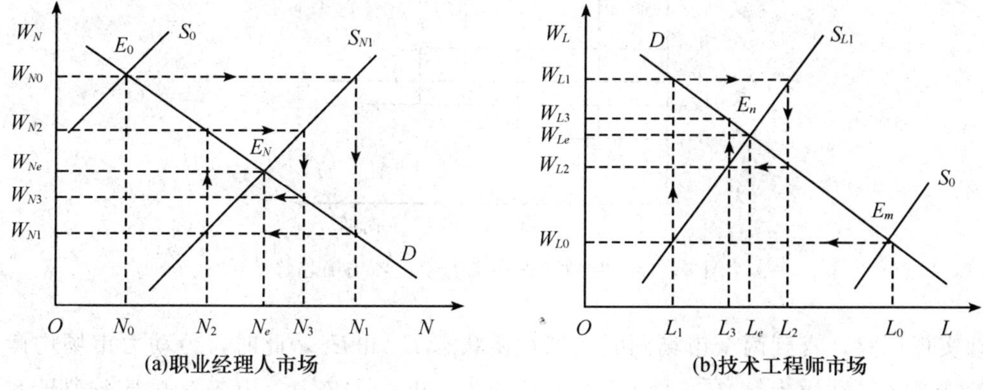

图 8—14　收敛型蛛网动态模型：两类劳动力市场的互动影响

在图 8—14（a）中，E_0为职业经理人市场的初始均衡点，初始均衡工资为 W_{N0}，职业经理人的劳动力投入量为 N_0；在图 8—14（b）中，E_m为技术工程师市场的初始均衡点，初始均衡工资为 W_{L0}，技术工程师的劳动力投入量为 L_0。

为了探讨问题的方便，假定每一期（指教育培训周期）劳动力市场的劳动力总量不变，即两类劳动力市场的总人数均为：

$$N = N_0 + L_0 = N_1 + L_1 = \cdots = N_e + L_e$$

在每一期内，因两个市场工资率的差别，劳动力在职业经理人与技术工程师市场之间流动，从而改变劳动力市场中职业经理人和技术工程师的比例。

第一期，假定教育部门由于受职业经理人市场高工资（$W_{N0} > W_{L0}$）的诱惑，在 W_{N0}条件下，将职业经理人的供给线增加到 S_{N1}，相应地，技术工程师市场的供给减少到 S_{L1}。此时，职业经理人市场上出现供过于求，工资降到 W_{N1}，而技术工程师市场上供不应求，工资上升到 W_{L1}，出现 $W_{L1} > W_{N1}$。

第二期，教育部门将根据市场的变化（$W_{L1} > W_{N1}$）做出调整，对于职业经理人市场，在工资为 W_{N1}时，教育部门将把供给人数减少到 N_2；而对于技术工程师市场，在工资为 W_{L1}时，教育部门将把技术工程师的供给增加到 L_2。此时，职业经理人市场上出现供不应求，工资上升到 W_{N2}，而技术工程师市场供过于求，工资下降到 W_{L2}，出现 $W_{N2} > W_{L2}$。

第三期，教育部门又将根据市场的新变化（$W_{N2} > W_{L2}$）做出调整，以此类推，形成一种收敛型的动态均衡趋势，如图 8—15 所示。

职业经理人市场与技术工程师市场相互影响，劳动力通过在两个市场之间流

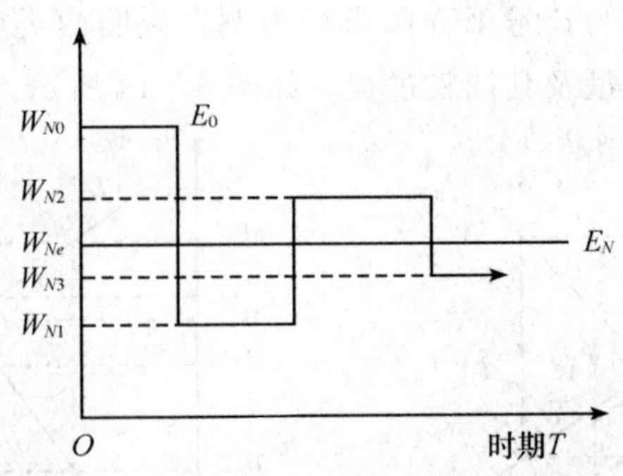

图 8—15　收敛型蛛网动态模型：均衡趋势

动实现调整，直到两个市场同时达到均衡状态 E_N 和 E_n，此时，劳动力市场均衡的就业数量结构为（N_e，L_e），工资结构为（W_{Ne}，W_{Le}）。由于存在行业差异和人力资本差异，$W_{Ne} \neq W_{Le}$，$N_e \neq L_e$。

2. 发散型的蛛网动态模型

若供给曲线斜率的绝对值小于需求曲线斜率的绝对值，即供给曲线比需求曲线更平缓，其经济含义是劳动力供给弹性大于劳动力需求弹性，在这种条件下，工资率与劳动力的投入波动越来越大，最终走向失衡，形成一种发散型的蛛网动态模型。

以医生市场与教师市场为例，说明两类劳动力市场相互影响，形成发散型蛛网动态模型及其调整过程，如图 8—16 所示。

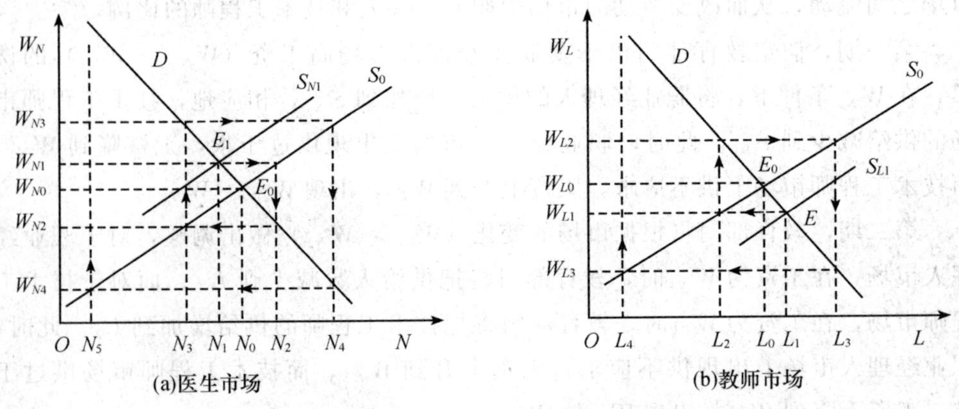

图 8—16　发散型蛛网动态模型：两类劳动力市场的互动影响

在图 8—16（a）中，E_0 为医生市场的初始均衡点，初始均衡工资为 W_{N0}，医生的劳动力投入量为 N_0；在图 8—16（b）中，E_0 为教师市场的初始均衡点，

初始均衡工资为 W_{L0}，教师的劳动力投入量为 L_0。

同样假定每一期（指教育培训周期）两类劳动力市场的总人数均为：

$$N = N_0 + L_0 = N_1 + L_1 = \cdots = N_e + L_e$$

在每一期内，因两个市场工资率的差别，劳动力在医生市场与教师市场之间流动，从而改变劳动力市场中医生和教师的比例。

第一期，假定教育部门由于受教师市场高工资（$W_{L0} > W_{N0}$）的诱惑，在 W_{L0} 条件下，将教师市场的供给线增加到 S_{L1}，相应地，医生市场的供给曲线减少到 S_{N1}。此时，教师市场上出现供过于求，工资降到 W_{L1}，而医生市场上供不应求，工资上升到 W_{N1}，出现 $W_{N1} > W_{L1}$。

第二期，教育部门将根据市场的最新变化结果（$W_{N1} > W_{L1}$）做出反应性调整，对于教师市场，在工资为 W_{L1} 时，卫生部门将把供给人数减少到 L_2；而对于医生市场，在工资为 W_{N1} 时，教育部门将把医生的供给增加到 N_2。此时，教师市场上出现供不应求，工资上升到 W_{L2}，而医生市场出现供过于求，工资下降到 W_{N2}，出现 $W_{L2} > W_{N2}$。

第三期，教育部门又将根据市场的新变化结果（$W_{L2} > W_{N2}$），再次做出反应性调整，以此类推，形成一种发散型的动态均衡趋势，如图 8—17 所示。

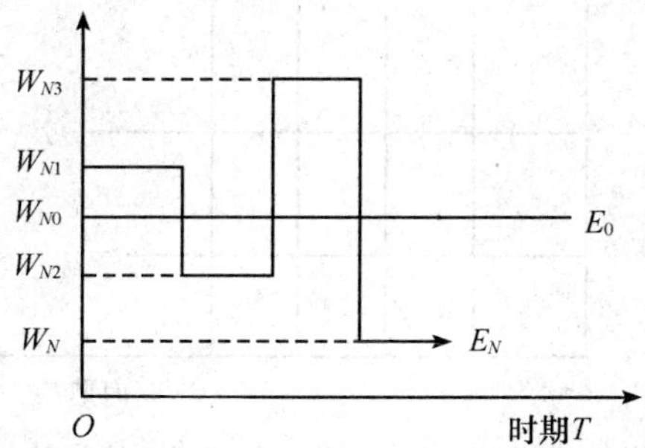

图 8—17　发散型蛛网动态模型：均衡趋势

3. 封闭型的蛛网动态模型

若供给曲线斜率的绝对值等于需求曲线斜率的绝对值，其经济含义是劳动力供给弹性与劳动力需求弹性相等，这时，工资的和劳动投入量的波动趋向既不是收敛性的，也不是发散性的，而是在同一波动程度上变动，起点的工资率和终点的工资率在同一点上相交，形成一种封闭型的蛛网动态模型。

以经济学教授市场与管理学教授市场为例，说明两类劳动力市场相互影响，形成封闭型蛛网动态模型及其调整过程，如图 8—18 所示。

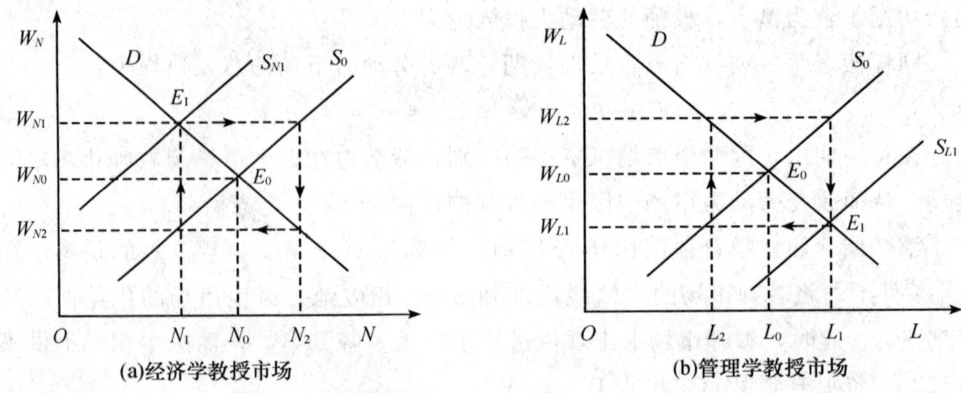

图 8—18　封闭型蛛网动态模型：两类劳动力市场的互动影响

在图 8—18 中，由于经济学教授与管理学教授的工资差别，会引起两类市场中供求力量的交替变化，若两类市场中劳动力总量不变，会有一部分劳动力随着工资信号的变化在两类市场之间来回流动。这种流动是在同一波动程度上的变动，如图 8—19 所示。

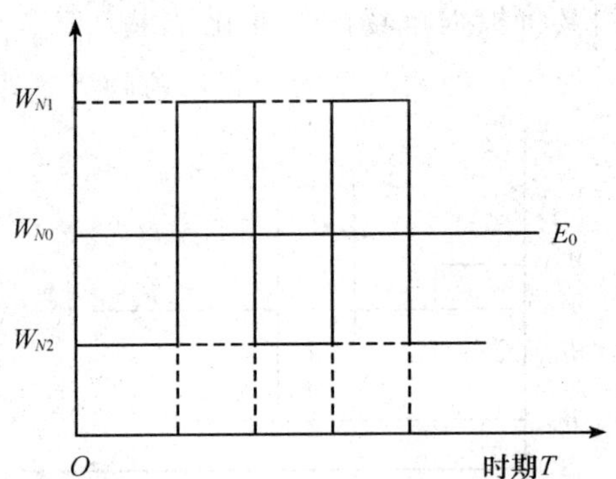

图 8—19　封闭式蛛网动态模型：均衡趋势

需要进一步说明的是，如果把市场的动态均衡过程仅仅理解成蛛网模型的动态调整过程，是一种片面的见解。事实上，蛛网动态模型只是描述了每个均衡状态的实现机制。这种机制假定供给者对价格缺乏远见的预期，且供求调整行为存在着时滞。动态均衡的实质是市场均衡状态随时间推移而不断变化，蛛网变化轨迹正是市场达到均衡点的道路。此外，导致教育部门改变供给结构的原因是多方面的，例如，人们就业观念的改变、人口结构的变化等。

劳动力市场调整的“蛛网模型”应用的案例很多，比如大学入学率的调整。大学入学率并非总是能按照计划顺利地或者快速地完成，特别是工程技术类等技术性很强的专业。假如工程师的工资率在某一年突然提升，新毕业的工程师的供给并不会受到影响，而是等到三四年之后才会发生变化，因为此时该专业入学的大学生需要三四年的学习时间。如果工程师的工资率下降了，则那些已经入学的该专业学生也不大可能放弃这一专业的学习，因为他们已经在这一领域投入了许多时间和精力，所以他们宁愿继续在该专业学习以等待机会，而不会去花更多成本转专业或者辍学。劳动力供给不会对劳动力市场变化立即做出反应，可能会导致市场对技术性劳动力需求出现一个繁荣—萧条周期。如果政府部门或者高校的教育规划者没有意识到该周期存在，可能会在本应提高或者削减相应专业的大学生入学人数时，却采取了相反的做法。

四、劳动力市场的非均衡状态：供求数量约束及其来源

在瓦尔拉斯的一般均衡理论中，非均衡是一种暂时性、过渡性的不稳定状态，必定要向其他状态转化；但是在现实中，由于制度、信息等原因，即使是在一个较长的时期内，价格并不能根据供求关系迅速调整。因此，在市场运行过程中，非均衡往往成为一种稳固、持续存在的状态，理想的市场出清和供求均衡往往与实际不相一致，除非信息条件、制度条件和市场条件等得到改变。下面讨论在劳动力市场与产品市场相互影响下，劳动力市场的非均衡状态和过程。

（一）劳动力市场非均衡的基本假定

为了有效地进行劳动力市场的非均衡分析，假定如下：

1. 价格（工资率）具有刚性

瓦尔拉斯的一般均衡理论，假定在完全竞争的市场上，价格（工资率）具有充分弹性。而非均衡理论认为，即使在一个完全竞争的市场上，不仅企业不能在给定的价格（工资率）上处于完全弹性的需求状态，求职者（工人）也不能在给定的价格（工资率）上处于完全弹性的供给状态，一旦供求双方中某一方的垄断地位形成，价格（工资率）便具有刚性，即工资易升不易降。

2. 价格调整与数量调整并存

瓦尔拉斯均衡理论，假定价格（工资率）是劳动力供求双方唯一的决策变量，它们仅对价格（工资率）做出反应，价格（工资率）调整是唯一的微观调整方式。非均衡理论认为，当市场处于非均衡状态，对劳动力供求双方来说，价格（工资率）信号不是唯一的市场信号，数量信号也是非常重要的市场信号，劳动力供求双方，不仅仅按照市场价格信号进行价格调整，而且会依据市场数量信号

进行数量调整。

3. 信息的不完全性与未来的不确定性并存

供求唯一地取决于价格信号，劳动力供求双方对市场具有完全的信息，是瓦尔拉斯均衡得以实现的前提条件。非均衡理论认为，在现代市场经济条件下，交易者对市场并非具有完全的信息，由于受主客观条件的限制，如时空限制、知识限制，交易者的信息可能是失真或时滞的，价格信息本身的局限性导致信息传递中的低效率等。此外，K. J. 阿罗认为，在一个变动的世界中，劳动力供求双方对将来商品的规格和技术生产条件，以及将来人力资本投资和劳动力素质等，都是无法确定的，即未来是无法确定的。

4. 存在高昂的信息成本

瓦尔拉斯均衡理论假定价格的瞬间调整和信息传递无成本。非均衡理论认为，劳动力供求双方为收集交换机会的相关信息要花费高昂的成本。由于价格不是唯一的市场信号，市场的信息也是不完全的，一些影响市场交易的不确定性因素的存在，劳动力供求双方必须逐个去搜集供给者与需求者的价格信号和数量信号，才能确定最有利的供求价格和数量。这种搜寻所花费的成本，即为信息成本。

知识链接

瓦尔拉斯需求与供给和有效需求与供给

瓦尔拉斯需求与供给，是指以经济效用最大化为目标的经济行为人在市场均衡的条件下没有任何数量限制，根据其预算可能性，在现行价格水平上，按照市场自发的供求规律所形成的供给与需求；有效需求与供给，是指经济行为人在其预算可能的条件下，考虑了市场价格，并在各个市场受到购买数量限制后，为了达到效用最大化而形成的需求与供给。两者最大的区别在于瓦尔拉斯需求与供给未受到数量限制，而有效需求与供给则受到价格和数量的双重限制。

研究瓦尔拉斯需求与供给和有效需求与供给两者之间的区别，一方面可以分析数量限制对经济行为人造成的影响；另一方面，由于瓦尔拉斯需求与供给和有效需求与供给都是经济行为人在其自身条件下希望实现的量，它与实际的成交额之间是不一致的。通过分析两者之间的关系，可以考察市场是如何通过经济行为人的行为达到与均衡状态不同的另一种稳定的状态，即非均衡状态。

（二）非均衡劳动力市场的数量调整

随着科技和生产的发展，人们的收入水平越来越高，工资也越来越高。在经济发展的短期内，由于两方国家的工会组织在与企业谈判中处于优势，导致工资过高，有时候工资的增长速度大于劳动生产率提高的速度，这时，企业只好根据相对成本的高低在生产要素之间实行替代，减少对劳动的需求。因此，在工资刚性的条件下，劳动力就业常常是一个数量调整过程，价格机制往往不能在劳动力市场上充分地发挥作用。

由于劳动需求是派生需求，劳动需求的数量除受工资调节外，还要受产品市场需求的调节；由于劳动者往往直接是消费者，劳动供给的数量除受工资调节外，还受人口数量和人口结构以及人们消费观念的调节。

由产品需求不足而产生的劳动需求的数量限制，会使在现行工资下原可达到均衡的劳动力市场出现劳动过度供给，这种现象称为产品市场对劳动力市场的“溢出效应”。若在宏观层面上，这种“溢出效应”成为一种普遍现象，就会产生需求不足的“凯恩斯失业”。

同样，劳动力市场对消费品市场也有“溢出效应”。由失业而产生的产品消费需求的数量限制，会使在现行商品价格下原本可达到均衡的消费品市场出现产品过度供给。若在宏观层面上，这种“溢出效应”成为一种普遍现象，就会产生失业引起的“产品过剩”。

运用非均衡分析方法，研究这两种典型的“溢出效应”，是劳动力市场非均衡分析的重要内容，如图 8—20 所示。

1. 数量限额下的家庭行为

如图 8—20（a）所示，纵轴表示商品消费需求，横轴表示劳动供给。H 点表示市场处于结清状态，这时，C_0 为家庭消费商品的瓦尔拉斯需求，L_0 为家庭对劳动力的瓦尔拉斯供给。

假设商品价格和工资固定不变，家庭察觉到劳动供给的约束，这时，在劳动力市场中，实际劳动供给等于有效劳动供给，且低于瓦尔拉斯劳动供给，即 $\bar{L} < L_0$，劳动供给减少导致收入减少，使家庭消费需求下降。当 $\bar{L}$ 从 L_0 开始向左移，与 $\bar{L}$ 所对应的 B 点也就从 H 点向左下方移动，形成家庭对商品的有效需求曲线 $\overline{C^d}$，它所表示的是家庭商品需求受劳动力市场就业限额约束后的情境。

存在就业限制下的家庭消费需求，可以用克劳威尔的双重决策规则来说明。

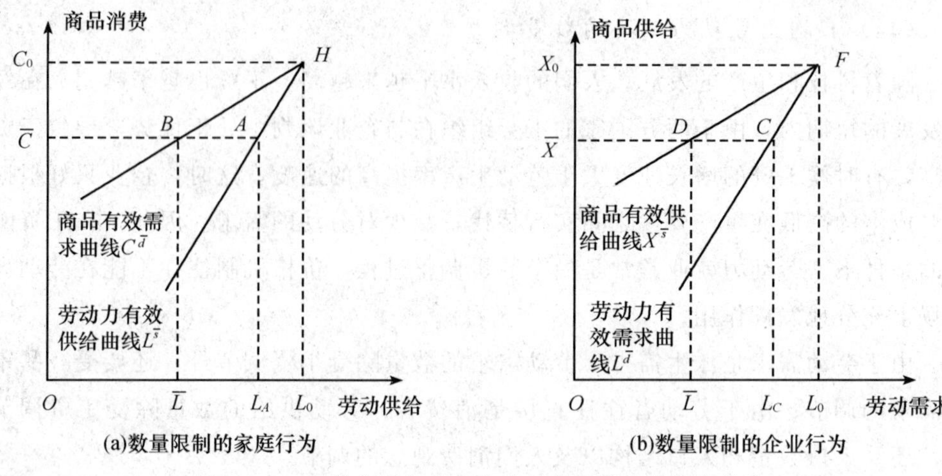

图 8—20　产品市场与劳动力市场相互影响的溢出效应

巴罗（R. J. Barro）和格罗斯曼（H. I. Grossman）把克劳威尔收入变量的限制作用加以推广，分析了有效供给函数。假设家庭在商品市场上受到数量限制，有效商品需求 $\overline{C} < C_0$（瓦尔拉斯需求）。在商品市场供给约束下，家庭把劳动供给由 L_0降到 $\overline{L}$ 所获得收入就足以满足有效商品需求 $\overline{C}$ 。不过，这时劳动供给可以不减少，将超额劳动供给（AB）所得到的收入储蓄起来。由 $\overline{C}$ 相对应的 A 点向左下方移动，可以得到一条劳动有效供给曲线 $\overline{L^s}$ 。

总之，当商品无供给限额时，瓦尔拉斯劳动供给等于有效劳动供给；当商品存在供给限额时，瓦尔拉斯劳动供给大于有效劳动供给。

2. 数量限额下的企业行为

如图 8—20（b）所示，F 点表示市场处于结清状态，企业在劳动力市场与商品市场都不受数量约束，X_0表示瓦尔拉斯商品供给，L_0表示瓦尔拉斯劳动需求。

假定工资率具有刚性和劳动力市场存在数量限制，家庭在现行工资水平上劳动供给限额 $\overline{L} < L_0$，由此引起企业商品有效供给 $\overline{X} < X_0$，把与 $\overline{L}$ 相对应的 D 点从 F 点向左下方移动，得到企业对商品的有效供给曲线 $\overline{X^s}$ 。

假设企业察觉商品供给的数量约束，企业将减少劳动雇佣量。当销售量被限制在 $\overline{X}$ 上时，企业将在 C 点生产，就业量（CD）所生产的、暂时销售不出去的商品被用于增加存货。把与 $\overline{X}$ 相对应的 C 点从 F 点向左下方移动，得到企业对劳动的有效需求曲线 $\overline{L^d}$ 。

3. 数量限额下，家庭行为与企业行为的相互影响

在分别讨论了数量配额下的家庭行为和企业行为后，把两种“溢出效应”综合起来，形成一个完整的两类市场模型，该模型反映了存在数量限制下，家庭行为与企业行为的相互影响。

假定整个经济系统中，只存在家庭和企业两个行为主体，不考虑政府行为。家庭和企业分别在劳动力市场和商品市场承担不同角色。在商品市场上，家庭是商品消费者，企业是商品提供者；在劳动力市场上，家庭是劳动力供给者，企业是劳动力需求者。家庭在劳动力市场上以提供劳动力为代价，获得劳动收入，并用该收入的部分在商品市场购买企业提供的商品；企业在商品市场上以提供商品为代价，获得商品收入，并将该收入的部分当作工资，在劳动力市场雇用工人。

从商品市场来看，商品消费需求和商品生产供给，都有可能受到来自劳动力市场的数量限制，具体情况如下列方程组所示：

$$C^d=\begin{cases}C^d & \text{如果 } L=L^s\leqslant L^d\\ \overline{C^d} & \text{如果 } L=L^d<L^s\end{cases} \qquad \text{式（8—5）}$$

$$C^s=\begin{cases}X^s & \text{如果 } L=L^d\leqslant L^s\\ \overline{X^s} & \text{如果 } L=L^s<L^d\end{cases} \qquad \text{式（8—6）}$$

按照短边规则：$C=\min(C^d,\ C^s)$

$$\text{当 } C^d<C^s\text{，则 } C=C^d$$

$$\text{当 } C^d>C^s\text{，则 } C=C^s \qquad \text{式（8—7）}$$

在式（8—5）中，当市场就业量 L 等于劳动供给量（L^s），且劳动供给量（L^s）小于劳动需求量（L^d）时，劳动力市场处于供不应求状态，说明家庭的劳动供给不受就业岗位的数量限制，家庭对商品的需求（C^d）等于瓦尔拉斯需求（C^d）；当市场就业量 L 等于劳动需求量（L^d），且劳动需求量（L^d）小于劳动供给量（L^s）时，劳动力市场处于供过于求的状态，存在非自愿失业，说明家庭的劳动供给受到就业岗位的数量限制，家庭对商品的需求（C^d）等于有效需求 $\overline{C^d}$ 。

在式（8—6）中，当市场就业量 L 等于劳动需求量（L^d），且劳动需求量（L^d）小于劳动供给量（L^s）时，劳动力市场处于供过于求的状态，说明企业对劳动力需求不受劳动力短缺的数量限制，企业对商品的供给（C^s）等于瓦尔拉斯供给（X^s）；当市场就业量 L 等于劳动供给量（L^s），且劳动供给量（L^s）小于劳动需求量（L^d）时，劳动力市场处于供不应求状态，说明企业对劳动力需求受到劳动力短缺的数量限制，企业对商品的供给（C^s）等于有效供给 $\overline{X^s}$ 。

在式（8—5）和式（8—6）分析的基础上，受到来自劳动力市场上数量限制的情况下，按照短边规则，在商品市场上，家庭行为与企业行为相互影响的非均衡结果为式（8—7），即：

在商品市场上，当商品需求（C^d）小于商品供给（C^s）时，非均衡的商品量（C）等于商品需求量（C^d）；当商品需求（C^d）大于商品供给（C^s）时，非均衡的商品量（C）等于商品供给量（C^s）。

从劳动力市场来看，劳动力需求和劳动力供给，都有可能受到来自商品市场的数量限制，具体情况如下列方程组所示：

$$L^d = \begin{cases} L^d & \text{如果 } C=C^s<C^d \\ \overline{L^d} & \text{如果 } C=C^d<C^s \end{cases} \qquad \text{式（8—8）}$$

$$L^s = \begin{cases} L^s & \text{如果 } C=C^d\leqslant C^s \\ \overline{L^s} & \text{如果 } C=C^s\leqslant C^d \end{cases} \qquad \text{式（8—9）}$$

按照短边规则：$L=\min(L^d,\ L^s)$

$$\text{当 } L^d<L^s\text{，则 } L=L^d$$

$$\text{当 } L^s<L^d\text{，则 } L=L^s \qquad \text{式（8—10）}$$

在式（8—8）中，当市场商品量（C）等于商品供给量（C^s），且商品供给量（C^s）小于商品需求量（C^d）时，商品市场处于供不应求状态，表明企业在商品市场上销售全部产品，完全不受商品消费需求不足的数量约束，那么，在劳动力市场上，企业的劳动需求（L^d）不受数量限制，等于瓦尔拉斯需求（L^d）；当市场商品量（C）等于商品需求量（C^d），且商品需求量（C^d）小于商品供给量（C^s）时，商品市场处于供过于求的状态，表明企业在商品市场上销售全部产品，要受到商品消费需求不足的数量约束，那么，企业的劳动需求（L^d）将受到数量限制，等于有效需求 $\overline{L^d}$ 。

在式（8—9）中，当市场商品量（C）等于商品需求量（C^d），且商品需求量（C^d）小于商品供给量（C^s）时，商品市场处于供过于求的状态，表明家庭在劳动力市场上提供劳动力，完全不受商品供给不足的数量约束，那么，家庭的劳动供给（L^s）等于瓦尔拉斯需求（L^s）；当市场商品量（C）等于商品供给量（C^s），且商品供给量（C^s）小于商品需求量（C^d）时，商品市场处于供不应求状态，表明家庭在劳动力市场上提供劳动，要受商品供给不足的数量约束，那么，家庭的劳动供给（L^s）等于有效需求 $\overline{L^s}$。

在式（8—8）和式（8—9）分析的基础上，受到来自商品市场上数量限制的情况下，按照短边规则，在劳动力市场上，家庭行为与企业行为相互影响的非均衡结果为式（8—10），即：

在劳动力市场上，当劳动需求（L^d）小于劳动供给（L^s）时，非均衡的劳动就业量（L）等于劳动需求量（L^d）；当劳动需求（L^d）大于劳动供给（L^s）时，非均衡的劳动就业量（L）等于劳动供给量（L^s）。

总之，无论是在商品市场上，讨论商品量的非均衡决定过程，还是在劳动力市场上，讨论劳动就业量的非均衡决定过程，当一个市场的供求受到来自另一市场供求所造成的数量约束时，市场均衡的供求量将等于有效供求量，且小于瓦尔拉斯供求量；否则，市场均衡的供求量将等于瓦尔拉斯供求量。

延伸思考

1. 劳动力供求变化对静态均衡有哪些影响？

2. 描述工程市场中蛛网模型所隐含的工资与就业趋势。如果一家经济咨询企业在工程市场上出售有关薪资与就业之历史记录的信息，该蛛网会发生什么变化？

3. 阅读下面材料，谈谈劳动力市场是怎样达到均衡的。

因蒂法达（Intifadah）[①] 暴动与巴勒斯坦工资

20 世纪 80 年代的大部分时期，居住在西岸和加沙地带的近 110 000 名巴勒斯坦人都是乘坐公共交通工具到以色列上班。这些巴勒斯坦中的许多人在以色列建筑业或者农业产业中就业。

作为 1988 年兴起的因蒂法达（巴勒斯坦人反对以色列控制西岸和加沙地带的暴动）的结果之一，这些工作者进入以色列的流动受到极大影响。例如，以色列当局逐步增加了检查工作许可的哨卡，并开始强制实施对巴勒斯坦人在以色列过夜的禁令。而在被占领地带的罢工和宵禁，则限制了巴勒斯坦通勤工作者的流动性：一年之内，每天的缺勤率从低于 2% 上升到 30% 以上；一个月中的平均工

① Intifadah 的字面意思是“摆脱”，在此上下文的意思是从以色列的控制下摆脱出来。首次因蒂法达暴动始于 1987 年 12 月 8 日，起因是当 4 位巴勒斯坦男人在通往加沙的一个检查口排队时，被以色列军警的一辆运输车碾死。第二次因蒂法达暴动始于 2000 年 9 月 28 日，当时以色列利库德集团领导人沙龙带领 2 000 多名以色列军人亵渎了阿尔·阿克萨清真寺并且杀死了 4 人，引发了巴以之间大规模的冲突。

作日数量从 22 天下降到了 17 天，且巴勒斯坦通勤工作者到达工作地点的时间长度从 0.5 小时上升到 3～4 小时。

因此，因蒂法达暴动极大地减少了在以色列就业的巴勒斯坦通勤工作者的供给。供给与需求的框架表明：该暴动提高了这些巴勒斯坦工作者的均衡工资。事实上，这就是已出现的情况。巴勒斯坦通勤工作者的劳动力供给大致减少了一半，这使得他们的真实工资也提高了大约一半，这意味着对巴勒斯坦通勤者的需求近似于－1。

资料来源：Joshua D. Angrist，" Shotr-Run Demand for Palestinian Labor." Journal of Labor Economics 14（July 1996）：425－433.

深度阅读

1. 萨尔·D. 霍夫曼. 劳动力市场经济学［M］. 上海：上海三联书店，1989.
2. 凯恩斯. 就业、利息和货币通论［M］. 北京：商务印书馆，1999.

第九章　劳动力市场的不完全性：制度约束

劳动力市场分割等形成的劳动力市场壁垒、劳动力市场的买方垄断企业以及工会组织都影响着劳动力资源的有效配置。进一步可以看到，劳动力市场在各制度约束下，表现出一定的不完全性。政府通过一些手段来干预劳动力市场，以维持其稳定运行。本章将讨论劳动力市场缺陷的成因、表现等。

一、不完全性的类型和原因：市场壁垒

在劳动力市场上，由于企业差异和劳动力异质性的存在，出现了不同岗位上从事不同类型工作的员工。假定数学教授和医生共同组成了一个非均质劳动力市场模型，两位劳动者都是经过漫长的教育和培训进入劳动力市场。按照供求规律，企业向劳动力市场提供两类工作岗位：教授岗位和医生岗位，在工资指导下，劳动力市场的数学教授和医生展开了博弈和调整。如果数学教授供过于求，数学教授会降低身价，在充分就业条件下，数学教授的均衡工资降低；反之，则数学教授的均衡工资上升。同样，对医生市场来说也如此。数学教授市场和医生市场是不相干的，数学教授不会踏入医生市场，医生也不会踏入数学教授市场，在数学教授市场和医生市场之间，隔行如隔山，存在一道天然壁垒，壁垒的两边，同行竞争激烈，这种竞争壁垒造成了劳动力市场的分割状态。

（一）市场壁垒的主要表现：劳动力市场的分割

劳动力市场的分割使得劳动者不能在各地自由流动，这是造成劳动力市场无法实现一般均衡的最主要的原因，也是造成工资价格失灵和地区间就业率差别严重偏离的最主要因素。广义的劳动力市场分割包括国际劳动力市场分割和国内劳动力市场分割。前者是基于劳动者的国籍和国家疆界而产生的；后者表现的形式多样，可以是地区间的劳动力市场分割，也可以是城乡间的劳动力市场分割。

可能导致一国内部劳动力市场分割的原因很多，如严格的户籍管理制度、旅行审查制度，甚至交通工具和交通运输基础设施的发达程度、语言、民族、信仰等，但最主要的因素还在于政府执行的限制劳动力自由流动的政策。这种现象在

包括中国在内的许多还保留有计划经济色彩的发展中国家较为多见。严重的劳动力市场分割往往导致地区间工资价格相差悬殊，从而造成资本密集型和劳动密集型企业向劳动力价格低廉的地区迁移，进而导致一个地区出现大面积的结构性失业。

传统的二元分割理论认为，一级市场的运行更多地受到制度因素的影响，如工会力量、社会保障制度、最低工资立法等，而二级市场的劳动者几乎不受制度性保护，这一市场一般通过工资较大幅度的变动来调节劳动力市场的供求。传统分割理论认为，高技能劳动者不能由二级市场流向一级市场的原因是一级市场企业认为二级市场的工人的平均技能较低，因此不从二级市场雇用工人。现代分割理论认为，高技能劳动者一旦在一级市场就业，他宁愿保持失业状态等待在一级市场就业，只有那些低技能劳动者才会去二级市场就业。由于一级市场本身需要提供专门培训，而只有对高技能工人培训才是有利的，而企业直到对工人进行培训后才知道他们的劳动生产率。为此，企业在雇用工人前都要对他们进行测试，以期望工人能力这一个人信息尽量公开化。企业有理由相信，宁愿留在一级市场失业而不去二级市场就业的是那些生产率较高的劳动者，而选择去二级劳动力市场就业的则普遍劳动生产率较低。这样，在二级市场就业就会被视为低生产率的信号。这一机制可以解释高技能劳动者的自愿失业与岗位并存的现象。从上述分析可以看出，这种类型的失业既具有自愿性质，又有非自愿性质。就其在一级市场的就业失败来说，失业是一种非自愿失业，但由于其不愿意接受二级市场的低工资和较差的劳动条件，因此其失业又是自愿的。

（二）其他原因

从经济学角度分析，造成劳动力市场失灵的原因有许多，除了劳动力市场分割这个重要因素之外，还有其他原因。

1. 外部效应

从劳动力市场运行看，劳动力供求结合，即就业后产生的经济收益——工资可使劳动者的家庭成员受益，并通过个人和家庭的消费使其他经济劳动者受益，这就是所谓的正效应。然而，如果工资水平过高，则意味着人工成本过高。它所产生的负效应或者是雇主裁减工人，减少了本国社会劳动力的需求量；或者是社会减少投资，企业家转向低人力成本的国家和地区建厂，从而也减少了社会劳动力需求量，这种负效应是市场自发运行所无法解决的。因此，需要国家建立一定的法规加以调节，尽量避免或减少市场运行出现的负效应。

2. 市场垄断

市场垄断表现在劳动力供求两个方面。从劳动力需求一方看，在自由竞争的市场经济条件下，雇主作为劳动力需求者，一般来说，总是处于主动的优势地位，根据经济自由主义的原则，对就业做出裁决，决定着劳动力雇佣的规模和类别，以及是否解雇或继续雇用劳动力。这可以说是一种天然生成的垄断地位。从劳动力供给一方看，劳动者虽然享有个人经济自由，但实质上是资本的附属物，被迫提供自己的劳动力，处于被动的劣势地位。雇主方则拥有资本的所有权和使用权，处在管理、监督或指挥、协调的位置上。“劳资双方，在形式上是对等的。但不拥有生产手段的工人，只能靠出卖劳动力来获得工资。所以，与经营者拥有以资本力为背景的强大的经济实力不同，工人的经济地位很低。”① 为了对抗雇主的资本雇佣垄断地位，对处于弱者地位的雇员实行保护，形成了工会这一组织。同时，政府也施行了一系列对雇员的保护法，使得在业者通过工会组织取得一种后天形成的垄断地位，从而对劳动力市场运行的结果产生双重效应：一方面，有效地改善了雇员在劳动力供求中的弱者地位，使其可以尽量获取最大利益；另一方面，又在一定程度上提高了工资成本，形成对非在业者的排斥力，弱化了新就业岗位的创造力，不利于失业人员的再就业。显然，如何切实有效地协调劳动力市场供求双方的力量对比，并遏制劳动力市场垄断带来的不良后果，既是国家对劳动力市场加以调节的原因之一，也是国家调节劳动力市场的一大难点。

3. 工资刚性和雇佣刚性的存在

凯恩斯等人认为，工资刚性是引发市场失灵最主要的原因，劳动者的工资向下浮动困难，直接造成了市场信号失灵。由于工资刚性存在，在降低工资和解雇工人之间，企业家更倾向于选择解雇工人。也就是说，在存在工资刚性的情况下，劳动力市场以就业数量的波动来部分地抵消工资价格不能自动波动的刚性。凯恩斯认为，企业不靠降低工资而依靠解雇工人来对付市场恶化、需求减少和价格下跌，导致国民劳动的需求总量小于供给总量，从而导致有效需求不足的失业。企业之所以不能依靠降低工资而靠解雇工人来应付需求下降，原因是工资刚性的存在使雇佣者不能单方面地降低工人的工资，因而只能选择解雇工人。

在某些国家中，企业雇用工人相对容易，而工会和法律却对企业和雇主解雇工人做出了苛刻的规定，如必须征得工会同意，或必须向被解雇者支付高昂的解雇补偿金、失业保险金等名目繁多的社会福利开支等。

---

① 王长城. 员工关系管理［M］. 武汉：武汉大学出版社，2010.

由此产生的后果是企业或雇主由于担心在萧条时期不能自由地根据经营状况解雇工人，而在繁荣时期也倾向于不增加雇用工人，甚至宁肯向现有的工人支付高额的加班工资也不增加雇佣量，或以非正式的短期雇佣代替向劳动者提供长期稳定的就业机会。对于全社会而言，则是导致失业率虽然在经济周期的各个阶段均无大幅度的波动，但却始终保持在一个较高的水平上。国家利用各种经济手段刺激就业增长的效果微弱，而经济增长本身所能够带来的新增就业机会也变得非常有限。

4. 信息不充分

劳动者获得理想的就业岗位在很大程度上依赖对就业信息的获取。而在许多国家的劳动力市场中，却缺乏向需求和供给双方提供有效的信息沟通的渠道。劳动者和雇佣者都不得不耗费大量的时间、精力、财力和物力用于寻找合适的交易对象，这就导致每次就业的机会成本大大增加。而失业者每次就业的间隔时间也会增加。信息不充分的另一个后果往往是导致工资价格的变化与劳动力市场的供求关系力量对比脱节，从而造成价格信号的滞后或失灵。

二、工资和雇佣量的决定：企业垄断

（一）产品垄断条件下工资和雇佣量的决定

我们假定企业对产品的销售具有垄断性，那么企业将会面临一条向右下方倾斜的产品需求曲线，也就是说当企业增加产出时就必须降低价格，此时边际收益 MR 低于价格 P，因此企业的 MRP_L 将下降。原因在于：第一，在边际收益递减规律作用下，MP 将下降；第二，由于雇佣人数的增加，MR 将比价格下降更快。

图 9—1 描述了产品市场的垄断对劳动力市场的影响。假定劳动力市场是完全竞争的，而雇佣劳动的某一特定企业的产品销售是垄断的。也就是说，这一类劳动除了该垄断企业外，还有其他成千上万的企业。因而，该垄断企业是完全竞争的。

在图 9—1 中可以看到，在完全竞争的劳动力市场中，垄断企业是一个“工资接受者”，面临着一条完全具有弹性的劳动供给曲线 S_L，供给曲线 S_L 与企业的边际工资成本 MWC 和平均工资成本 AWC 曲线重合，即 $S_L=MWC=AWC$。在完全竞争条件下，劳动需求曲线 D_m 就是 MRP 曲线，原因在于，当企业增加其雇佣量和产出时，边际收益并不下降。因而，MRP_L 曲线等于 VMP_L 曲线，

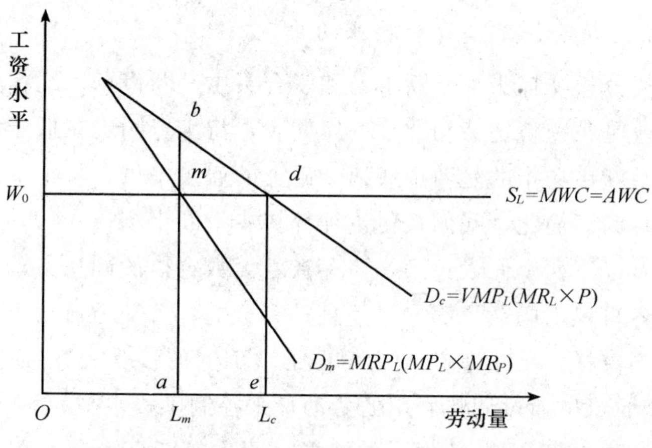

图 9—1　产品垄断市场条件下工资和就业的决定

亦即该企业增雇一个工人所获得的收益与社会产出的增加一致。在图 9—1 中，在产品市场垄断条件下，需求曲线 D_m 表示垄断企业的 MRP_L 曲线，在此情况下，MRP_L 不等于 VMP_L，且低于 VMP_L。工人为垄断企业所增加的产出的价值将小于所增加的社会价值。理由是垄断企业增加该一个单位产出的销售价格并没有全部加到其边际收益上。因此，企业的价值 MRP_L（$MR_P \times MP_L$）小于社会的价值 VMP_L（$MP_L \times P$）。

产品垄断市场条件下的一些结果也可以在图 9—1 中表现出来。第一，垄断企业的劳动需求曲线 D_m 的弹性小于竞争企业的劳动需求曲线 D_c。第二，与竞争企业类似，垄断企业利润最大化的水平由 $MRP_L = MWC$ 确定劳动雇佣量，即 L_m 点，小于竞争企业利润最大化水平下的劳动雇佣量 L_c，即 $L_m < L_c$。第三，在没有工会的干预下，产品垄断市场条件下的企业和竞争企业一致，都是工资的接受者，垄断企业支付的工资水平和竞争企业一样，都是 W_0。第四，产品垄断市场条件下劳动资源的配置会出现失调。在完全竞争的劳动力市场中，劳动力的价格反映了利用某一特定劳动力资源的社会边际机会成本。劳动的 VMP_L 是衡量某一工人在特定职业对追加产出贡献的尺度。在图 9—1 中可以看到，L_m 到 L_c 工人的 $VMP_L > W_0$。这意味着配置到这一职业的劳动力资源太少，配置到其他职业的劳动力资源太多。假定劳动力的流动没有成本，$L_m L_c$ 数量的工人被重新安置到该行业，则社会产出的净价值将增加 bcm，此时这些工人增加的总产值将会达到 $abce$，而先前只有 $amce$，这就是该垄断企业雇用这些劳动力资源给社会所带来的机会成本。

（二）买主垄断条件下工资和就业的决定

现在我们要分析纯粹买主垄断市场和联合买主垄断市场。纯粹买主垄断市场是指，某个企业是某一特定劳动的唯一雇佣者，将工资固定在低于竞争性的水平上。联合买主垄断市场指的是两个或两个以上的雇主串供，将工资固定在低于竞争性的水平上。为了简化，我们仅讨论纯粹买主垄断市场。

我们主要有以下两个假设：第一，存在着无数合格的同质劳动者，在买主垄断市场上他们各自谋求职业；第二，信息是完全的，劳动力流动没有成本。但与完全竞争市场不一样，买主垄断企业不再是“工资的接受者”，而是“工资的决定者”，垄断企业可以通过调整雇用的劳动量来控制工资水平。

图 9—2 描述了买主垄断条件下的情形。买主垄断厂商是雇用这类劳动力的唯一企业，因此其劳动供给曲线（市场劳动供给曲线）是向上倾斜的，同时它也是企业的平均工资成本曲线 AWC（＝总工资成本/劳动量）。买主垄断企业在以较高的工资水平吸引新增工人时必须以较高的工资支付给所有受雇的工人，因此边际工资成本曲线 MWC 位于平均工资成本曲线 AWC 的上方并且上升的速度更快。在以前的讨论中，我们已经知道 MRP 曲线就是竞争性劳动需求曲线并且与劳动的边际产品价值相等，因此竞争性劳动需求曲线与劳动的边际产品价值曲线是重合的。

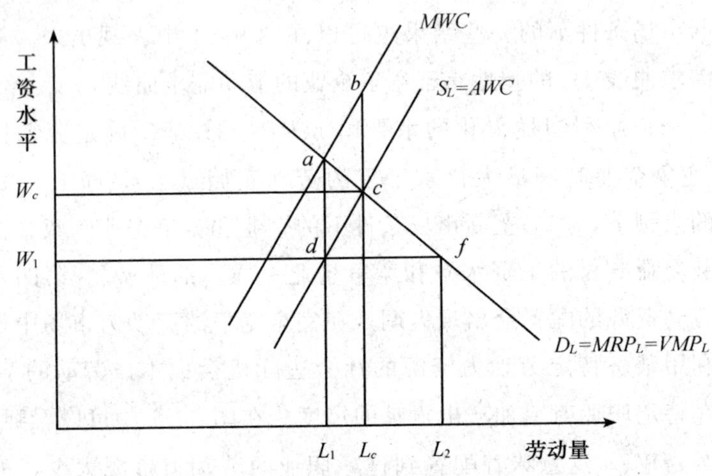

图 9—2　要素垄断条件下工资和就业的决定

在图 9—2 中可以看到，买主垄断企业为了获得最大利润，将雇用的劳动量 L_1 确定在 $MWC=MRP_L$，即图中的 a 点。为了更进一步理解，我们假定企业雇佣 L_c 单位的劳动，L_c 单位劳动量所对应的边际工资成本 MWC 为 b 点，但这时追加劳动的边际收益产品 MRP_L 仅在 c 点，因此，企业将会损失面积为 abc 的利润。和完全竞争条件下的企业一样，买主垄断企业确定利润最大化的雇佣劳动条件是 $MRP_L=MWC$。

在确定了劳动的雇佣量 L_1 以后，该买主垄断企业的有效劳动供给曲线 D_L 变成了一点 d。可以看出这点位于劳动力供给曲线 S_L 上，使企业将工资确定在 W_1 水平上。此时企业的劳动需求量 L_1 恰好等于劳动者愿意提供的劳动量，市场达到均衡。f 点表示，买主垄断企业在工资水平为 W_1 能雇用到所需劳动量时，它会雇用 L_2 的劳动量。然而，该买主垄断企业会注意到这一类劳动的短缺，除非提高工资水平，否则是不可能增加雇佣量的。假定是在完全竞争劳动力市场，则均衡工资和均衡劳动量分别是 W_c 和 L_c。然而，他们将会限制劳动的雇佣量并支付低于竞争水平的工资以及低于最后一单位劳动的 MRP_L 的工资。

买主垄断企业的利润最大化目标和追求总产出价值最大化的社会目标之间有着根本区别。在 $MRP_L=MWC$，劳动雇佣量为 L_1 时，VMP_L 大于劳动的供给价格 W_1。我们知道，市场劳动供给反映了劳动的价格，也是该劳动用于次佳就业机会的产品的价值。从 VMP_L 曲线的 ac 段可以看出 L_1L_c 劳动量的边际产出的价值超过使用该劳动从事某特定行业的社会机会成本。因此，如果将这部分劳动从其他行业重新配置到该特定劳动力市场，会产生更高的价值。这样，劳动对总产出的贡献将会是图中的 L_1acL_c，社会因此放弃其他国民产出的量为 L_1dcL_c，净增加量为 dac，这就是买主垄断带来的社会配置成本。所以，在买主垄断行业，劳动对物品和劳务的生产和配置是不足的。

三、工会对工资和雇佣量的影响：双边垄断模型

（一）双边垄断模型

当垄断企业和强大的产业工会同时存在时，劳动力市场会出现怎样的情形呢？例如，美国东部煤炭产业，联合矿业工人工会面对“多元雇主”争取标准的劳动合同；汽车工人联合会独立地与美国汽车制造“三巨头”磋商等。假定在不完全竞争要素市场中，所有的企业都被合并为一个大公司，所有的劳动者都被组织在一个大工会中。此时，劳动力市场上就存在着两个垄断者，一个是企业，它垄断着劳动力市场的需求方面；一个是大工会，它垄断着劳动力市场的供给方面。在这种所谓的“双边垄断”情况下，工资水平如何确定？是高于竞争性的均衡工资还是低于均衡工资？答案是不确定的，双边垄断条件下确定的工资水平可

能高于、低于或恰好等于竞争性工资水平。

在图 9—3 中，买方垄断企业的需求曲线为 D_b，它是企业所需劳动投入的边际收益产品曲线 MRP_L。从卖方垄断工会的角度，D_b 曲线是其平均收益曲线，企业为使用一定量的劳动而支付的价格就是劳动者提供该量劳动而获得的收益。因此，$D_b = AR_S$（AR_S 为劳动者的平均收益）。企业面对的劳动供给曲线是向右上方倾斜的曲线 S_L。该曲线表示厂商用于劳动投入的平均成本 AC_b，从而推导出企业的边际劳动要素成本曲线 MFC_b。对垄断工会来说，劳动者的劳动供给曲线 S_L 实际上就是其提供劳动的边际成本曲线 MC_S。从图 9—3 中可以看出，企业要实现利润最大化，它就必须满足劳动的边际要素成本等于劳动边际收益产品，即 U 为企业利润最大化的均衡点，此时企业以 W_M 的工资率来雇用 L_U 的劳动量。但对垄断者工会来说，只有工资率满足 W_U 的条件下才愿意提供 L_U 的劳动量。综上可以看到，只有在劳动要素的卖方处于完全竞争时，企业希望的工资率 W_M，即劳动价格的下限才会出现。同理，只有在劳动力市场的买方处于完全竞争时，工会希望的工资率 W_U，即劳动价格的上限才会出现。所以，在双边垄断的情况下，工资率将在 W_M 和 W_U 之间，最终由双方的讨价还价来决定。

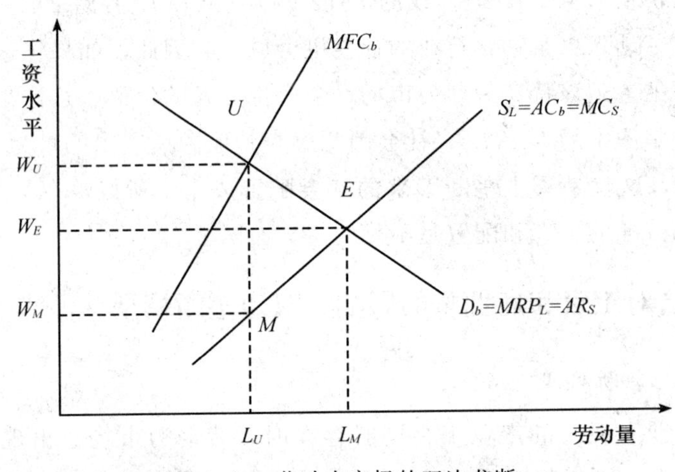

图 9—3　劳动力市场的双边垄断

（二）工会对工资和雇佣量的影响

在双边垄断模型中，工资水平的决定取决于工会和厂商讨价还价的能力，下面我们来分析工会作为劳动者的主要组织形式，是怎样影响工资水平和劳动力的雇佣量的。

1. 工会对工资和雇佣量的直接影响

影响的方式主要有以下两种：

第一，通过集体合同，提高工资水平。集体合同的内容包括工资、福利、工作条件、争议处理等规定，它是劳资双方进行集体谈判的结果。当工会代表与雇主代表签订了集体合同之后，集体合同对双方发挥约束作用。

从图 9—4 中可以看到，在没有工会的情况下，劳动力市场的均衡工资为 W_e。工会通过集体谈判将工资提高到 W_u，在集体合同的约束下，企业支付的工资水平为 W_u（$W_u > W_e$），愿意雇用的劳动量为 L_u。此时，愿意参加工作的劳动者数量为 L_s（$L_s > L_u$），劳动力出现剩余，并且由于工资刚性的存在，劳动力剩余将继续存在。

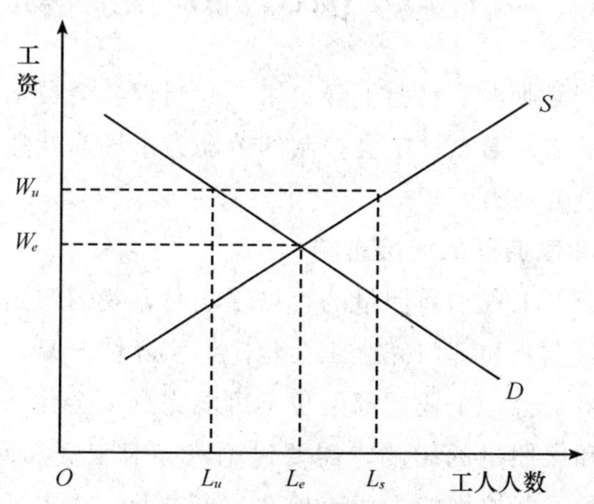

图 9—4　控制工资的工会对劳动力市场均衡的影响

第二，工会直接限制劳动力的供给。工会通过集体合同的条款，要求雇主必须雇用会员劳动力；同时通过提高加入工会的标准，控制会员的人数等。通过这些措施来制约劳动力的供给水平。

在图 9—5 中，在没有工会限制劳动力供给的情况下，劳动力的供给曲线为 S，均衡就业水平为 L_e，均衡工资为 W_e。当工会制约劳动供给水平时，劳动供给曲线成为一条垂直线 S_u，不受工资水平高低的影响，此时劳动力的供给量为 L_u，工资率为 W_u。与没有工会作用的劳动供给相比，工资水平较高（$W_u > W_e$），就业水平较低（$L_u < L_e$）。因此，工会控制供给与一般情况（不受工会作用）之间的主要区别是雇主无法在劳动力市场上找到剩余劳动力，而许多失业的工人又都需要求助于工会。

综上，我们可以总结出工会对工资和就业的直接影响：第一，当工资超过市

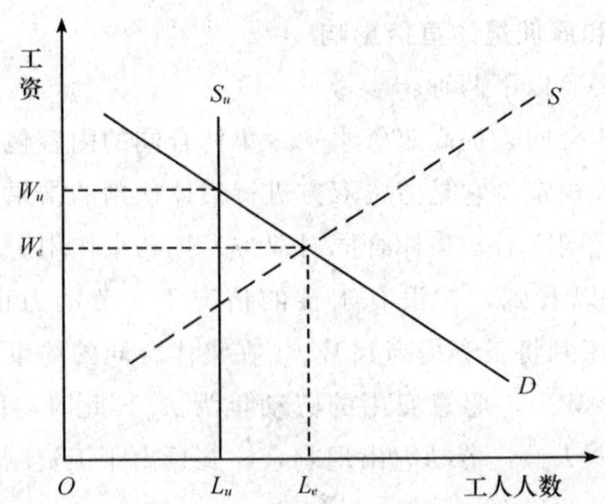

图 9—5　控制劳动力供给的工会对劳动力市场均衡的影响

场均衡工资水平时，就业水平就会下降；第二，当工会会员工资提高时，希望参加工会的人数就会增加；第三，工会控制的劳动力市场，就业机会会减少，劳动力市场将会出现剩余劳动力。

2. 工会对工资和雇佣量的间接影响

在上述分析工会对工资和雇佣量的直接影响时，我们假定劳动力市场中的劳动者全部加入工会，企业和部门完全工会化。但实际情况是，劳动力市场中的劳动者不可能全部加入工会，企业的部门也不可能完全工会化。因此，为了更深一步分析工会对工资和雇佣量的影响，需要讨论工会对工资和雇佣量的间接影响。工会对工资和雇佣量的间接影响主要表现在三个方面：溢出效应、威胁效应、等待失业效应。

为了简化分析，我们做出以下假定。

假定 1：劳动力市场上存在两组工人，在其他方面相同的情况下，一组工人加入了工会，另外一组工人没有加入工会。会员工人的工资用 W_u 表示，非会员工人的工资用 W_n 表示。由于两组工人的工资差别完全是受工会的影响，那么工会会员取得的相对工资优势 R 表示为：

$$R=(W_u-W_n)/W_n \qquad \text{式 (9—1)}$$

假定 2：劳动力市场由两大部门组成，一个是工会部门，另外一个是非工会部门。在两个部门之间，工人可以自由流动，流动的成本比较低，直到两个部门的工资相等为止。此时，两个部门的均衡工资为 W_0，工会部门的就业量为 L_{u0}，非工会部门的就业量为 L_{n0}。

(1) 溢出效应

如图9—6所示，在工会部门中，工人全部为工会会员，工会通过集体谈判，将工会会员的工资提高到W_{u1}，与此同时，就业量下降到L_{u1}，从而工会部门中出现$L_{u1}-L_{u0}$的失业工人。这些失业工人就会流动到非工会部门中寻找工作，两个部门的供给曲线发生改变。工会部门的供给曲线由S_{u0}移动到S_{u1}，劳动供给减少。非工会部门的供给曲线由S_{n0}移动到S_{n1}，劳动供给增加。在这种情况下，工会部门的失业将消失，非工会部门将出现劳动力剩余，迫使非工会部门的工资水平由W_0降低到W_{n1}，就业量由L_{n0}上升到L_{n1}。这样，工会提高了工会部门中仍然工作的工会会员的工资水平，但是部分失去工作的工会会员溢出到了非工会部门，降低了非工会部门的工资水平。因此，工会的作用是使仍然工作的工会会员获得了某种相对工资优势：

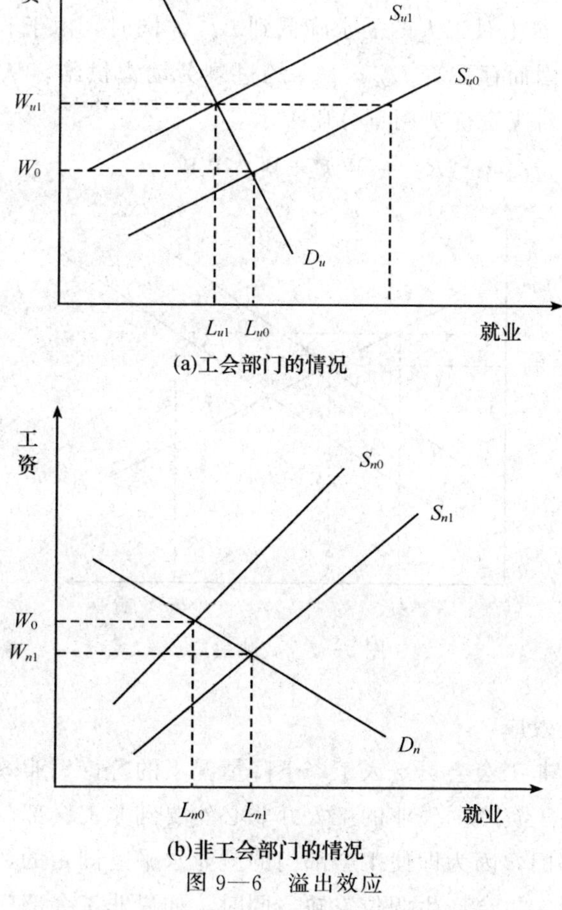

(a)工会部门的情况

(b)非工会部门的情况

图9—6　溢出效应

$$R_1 = (W_{u1} - W_{n1})/W_{n1} \qquad 式（9—2）$$

但是溢出效应对会员工人实际工资的直接影响并不大。这个直接影响可以表示为：

$$A = (W_{u1} - W_0)/W_0 \qquad 式（9—3）$$

（2）威胁效应

工会活动不仅对工会部门产生影响，也会向非工会部门延伸。非工会部门的雇主担心工会的活动不仅会增加工资成本，而且会限制他们经营管理的灵活性。他们会提高工资收买雇员，以减少雇员加入工会的可能性。因此，工会活动的威胁导致非工会部门工人工资的增长。

如图 9—7 所示，由于溢出效应的存在，非工会部门的供给曲线移动到 S_{n1}。但是由于工会进入的威胁，非工会部门的雇主将工人的工资增加到 W_0 和 W_{u1} 之间的 W_{n*} 点，此时雇主对工人的需求降低到 L_{n*}。同时，由于非会员工人的工资并不能随意降低，因而存在着 $L_{n2} - L_{n*}$ 的过剩劳动力供给，从而出现失业。此时，会员工人的相对工资优势用百分比表示：

$$R_2 = (W_{u1} - W_{n*})/W_{n*} \qquad 式（9—4）$$

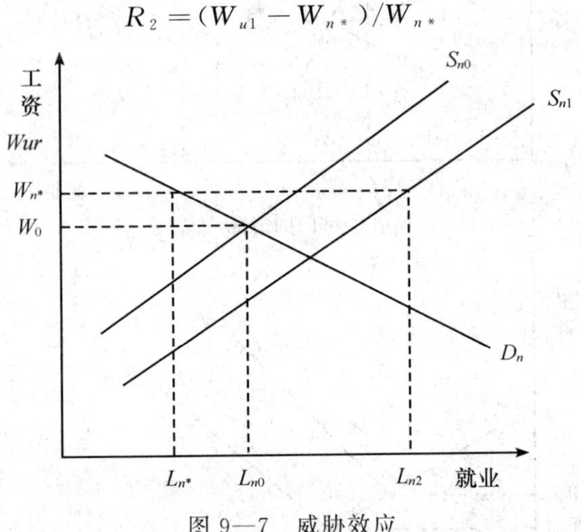

图 9—7　威胁效应

（3）等待失业效应

第一种情况：非工会会员工人工资下降情况下的等待失业效应。

工会部门提高工资率，失业的工人并非必然要到非工会部门寻找工作，他们也可以留在工会部门，因为即使工会部门的就业水平是固定的，由于退休、死亡和自然流动等原因，也会产生职位空缺。同时，如果非工会部门的工人能够在工会部门找到更高工资水平的工作，他们也会转移到工会部门。以上这两种情况都会导致工会部门中出现等待性失业，即工人等待工会部门中工资较高的职位空缺出现，而拒绝到工资较低的非工会部门工作。

工人将在工会和非工会部门之间流动，直至他们在每一个部门中的预期收入相等为止。忽略掉诸如工会会员费、失业保险金、福利等因素，当每一部门的工资率乘以个人预期在该部门被雇佣的时间（F）所得的值相等，即：

$$W_u F_u = W_n F_n \qquad \text{式（9—5）}$$

不考虑威胁效应，在图 9—6 中可以看到，当工会部门中会员工人的工资增加到 W_{u1} 时，由于溢出效应的存在，工会部门和非工会部门的供给曲线分别移动到 S_{u1} 和 S_{n1}，此时工会部门的雇佣量减少到 L_{u1}，非工会部门的工资率降低到 W_{n1}，就业量增加到 L_{n1}。因为在这种情况下不存在失业，F_u 和 F_n 相等，劳动力市场均衡要求两个部门中的工资相等。但是，他们实际上并不相等，$W_{u1} > W_{n1}$，因此人们在工会部门中的预期收入更高。

这种预期工资的差别将导致部分非工会部门中的工人流动到工会部门等待工作。这种流动会减少非工会部门的劳动供给，增加预期工资收入；同时增加工会部门的劳动供给，减少工会部门的预期收入，最终两个部门的预期工资相等。

第二种情况：非工会会员工人工资增加情况下的等待失业效应。

在图 9—8 中，在上述分析中我们假定两个部门的供给曲线上 S_{u2} 和 S_{n2} 的点，预期收入是相等的。由于威胁效应的存在，非工会部门的最终工资是 W_{n2}，就业水平是 L_{n2}。此时，工会部门中仍然存在着数量为 $L_{u2} - L_{u1}$ 等待性失业的工人。在图 9—8 中，尽管 W_{n2} 比 W_{n1} 高，但仍比 W_0 低。如果工会相对工资优势由：

$$R_3 = (W_{u1} - W_{n2}) / W_{n2} \qquad \text{式（9—6）}$$

来衡量，那么它又将比工会对会员工人实际工资水平的直接影响大。

但是如果在某些确定的假设下，工会部门的劳动供给曲线向右移动，非工会部门的劳动供给曲线向左移动（相对于原先的位置），我们假定的预期工资相等的情况就不会发生。如果工会部门的需求缺乏弹性，则更容易发生这种情况。当工会部门中的工人工资增加后，产生的就业损失很小，缺乏弹性的需求曲线将会使工会部门的预期工资由 W_0 立即增加到 W_{u1}。工会部门预期工资的立即增加会吸引非工会部门中的工人流动到工会部门。在图 9—9 中，工会部门的供给曲线向右移动至 S_{u3}，非工会部门的供给曲线向左移动到 S_{n3}。此时，工会部门中等待性失业增加到 $L_{u3} - L_{u1}$，非工会部门中的工人工资增加到比 W_0 更高的 W_{n3}。这时候，工会的相对工资优势：

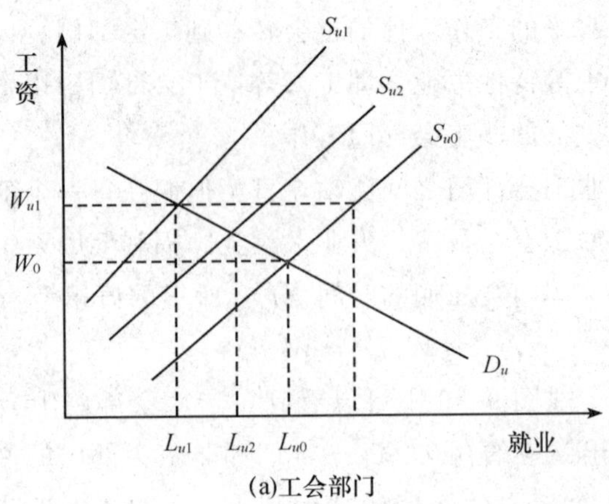

(a)工会部门

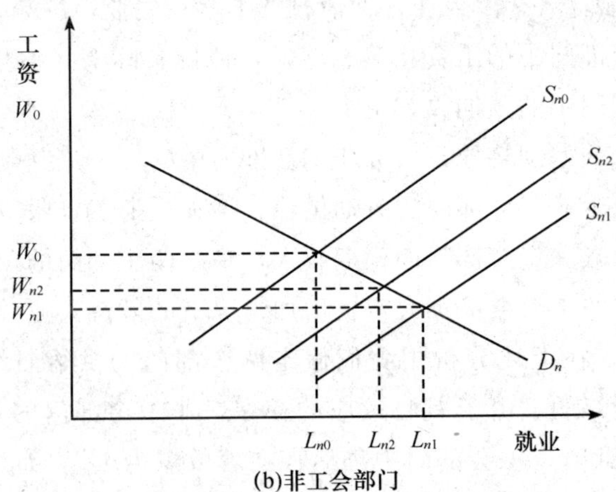

(b)非工会部门

图 9—8　等待失业效应（非会员工人工资下降）

$$R_4 = (W_{u1} - W_{n3})/W_{n3} \qquad \text{式（9—7）}$$

它将比工会对其会员工人实际工资的直接影响小。

3. 工会达到目的面临的市场约束：需求增长与需求的工资弹性

在大多数情况下，工会不仅注重为会员争取工资、福利和工作条件，而且关心会员的就业水平。因此，工会达到其目的的主要市场限制因素就是劳动需求曲线的位置和工资弹性。

为了论证这一点，在不考虑福利和工作条件的前提下，如图 9—10 所示，该图有两条需求曲线 D_{e0} 和 D_{i0}，交点是初始工资 W_0 和就业水平 L_0。假定工会试图将会员工资提高到 W_1，在面临弹性相对充足的需求曲线 D_{e0} 时，就业水平就会降低到 L_{e1}；反之，当工会面临弹性相对缺乏的需求曲线 D_{i0} 时，则就业水平

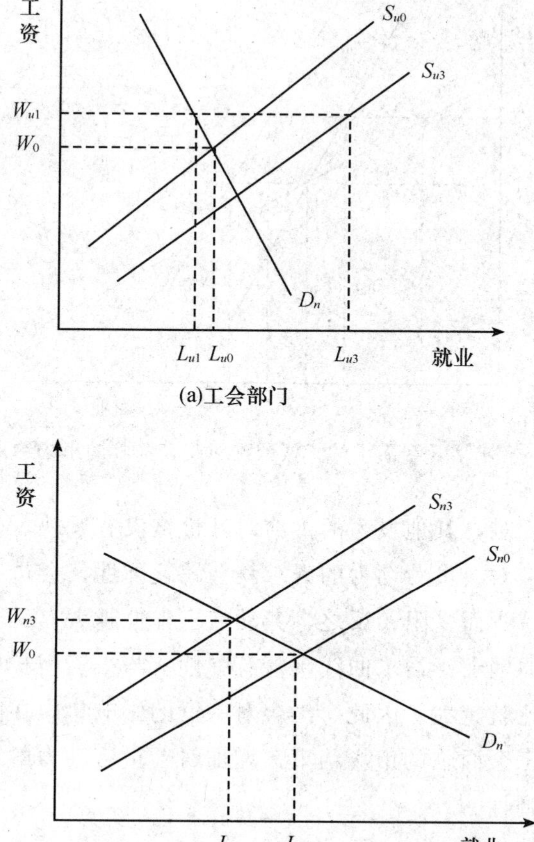

图 9—9 等待失业效应（非会员工人工资增加）

就会降低到 L_{i1}。因此，我们得出结论：其他条件相同，劳动需求曲线越富有弹性，要实现既定的工资增长，需要减少的就业量就越大。

假定在集体谈判的时候，市场对最终产品的需求增加，致使需求曲线从 D_{i0} 向右移动到 D_{i1}。工会通过谈判将会员的工资提高到 W_1，在这种情况下，就业绝对量不会减少。工会只是使就业增长率从 L_{i3} 减慢到 L_{i2}。其他条件相同的情况下，劳动需求曲线向外（内）移动得越快，与给定的工资增长相联系，就业量或就业增长率的减少就越小（大）。因此，在劳动需求曲线缺乏弹性但处于迅速增长的产业部门，工会提高其会员工资的能力较大；反之，工会提高其会员工资的能力较小。

在其他条件相同的情况下，如果最终产品需求的价格弹性较小，以其他投入

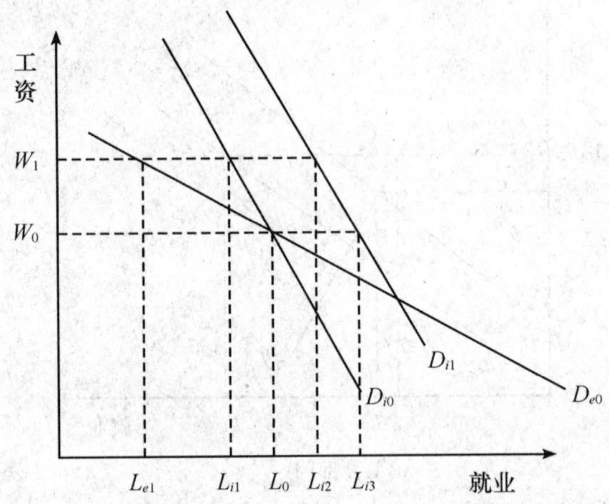

图 9—10　需求增长与需求的工资弹性对工会面临的市场约束的影响

替代会员劳动力很困难，其他投入的供给对其价格没有反映，劳动力成本占总成本的比重很少，那么对会员劳动力的需求就会缺乏弹性，会员劳动力工资的提高也不会因就业量的减少而受阻；反之，劳动需求弹性越大，工会为其会员赢得的工资增长就越小。原因在于需求曲线越富有弹性，与工资增长一定百分比相应的就业量下降的百分比就越大。因此，工会对工资的影响集中在降低对会员劳动力的需求弹性，弱化工会面临的市场约束，增加对会员劳动力的需求或减少对会员劳动力需求的工资弹性。

四、劳动力市场上的信息不完全与信息不对称

（一）劳动力市场的信息不完全

在劳动力市场上，招聘者应该使用较低的工资策略来降低人工成本，还是用较高的工资策略来吸引优秀的人才，简言之，招聘者使用的最优工资策略是什么？

招聘者确定最优工资策略在很大程度上取决于劳动力市场的性质。与其他市场类似，市场不完全是劳动力市场的一个典型特点，主要表现是招聘者的信息不完全。招聘者对应聘者的情况通过简历、面试等方式有所了解，但又不是完全了解。招聘者知道应聘者具有不同的工作效率，但却无法真正区分哪些人的效率高、哪些人的效率低。虽然招聘者也可以规定一个试用期，如果应聘者的表现不令人满意，就可以及时解聘他们。但是，已经造成的损失却是无法挽回的，同时，招聘者也丧失了雇用有用人才的机会。

信息不完全对招聘者的行为也会产生重要影响。假定招聘者能够了解应聘者具有的不同效率，那么他就会针对不同工作效率的应聘者设定不同的工资水平，即高效率者适用高工资，低效率者适用低工资。但是，由于信息不完全，招聘者并不能真正了解每一个具体的应聘者，无法做到效率和工资水平相对应。因此，招聘者常常用相同的工资水平，即对所有的应聘者“一视同仁”。那么，招聘者又面临另外一个问题，即如何确定相同的工资水平？对招聘者来说，如果降低工资水平，应聘者的数量就会减少，而且减少的应聘者中主要是工作效率比较高的人，而不是工作效率比较低的人。原因在于，工作效率高的人明白自身价值，不愿意为低工资而工作；工作效率低的人比较清楚自身的价值，尽管工资低，也还愿意接受。最终出现的结果就是应聘者队伍的结构发生变化：高效率应聘者所占的比例不断下降，低效率应聘者所占的比例不断上升，最终整个应聘者队伍的平均效率下降；反之，如果招聘者提高工资水平，应聘者的数量就会增加，这些增加的应聘者中可能主要是工作效率较高的人才，这些人认为现在的高工资能够对应自身的价值，最终整个应聘者队伍的平均效率提高。

（二）劳动力市场的信息不对称

劳动力市场也存在严重的信息不对称。在逆向选择方面，例如企业不了解应聘者的工作能力，只能根据平均能力给出招聘工资。结果就是高能力的人不来应聘，应聘者主要是等于或低于平均能力的人。在道德风险方面，由于雇主难以直接监督雇员的行为，雇员有可能偷懒、磨洋工。同时，由于监督工人的成本很高，尤其是很难做到有效监督工人的行为，企业不太了解其员工的生产率，就出现了委托代理问题。我们重点分析信息不对称条件下劳动力市场的逆向选择。

由于信息不对称，在劳动力市场上存在逆向选择的问题。例如，当招聘者考虑雇用一名目前工资水平比较低的求职者时，招聘者不能确定求职者是能力太低，还是缺乏机会证明自己的能力。这样，雇主在选择工人时就存在逆向选择的问题。在不能完全掌握应聘者信息的情况下，招聘者可能会通过文凭来鉴别应聘者的能力高低。比如，拿出大学文凭者给报酬 40 000 元，拿不出大学文凭者的报酬是 10 000 元。当然能力低的人也可以经过努力获得大学文凭，但区别在于这两类人拿到大学文凭的成本是不一样的。拿同样的文凭，对能力高的人来说，成本比较低；对能力低的人来说，成本相对来说则比较高。从经济方面考虑，我们假定能力高的人正常完成大学学业的花费是 30 000 元，能力低的人需要花费 45 000 元。对于能力高的人来说，拿到文凭是合算的，还能获得收入 10 000 元。

但对能力低的人来说，拿到文凭还要损失 5 000 元。因此，即使接受教育本身并不提高人的能力，作为检验人的能力的手段，接受教育也是值得的。但如果假文凭泛滥的话，社会就必须采取代价更高的其他手段来识别人的能力，如延长试用期。所以，政府部门要采取更为严格的措施来管理文凭的发放。

除了这种情况，在信息不对称的条件下，劳动力配置中一个更为重要的现象是：相互独立而又全面依赖地进行商品生产和交易的生产者，不管是个人还是组织，也可以通过逆向选择进入到社会分工体系的不同位置中去。社会分工体系是一个随着社会劳动的专业化分工的演进而不断发展、演化的，弹性很大、结构复杂多变的发展系统。个人为了获得一定的经济利益运用自己的技能、知识对这个系统产生重要影响。我们只是从理论上分析专业化分工产生了更多有价值的人力资本，但并不清楚什么样的人拥有什么样的能力，包括承担风险的能力、协调沟通能力和创新能力等。所以，我们无法通过计划的方式为每一个劳动者预设好位置再分配给他们。

当各种专业化劳动力市场上的劳动力价格维持在一个较高水平时，许多拥有专业化技能和知识的劳动力愿意受雇于别人，以薪金收入为生。相反，当劳动力价格水平下降时，拥有较高技能、知识的人以及具有创新意识的人，宁愿设法创办企业，也不愿意以低薪受雇于别人。这样，在专业化市场上也出现了劳动力的质量随着其价格的上升而提高，随着其价格的下降而下降的现象，类似于二手车市场上的逆向选择规律。

从理论上来说，那些选择创业的人，在企业生产的产品或服务售出以后，扣除各种费用，一切剩余归自己。虽然有了发挥自己才能、获得更大利润的机会，但前提是，他必须对企业的各个环节进行精密的组织、协调、监督，要付出更多的精力和时间，任何一个环节出现问题，都可能对预期利润产生影响。所以，对于这一部分人而言，只有在他们的能力受雇于别人不合算或没有机会发挥自己的才能时，他们才会选择创办企业。

揭示这种建立在信息不对称基础上的劳动力逆向选择规律具有重要的意义。主要体现在以下两个方面：

（1）开放劳动力市场，健全劳动力要素的市场配置机制，能够刺激国民创业、发展实体经济。如果劳动力市场不开放或发展不完全，则会降低国民创业的积极性，从而不利于国民经济的长远发展。以我国为例，在一些经济发达地区和级别较高的行政部门、国有大中型企业中，即所谓的体制内，高技能、高学历的劳动者往往具有高工资、高福利、高无形资本积累机会的优势，这使得进入体制内工作成为许多有能力人的最终目的，甚至有一些人不惜放弃自己的爱好、专业和技能。用逆向选择理论来分析，这种情况不利于国家的顶级人才进入到市场的各个领域中，在面临国际化挑战中，面临专业人才缺乏和竞争力不强、创新能力很低的劣势。

（2）劳动力市场的逆向选择的出现将会导致能力高的人创办企业，使提供产品和服务的生产市场出现卖者增加、竞争加剧的趋势。这会倒逼企业重视产品的创新，增加对专业化人才的需求，从而促进我国培养专业化人才的发展。而教育的发展则会提高劳动力的素质，从而提高整个劳动力市场的效率。所以，我国的产业结构调整政策应该充分利用这种机制的作用。

五、技术进步与结构性失业

（一）技术进步

1. 技术进步对劳动力需求的影响

从长期来看，除了各要素的相对价格及相互间的可替代程度外，技术进步也是影响劳动力需求量的一个重要因素。长期劳动力需求理论可以为技术进步对就业水平的影响提供一个基本分析框架。技术进步在生产过程中的表现形式，通常与建设更现代化的企业和添置更先进的机器设备等资本要素增长紧密联系在一起。资本在短期内是相对固定的，因而，技术进步在短期内并不会对就业水平产生实质性影响。但是从长期看，企业不仅可以用资本替代劳动，而且也可以用更先进的、技术更强的资本来替代落伍的、陈旧的资本。

研究技术进步对整个行业或市场就业水平的影响，要比研究它对某个单独企业的影响更具有实际意义。假定某行业内所有企业的生产函数表达式都是 $Q=F(K, L)$，它反映了资本、劳动等投入要素与最大产出量之间的函数关系。

如图 9—11 所示，根据投入与产出之间的关系，可以描绘出一组等产量曲线。假设现阶段为 t，以及在现阶段的技术条件下，某行业的产出水平是 $Q_{1,t}$；假定资本与劳动力的价格分别为 R_1 和 W_1，由此生成的等成本曲线是 AB。这样，企业为实现利润最大化，资本和劳动的最佳配置数量则分别为 K_1 和 L_1。

技术进步对劳动力需求的影响表现在两个方面：一是新技术使企业能以较少的劳动投入生产既定的产品产量，从而使劳动力需求量减少；二是新技术使生产成本降低、产品价格下降、产品销量上升、产出规模扩大，从而使劳动力需求量增加。

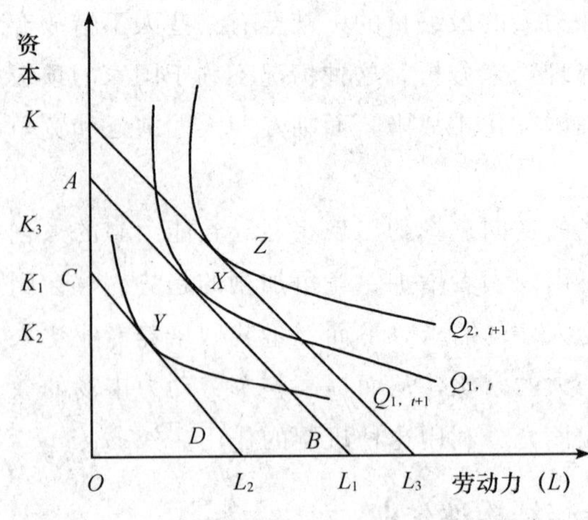

图 9—11 技术进步对劳动力需求的影响

2. 技术进步对劳动力需求的双向作用

(1) 技术进步具有使劳动力需求萎缩的作用

技术进步能创造出更新的、更有效的生产形式或工艺，从而在产出量保持不变的条件下使劳动和资本的投入量相对减少。反映在图 9—11 中，即等产量曲线向原点一侧平移，由 $Q_{1,t}$ 移至 $Q_{1,t+1}$，但两者在图中所代表的产出量是相等的，所不同的是由于技术进步的影响，在 $t+1$ 阶段，行业内企业能以较少的资本和劳动投入生产出 $Q_{1,t+1}$ 的产出量。如果投入要素的价格保持不变，即仍为 W_1 和 R_1，则企业的成本开支将会缩小，企业的等成本线将由 AB 位移至 CD；等成本线 CD 与等产量线 $Q_{1,t+1}$ 的切点是 Y，资本和劳动的最佳配置量分别为 K_2 和 L_2。

由于技术进步，企业对劳动力的需求量由 L_1 减至 L_2。从表面看，技术进步同时也能节省资本投入量，即在图 9—11 中资本的投入量由 K_1 减少到 K_2，这似乎有悖常理。其实，在大多数情况下，技术进步确实能够节省资本投入量。例如，计算机在产业界的普遍应用，大大提高了固定资产的利用效率，在产出量保持不变的前提下，资本的投入量会不同程度地减少。

随着技术水平的不断提高，图 9—11 中的等产量曲线将会不断地向原点移动，因而，在产出量保持不变的条件下，国民经济对劳动力的需求量将会不断地减少。但是，这只是技术进步影响劳动力需求的一个方面。

(2) 技术进步具有刺激劳动力需求扩张的作用

技术进步可以提高整个行业的销售水平，提高产出数量，从而刺激企业和行业对劳动力的需求。微观经济理论表明，企业如果想赚取正常利润并打算长期驻足于某一行业之中，其产品价格应当不低于生产平均成本。在技术进步因素的作用下，由于资本和劳动投入量的减少，生产既定产出量的单位成本和总成本都会相应地降低。在完全竞争性行业中，随着单位产品成本的降低，企业的产品价格将面临相互降价的压力，直至降到与平均成本大体相当为止。

产品降价对刺激劳动力需求是极其重要的。因为它可以拉动产品需求、扩张整个行业的销售水平。产品需求被拉动的程度取决于整个行业产品需求曲线：弹性越大，随着产品价格的下跌则销量增势越猛。仍以图 9—11 为例，技术进步最初使等产量曲线由 $Q_{1,t}$ 移至 $Q_{1,t+1}$，行业的就业水平相应地由 L_1 降至 L_2。产量未变但成本却降低了，因而产品的价格下跌，销量增大。如果产品需求曲线的弹性较大，销量的增加也许会把等产量曲线向右上方推移，即移至 $Q_{2,t+1}$。在切点 Z 上，整个行业对劳动力的需求量是 L_3，对资本的需求量是 K_3。从图 9—11 可见，技术进步最初使行业的就业水平降低了（L_1-L_2），但由技术进步、产品价格降低、销量增加又使行业的就业水平上升了（L_3-L_1）。

但是，技术进步对提高就业水平的刺激作用具有很大的相对性。这既要取决于产品需求弹性的大小，也要取决于行业内的竞争程度。如果产品需求弹性较小或行业内的竞争力度不够，成本的降低也许不足以引致产品价格降低从而使就业水平有一个较大的提高。在这种情况下，等产量曲线 $Q_{2,t+1}$ 也许位于等产量曲线 $Q_{1,t+1}$ 和等产量曲线 $Q_{1,t}$ 之间，行业内的就业水平也许位于 L_1 和 L_2 之间。

（二）结构性失业

结构性失业是指由于技术发展、市场需求的长期性变化而引起的经济结构变化、产业兴衰转移，由此造成的原有工作岗位消失或工作岗位数量大大减少，从而引起的失业。经济结构的长期性变化导致特定工业部门、地区和职业中劳动力需求和供给的变化。劳动力可能一时难以改变其技术结构、地区结构，使之很难适应经济结构的这种变化，从而出现结构性失业。造成结构性失业的原因主要有两种：

一是需求格局变化。消费者的偏好会随时间的推移而改变，原先偏好一些商品可能会转向另一些商品，导致有些商品过时，从而使某些行业走向衰退，产生过剩劳动力；而另外一些行业开始新兴，需要大量劳动力。但劳动力从一个行业流向另一个行业会因流动成本、职业技能、居住地区等原因而出现困难，从而造成结构性失业。

二是生产方式变化及技术变革引起的失业。新的生产技术常常用较少的工人就可以生产相同水平的产量，这就是所谓的“节省劳动力的技术进步”。除非产量扩张足以吸收剩余劳动力，否则人们就会被解雇。

六、政府干预：手段与效果

在实际运行中劳动力市场是一个并不完善的市场，市场机制自身的局限性不能够解决劳动力市场运行中出现的各种矛盾。这就必然要求政府对劳动力市场进行干预，例如经济手段、行政手段、法律手段等，以稳定劳动力市场的运行状况。

（一）劳动力市场的制度结构

在不同的社会经济条件下，不同国家存在不同的劳动力市场制度。主要的不同点有：（1）工资通过正式或非正式的合同确定的程度；（2）工资合同是由工会和企业集体谈判的程度；（3）谈判的集中化程度；（4）工资合同的时间安排；（5）收入政策和政府在工资谈判中的角色；（6）工资指数化的应用。通常，劳动力市场制度结构由以下三要素组成：

1. 最低劳动标准

从劳动经济学的角度看，最低劳动标准一般包括最低工资标准、最长劳动时间标准和其他劳动条件标准等内容。

（1）最低工资标准

最低工资是国家为保证维持劳动力再生产的最低需要，以一定的立法程序规定的，用人单位对在正常时间内从事劳动的劳动者，必须支付的最低劳动报酬。支付给劳动者的工资不得低于法律所规定的标准。最低工资标准一般以法律的形式颁布。它不仅属于工资制度的范畴，同时也是政府调节经济活动、干预收入分配、对劳动力市场进行宏观调控的重要手段之一。

知识链接

最低工资标准的确定

国际上具体确定最低工资标准一般考虑城市居民生活费用支出、平均工资、劳动生产率、失业率、经济发展水平等因素。可用公式表示为：

$$M=f(C, A, L, U, E, a)$$

其中，M 为最低工资标准；C 为城市居民人均生活费用；A 为平均工资；L

为劳动生产率；U 为失业率；E 为经济发展水平；a 为调整因素。

《中华人民共和国劳动法》第 49 条规定，确定和调整最低工资标准应当综合参考下列因素：第一，劳动者本人及平均赡养人口的最低生活费用；第二，社会平均工资水平；第三，劳动生产率；第四，就业状况；第五，地区之间经济发展水平的差异。

(2) 最长劳动时间标准

最长劳动时间标准包括国家通过立法规定的工时制度、延长工作时间的条件、最高限额的规定以及休息休假的制度等。

(3) 其他劳动条件标准

其他劳动条件标准包括最低就业年龄的规定、法律规范中规定的关于保护劳动者在生产中的安全和健康应采取的保护措施、对女职工和未成年人的特殊保护等。尤其是对女职工和未成年人的特殊保护，一直是各国劳动立法的重要组成部分。

2. 最低社会保障

最低社会保障以国家或政府为主体，依据法律规定，通过国民收入再分配，对暂时或永久失去劳动能力的劳动者以及由于各种原因生活困难的人给予物质帮助，以维持他们的基本生活。主要包括社会保险、社会福利、社会救助、社会优抚等，其中社会保险最为重要。

3. 工会

工会作为工人的代表，是职工自愿结合的工人阶级的群众组织，是保障职工权益的团体。工会除了谋求职工的利益外，还兼顾有其他职能。例如运用群众的力量，影响立法者的活动；从事社会服务的工作；满足员工的心理需求，提高员工的自尊心等。

（二）劳动力市场的制度结构与稳定机制

要想维持劳动力市场的稳定，需要解决的一个关键问题是：劳动力市场自身是否具有自动调节、自行恢复稳定均衡的功能。劳动力市场均衡的变动，即由市场决定的工资率、就业量的变动，往往取决于影响劳动力需求与供给的因素变动。

如果劳动力市场自身具有自动调节、自行恢复稳定均衡的能力，在受到市场外部的强烈冲击，出现短暂的工资与就业的宽幅震荡后，通过市场的自动调节，使工资与就业量和市场外部条件相适应，从而保持劳动力资源配置在一个稳定均衡的水平上。这时，就无须进行人工干预，建立维持劳动力市场稳定运行的制度体系；反之，如果劳动力市场自身不具备自动调节、自行恢复均衡的能力，那么在经济变动的不同阶段，就会出现工资、就业极不稳定或劳动条件恶化的局面。这时就需要进行政策干预，建立市场以外的制度体系。由此可见，劳动力市场是否具有自动调节的功能，关键在于确定劳动力市场属于哪一类型。

在现实中，劳动力市场是极其不稳定的，一旦由于某种原因，例如经济危机，经济不景气，工资下降，为了维持已有的生活水平，大量劳动力涌入劳动力市场，劳动力市场的均衡被打破，劳动供给急剧增加，从而导致工作条件恶化和工资降低。因此，由于劳动力市场具有不稳定性，需要通过市场以外的制约手段和政策措施加以限制，建立起保证正常的市场竞争秩序的制度结构。

（三）政府税收对劳动力市场的影响

税收是政府收入中的最主要组成部分，其中个人所得税和社会保障税对劳动力的影响比较突出。

1. 个人所得税对劳动力市场的影响

假设个人所得税对工资和就业的影响完全取决于劳动力供给弹性，即劳动力的需求弹性不变。我们分两种情况分析：第一种，劳动力的供给完全无弹性；第二种，劳动力的供给有弹性。

（1）劳动力的供给完全无弹性

劳动力的供给完全无弹性时，个人所得税对工资和就业的影响，如图 9—12 所示。

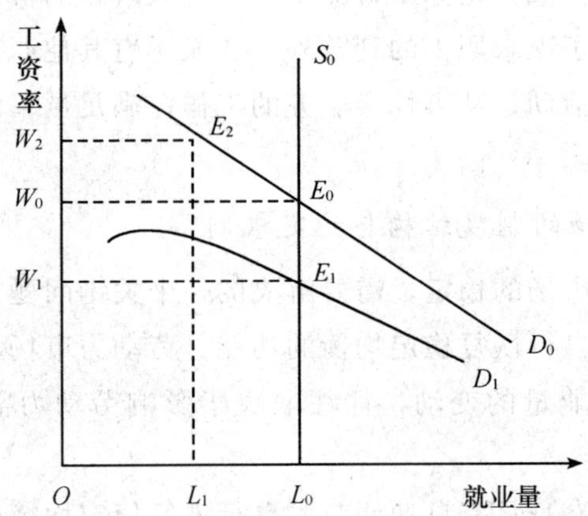

图 9—12　劳动力供给完全无弹性时的个人所得税对工资和就业的影响

从图 9—12 可以看出，劳动力供给曲线 S_0完全无弹性，劳动力需求曲线 D_0表示的是征收个人所得税之前雇主的劳动力需求量，D_1曲线反映的是征收个人所得税之后雇主的劳动力需求量，由于个人所得税采用的是累进税率，所以劳动力需求曲线 D_0和 D_1之间的距离随着工资率的提高而逐步扩大。在征收个人所得税之前，均衡点为 E_0，此时，均衡工资为 W_0，均衡就业量为 L_0；征收个人所得税之后，均衡点为 E_1，此时，均衡工资为 W_1，均衡就业量仍为 L_0。由于劳动力供给是完全无弹性的，因此，雇员将承受全部税收，在就业量不变的情况下，均衡工资由 W_0降低为 W_1。在图 9—12 中，若雇员要求将工资提高到 W_2，则雇主对劳动力的需求量由 L_0减至 L_1，而劳动力的供给量仍为 L_0，大于 L_1。在竞争的劳动力市场中，劳动力供大于求（$L_0>L_1$），必然导致税前工资率降至 W_0，劳动力市场再次达到均衡。因此，在劳动力供给完全无弹性的情况下，个人所得税对工资和就业不会产生影响，雇员无法将税收负担转移给雇主。

（2）劳动力供给有弹性

当劳动力供给有弹性时，个人所得税对工资和就业的影响可以用图 9—13 来表示。

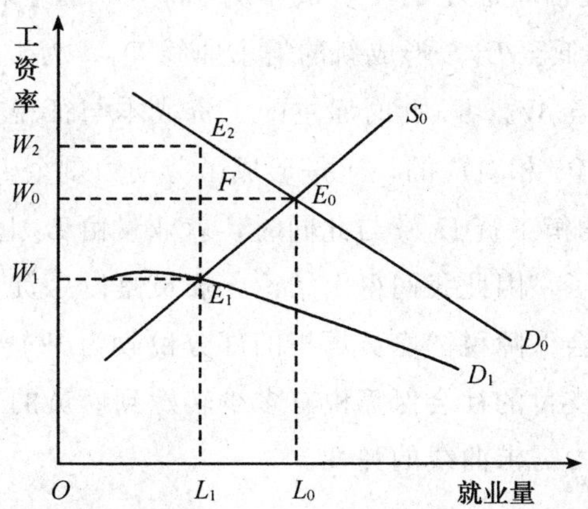

图 9—13　劳动力供给有弹性时，个人所得税对工资和就业的影响

从图 9—13 中可以看到，劳动力供给曲线 S_0是有弹性的。在征收个人所得税之前，均衡点为 E_0，此时，均衡工资为 W_0，均衡就业量为 L_0；征收个人所得税之后，均衡点为 E_1，此时，均衡工资为 W_1，劳动力供给量由 L_0减至 L_1。因此，雇员将承受全部税收，在就业量不变的情况下，均衡工资由 W_0降低为 W_1。在市场工资率为 W_0时，劳动力的需求量为 L_0，而劳动力的供给量为 L_1，$L_1<L_0$，劳动力供小于求，使得工资率由 W_1升至 W_2，此时劳动力的供给量为

L_1。雇员的税前工资率为 W_2，税后的工资率为 W_1。与市场均衡的工资率 W_0 相比，下降了 W_0-W_1，税收为（W_2-W_1）。和劳动力供给完全无弹性不同，雇员不完全承担税收，部分税收由雇主来承担，如图 9—13 所示，雇员承担额 E_1F 部分，雇主承担 E_2F 部分。

由此可见，在其他条件不变的情况下，若劳动力供给曲线向上倾斜，征收个人所得税将导致劳动力供给量减少，工资率提高，就业量下降。在需求弹性不变的情况下，供给弹性越大，雇主分担的税收部分越大。

2. 社会保障税对劳动力市场的影响

和个人所得税类似，社会保障税也是雇主和雇员共同负担的一种税种。假设雇主是纳税者，社会保障税是按每个雇员的一定数额来计算（用 T 来表示）。在图 9—14 中，纵轴表示雇员实际得到的工资，D_0 为征收社会保障税之前的劳动力需求曲线，D_1 为征收社会保障税之后的劳动力需求曲线。虽然社会保险支出属于延期支付，但对雇主而言，却直接构成现时人工成本的增加，因此，征收社会保障税之后，雇主的工资成本比雇员实际得到的工资高。在均衡点 E_0，雇员的工资为 W_0，征税之后，雇主的工资成本为 W_{0+T}。雇主为了降低成本，对劳动力的需求量由 L_0 降低至 L_2，形成新的需求曲线 D_1。为了能够恢复均衡就业量 L_0，只能把工资降低至 W_{0-T}（此时雇主的工资成本与征税前相同）。而 L_0 是与以前的实际均衡工资 W_0 相对应的，于是形成了劳动力剩余 L_0-L_2，实际工资降低至 W_1，形成新的均衡工资 E_1。与此同时，就业量由 L_2 上升至 L_1，但与 L_0 相比，就业量还是减少了。因此我们得出结论，雇员是以工资和就业水平的降低为代价在部分承担着社会保障税。雇员承担的部分税收为 W_0-W_1，雇主则承担其余的税收。至于雇主支付的社会保障税有多少转嫁到雇员的工资上，则取决于劳动力供给曲线和劳动力需求曲线的弹性。

（四）最低工资立法对劳动力市场的影响

各个国家制定的许多法律、法规都直接或间接地影响着劳动力市场的工资和就业，最低工资法是政府干预劳动力市场的最普遍形式。许多国家都颁布了最低工资立法，目的就是保证每一个雇员都能得到合理的报酬，从而稳定劳动关系。以下从两个方面分析最低工资立法对劳动力市场的影响。

1. 最低工资立法对完全竞争市场的影响

最低工资是根据名义工资制定的，随着通货膨胀和生产率的提高，原定的最低工资实际价值下降，所以政府往往在一段时期后提高最低工资，以恢复其原有

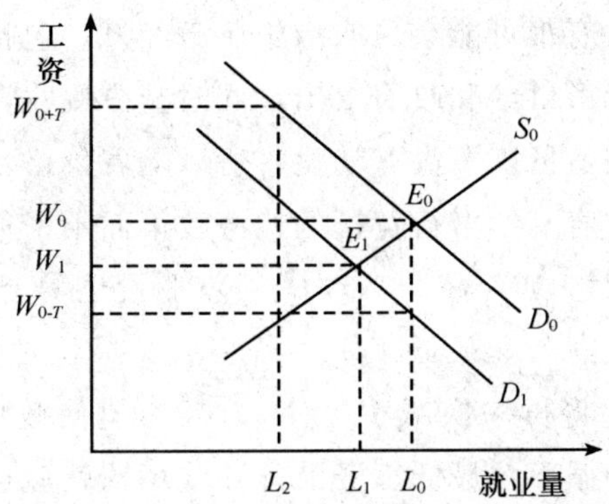

图 9—14 社会保障税对工资和就业的影响

的实际价值。根据最低工资立法的覆盖面不同，分成两种情况分析：一种是最低工资立法覆盖整个劳动力市场，即完全覆盖的情形；另一种是只覆盖部分劳动力市场，即未完全覆盖的情形。

（1）最低工资立法覆盖整个劳动力市场

图 9—15 描述了在完全竞争市场中，最低工资覆盖所有雇员的情形。在实行最低工资之前，该市场处于均衡状态，L_0 为均衡就业水平，W_0/P_0 为实际工资。W_1 为政府法定名义最低工资，由于 $W_1>W_0$，因而使得实际工资上升到 W_1/P_0，此时企业对劳动力的需求量降至 L_1，劳动力的供给量则上升至 L_2。供大于求的情况本应导致工资率的下降，但由于最低工资立法限制了工资率的下降，从而造成 L_2-L_1 数量的劳动力失业。因而，在这种情况下，最低工资的直接影响就是就业减少，失业增加。劳动力供给和需求弹性越大，所造成的失业就越多。

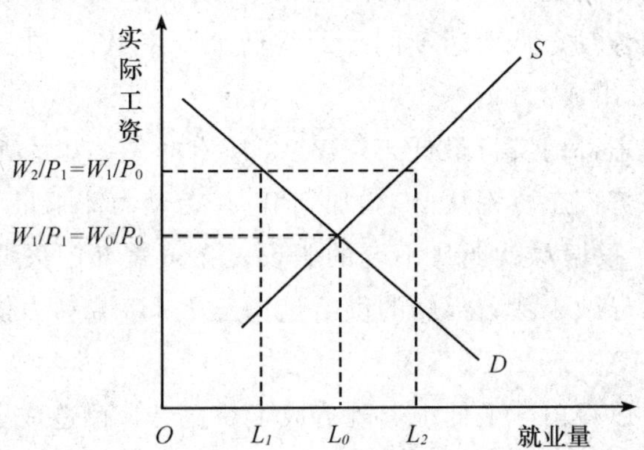

图 9—15 完全覆盖情况下，最低工资立法对劳动力市场的影响

为了减少失业，政府很可能会采取措施刺激经济，包括较为宽松的货币政策和财政政策，即增加货币供给和政府支出，同时减少税收，其结果是导致价格水平上升，但是由于名义最低工资没有变化，所以随着价格水平的上升，实际最低工资将不断下降。若政府继续奉行宽松的经济政策而不采取其他措施，价格水平最终会上升到 P_1，此时，$W_1/P_1=W_0/P_0$，就业量也增至 L_0。

由于政府会定期提高名义最低工资，若将名义最低工资率提高到 W_2，此时 $W_2/P_1=W_1/P_0$，就业将再一次减少至 L_1，必然迫使政府采取措施减少失业。其结果是形成这样一种循环：最低工资上升导致短期就业损失，通货膨胀降低最低工资的实有价值并且恢复就业水平，然后又是名义最低工资的增加，重新开始整个过程。

另外需要说明的是，最低工资降低了资源配置的有效性。由于政府强制提高实际工资会造成失业，从而使得社会损失了这些失业者原本可以创造的产品价值。

（2）最低劳动立法覆盖部分劳动力市场

首先假设：第一，价格不变，因而实际工资概念和货币工资概念可以交替作用；第二，非熟练劳动力市场的供给曲线完全无弹性，总就业量保持不变；第三，劳动力市场由被覆盖部门和未覆盖部门组成；第四，非熟练工人为寻找高工资工作而在部门之间自由流动。

图 9—16 描述了两个完全竞争的非熟练工人的劳动力市场，其中图 9—16（a）为最低工资立法覆盖部门，图 9—16（b）为未覆盖部门。根据以上假设，在不存在最低工资的情况下，不存在覆盖部门和未覆盖部门的区别，劳动力可在两个部门之间自由流动，从而达到同一的均衡工资率 W_0，在这一工资率下的总就业量由 L_{c0} 和 L_{u0} 组成。

现在假定在覆盖部门实行最低工资 W_1，所有非熟练工人都将愿意在此部门中工作，但由于该部门工资率从 W_0 增加到 W_1，劳动力需求量下降，使得雇佣量从 L_{c0} 减少到 L_{c1}。根据总就业量不变的假设，在覆盖部门失业的雇员将转移到未覆盖部门就业，导致未覆盖部门的供给量增至 L_{u1}，劳动力供给量的增加迫使工资率从 W_0 降至 W_2。

由以上分析可以得出：最低工资既造成了获益者，也造成了受损者。获益者是那些在实施最低工资后仍然在覆盖部门工作的雇员，而受损者则是那些原在覆盖部门工作，现在不得不到工资更低的未覆盖部门工作的非熟练工人，以及那些仍继续在未覆盖部门工作，却不得不因劳动力供给增加而接受较低工资的非熟练

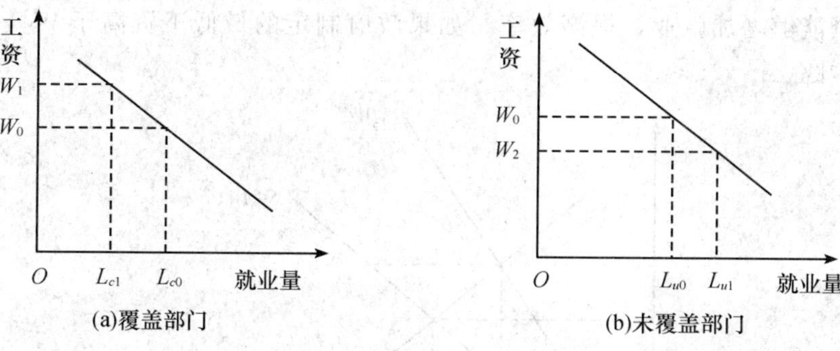

图 9—16　未完全覆盖情形下最低工资立法对劳动力市场的影响

工人。

另外，最低工资立法导致劳动力资源配置错位，给社会造成了一定的损失。在利润最大化的前提下，企业是根据边际劳动收益等于货币工资率的原则决定劳动力雇佣量的。实行最低工资之后，覆盖部门的雇佣量下降，直到边际劳动收益等于 W_1；未覆盖部门的雇佣量则上升，工资率下降，直至等于随雇佣量增加而下降了的边际劳动收益。现在，后者的边际收益低于前者，因而如果劳动力能从未覆盖部门重新配置到覆盖部门，社会总收益将会增加。但是，由于存在最低工资立法，劳动力不能从低工资部门转移到高工资部门。高工资部门不能合法地降低工资，其雇佣量也不能扩大，从而使有益的资源转移受到限制，造成了一定的社会损失。

2. 最低工资立法对垄断市场的影响

假设存在这样一个劳动力市场——在该市场上，只有一个雇主或几个雇主串谋来确定一个低于完全竞争的工资。因为垄断雇主是劳务的唯一买方，所以他所面临的是一条向上倾斜的劳动力市场供给曲线，要想雇用更多的工人，就必须通过提高工资水平将工人从其他职业上吸引过来。

垄断雇主根据利润最大化原则，即劳动力的边际收益等于劳动力的边际成本，即 $MRP=MWC$，确定雇用 L_0 数量的工人，为吸引劳动力供给曲线上 C 点处的工人，垄断雇主需要支付的工资水平为 W_0，见图 9—17。现在假设政府制定了介于 W_0 和 W_2 之间的最低工资，例如 W_1。在法定最低工资 W_1 的条件下，垄断雇主由“工资的决定者”变成了“工资的接受者”，雇主将选择增加其雇佣数量，雇用 L_1 数量的工人来实现利润最大化。原因在于所增加的工人的 MRP 大于最低工资 MWC，能够抵消雇主垄断的力量。在图 9—17 中可以看到，介于 W_0 和 W_2 之间的任何法定工资都将使就业增加到 L_0 之上。因此，选择并实施恰当的最低工资能够增加就业，提高效率。如果政府制定的最低工资高于 W_2，就业水平将会下降。

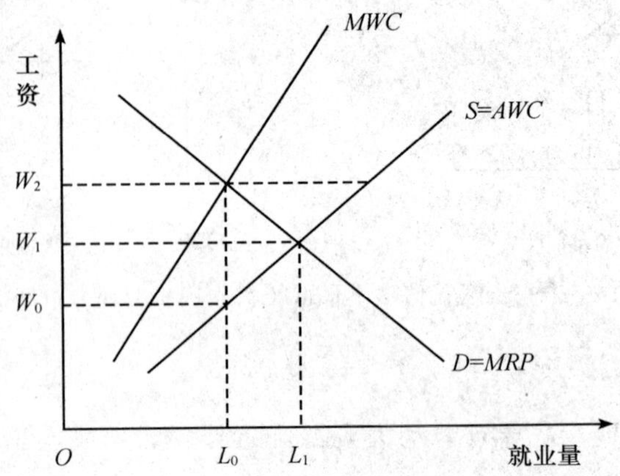

图 9—17 最低工资立法对垄断厂商雇佣决策的影响

（五）政府支出对劳动力市场的影响

1. 公共部门就业和工资决定

（1）公共部门就业

在劳动力市场上，与企业部门类似，公共部门雇用自己所需的雇员，提供义务教育、基础研究、道路交通、信息服务、民事警察等来满足社会对公共产品或服务的需要。对于某些特定类型的雇员，公共部门可以说是主要的甚至是唯一的雇主，例如军人、机关公务员、消防队员等。在公共部门就业就意味着其劳动者将不能从事企业部门的产品或劳务的生产，也就意味着社会放弃了这些资源可以创造的私人物品和劳务。

20 世纪以来，各国公共部门的就业量不断上升。一些经济学家认为，公共部门就业量不断增长的原因在于：第一，经济和社会的发展，尤其是城市化发展增加了对公共部门服务的需求；第二，人口年龄结构的变化，学龄儿童的大量增加，增加了对公共教育的巨大需求；第三，国民收入、政府收入和个人收入等社会收入的增长，使得收入弹性较强的公共服务需求增加；第四，公共部门工会的出现，由于其偏向于选择那些使用更多的公共产品和劳务的官员，导致对公共雇员需求的增加；第五，政府增强在经济中的管理作用也将增加对政府工作人员的需求。

（2）公共部门的工资水平

随着公共部门就业量的不断增长，公共部门的工资水平也在不断提高。一般来说，大多数的公共部门遵循的是“比较工资”原则，即公共部门雇员的工资水平相当于类似的企业部门雇员的工资水平。但事实上，研究表明，公共部门的工资水平总体上比企业部门高。

另外，公共部门的工资收入还存在以下特点：第一，附加福利在工资性收入中所占的比重，公共部门比企业部门高，因此在比较两者工资水平时，不仅仅要考虑工资，还要考虑其他因素；第二，公共部门雇员的离职率低于企业部门，这是由于公共部门的养老保险待遇比企业部门高；第三，公共部门的职业特点决定了职务工资结构在公共部门更趋平均化；第四，公共部门雇员的工资结构中，人力资本补偿性工资差别占较大比重。

2. 政府采购对劳动力市场的影响

政府采购，就是政府购买产品或劳务，例如购买医疗品、公共汽车、教科书等。从某种程度上来说，政府对产品或劳务的需求将增加对某种特定类型企业部门劳动力的需求。由于除了政府部门以外，其他部门不需要或很少需要这类劳动力，因此，这种劳动需求的变动将会影响均衡工资和就业水平。例如，政府增加用于建设的支出有可能提高建筑工人的工资和就业水平。

3. 政府转移支付和补贴对劳动力市场的影响

（1）政府转移支付与补贴对劳动力需求的影响

政府转移支付与补贴是在社会不同个人之间进行资源再分配，是一种货币性支出。该类支出不影响国民收入总量的变动，但却影响社会产品的总需求结构，从而产生对特定劳动力的派生需求。例如，给处于经济困难的群体发生活补助，将会增加这类群体对特定产品和服务的需求，这种需求又会导致对生产和提供这些产品和劳务的派生劳动力需求。

（2）政府转移支付与补贴对劳动力供给的影响

政府转移支付和补贴对劳动力供给的影响主要体现为改变个人劳动力供给的决策条件。政府转移支付与补贴是政府的货币支出，同时也是一定社会群体的货币收入，因此会产生收入效应和替代效应。当政府给某些人补贴，但不改变产品的价格时，就会产生收入效应。受益者会增加对一般商品和劳务的购买，其中包括闲暇。但当政府的转移支付与补贴导致产品的价格下降时，就可能产生替代效应。例如，当政府对教育进行补贴，人们的教育支出就会减少，从而将节余用于其他产品的购买（包括闲暇），这就是替代效应。因此，政府转移支付与补贴对劳动力供给既有正面影响，也有负面影响。

4. 公共产品供给对劳动力市场的影响

（1）公共产品供给对劳动力需求的影响

公共部门通过提供不同的产品或劳务影响劳动力的需求。例如，政府在河流上修建堤坝，堤坝具有抗洪、发电、灌溉等多种功能。政府建造堤坝，增加了对建筑工人的需求。同时，堤坝各项功能的发挥也会影响对劳动力的需求，例如，灌溉系统的建立可能增加对农业工人的需求，发电量的增加吸引更多制造商的进入，增加对制造工人的需求，抗洪的功能减少了对洪灾保险的需求。总之，在其他条件不变的情况下，若提供的公共产品与私人产品的生产或消费是互补的，则该公共产品的供给将增加对该私人产品有关的劳动力需求；若提供的公共产品与私人产品的生产或消费是替代的，则该公共产品的供给会减少对该私人产品的有关的劳动需求。

（2）公共产品供给对劳动力供给的影响

对短期的个人劳动供给决策模型稍加修改就可以看出，公共产品和劳务的供给有可能减少劳动的供给量，如图 9—18 所示。

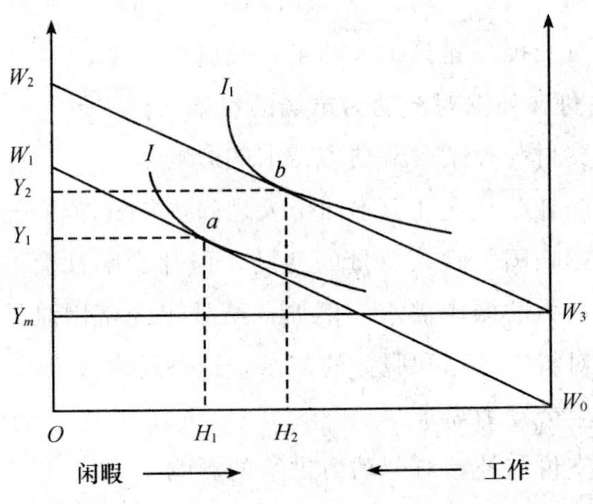

图 9—18　公共产品和劳务对劳动供给的影响

在图 9—18 中，纵轴表示实际收入。假定 W_0W_3 是某个人所获得的公共产品量，那么他所获得的实际收入是 W_0W_3 加上通过工作获得的私人产品的数量。在获得公共产品 W_0W_3 之前，某人的预算线是 W_0W_1，获得了公共产品之后，他的预算线从 W_0W_1 上升到 W_2W_3。这表明在工资水平不变的条件下，某人提供不同的劳动量获得闲暇和物品的不同组合。图中两条预算线之间的垂直距离表示某人所能获得的公共产品价值。

如果没有公共产品，某人将选择 a 组合，即工作 H_1 小时获得的收入为 Y_1，实现效用最大化。公共产品提供了之后，总效用从原来的无差异曲线 I 提高到无差异曲线 I_1，和预算线 W_2W_3 相切于 b 点。在总效用提高的同时，该人的劳动时间从 H_1 减少到 H_2。这说明公共产品的提供产生了收入效应，某人购买更多的闲暇。因此，公共产品和劳务的供给会降低个人乃至整个社会的劳动供给量，公共产品与私人产品的替代性越强，劳动供给的减少程度就越大。公共产品和劳务与闲暇的互补性越强，劳动供给减少程度就越大。同时，公共产品与工作的互补性越强，对劳动供给的减少程度就越小。

延伸思考

1. 一般来说，工会是提高还是降低了工资的分散程度？

2. 技术进步如何影响结构性失业？

3. 分析最低工资水平对劳动力市场的影响。

深度阅读

1. 袁伦渠. 劳动经济学［M］. 大连：东北财经大学出版社，2011.

2. 坎贝尔·R. 麦克南，斯坦利·L. 布鲁，大卫·A. 麦克菲逊. 当代劳动经济学［M］. 北京：人民邮电出版社，2004.

第十章　劳动力市场分割：劳动力流动与效率

在现实生活中，产品需求、劳动生产率、人力资本水平、家庭环境以及个人对非工资福利态度等方面的变化都是很常见的，这些变化导致一些工人改变雇主、变换职业、变更工作地点，有时是三者皆有。雇主也在不断地雇用、改聘或者解雇工人，关闭企业或扩张企业现有规模，或者变更公司地址，以便使企业不断适应经济形势的变化。综合来看，工人和雇主的这些行为使劳动力从一个雇主到另一个雇主、从一个职业到另一个职业、从一个地区到另一个地区频繁流动。调查表明，流动是由于工资差异产生的，在市场走向均衡的过程中，工资差异又逐渐缩小。流动是劳动力市场运行的核心，当劳动力流向了社会的高价值职业时，也就实现了劳动力资源的有效配置。本章主要介绍劳动力市场分割以及劳动力流动。

一、双元劳动力市场：结构与特征

劳动力市场分割理论是在与新古典劳动力市场理论的争论中产生和发展起来的。劳动力市场分割理论认为，建立在统一劳动力市场基础上的新古典理论无法很好地解释劳动者收入差距的不断扩大和劳动力市场中普遍存在的性别、种族和部门歧视现象，运用分割理论将劳动力市场进行划分就能大大提高对现实的解释能力。20世纪六七十年代，分割理论向当时盛行的以新古典理论为基础的有关劳动力市场的一整套理论、方法和政策建议提出了挑战，自身也得到了很大发展。

（一）主要劳动力市场和次要劳动力市场

1971年，多林格（Doeringer，P）和皮奥里（Piore，M）提出的完整二元劳动力市场理论是分割理论中被引述最多的一种，并成为分割理论的代表。该理论将劳动力市场分成主要劳动力市场和次要劳动力市场，两者区别如下：

1. 主要劳动力市场收入高，工作稳定，工作条件好，培训机会多，具有良好的晋升机制；次要劳动力市场收入低，工作不稳定，工作条件差，培训机会少，缺乏晋升机制。

2. 额外教育在主要劳动力市场上能够得到相应的回报，在次要劳动力市场上几乎没有作用。

3. 主要劳动力市场中的劳动者素质普遍较高，次要劳动力市场中的劳动者素质普遍较低。

4. 主次两个劳动力市场之间的流动性很差。

5. 大部分的失业现象都集中在次要劳动力市场。这里并不缺乏工作机会，但可获得的工作往往是短期性质的，雇主们解雇职工的成本较低，某些低工资雇员的辞职率较高。在主要劳动力市场，保持稳定的雇佣关系符合劳资双方的利益，因而这一部分出现的失业往往由于周期性经济收缩而导致的非自愿失业。

以上特点表明：次要劳动力市场的劳动者有很强的动机进入主要市场。劳动力市场的这种分割特征将会促进教育需求的上升。但是劳动力市场分割理论反对人力资本理论关于教育水平与个人收益成正相关的论断，因为在不同的劳动力市场中，教育与工资的关系是不同的。就主要劳动力市场而言，确实存在着正相关关系，但对那些在低收入、缺乏安全感和工作条件差的次要市场的劳动力而言，增加教育并不能促进收入的增加。

劳动力市场分割理论的出现，可以解释政府为青年及底层失业者举办的训练班并没有改善他们严重的失业局面。按照传统经济学及人力资本的观点解释，青年及底层劳动者没有足够的职业技能，才不被雇主雇用，要解决他们的失业问题，就要为他们提供培训，提高他们的技能。但结果显示，这些培训并没有改善青年及底层劳动者失业的困境。引用劳动力市场分割理论的观点解释，是因为他们被困在次要劳动力市场。在这个市场内，训练的多少与就业机会和工资并没有关系。在 20 世纪 70 年代经济不景气的环境下，次要劳动力市场就业机会并不好，额外的培训并不会产生显著的效果。不仅如此，在这一市场中，“过量的教育”反而使雇员之间的就业竞争更趋严重。教育作为筛选的手段，促进了劳动力市场的划分。

（二）内部劳动力市场和外部劳动力市场

劳动力市场中最常见的一种“分割”就是内部劳动力市场和外部劳动力市场之分。前者把企业本身视为一个完整的劳动力市场，劳动力资源在其中进行流通与配置；后者则是指劳动力在由不同企业所组成的更大的劳动力市场中自由流通。传统的经济学理论认为，内部劳动力市场在替换成本、工作岗位的特殊性、劳动力市场中的信息获得方面都有自身的特点。“内”和“外”的差别大都是由不同市场背景下的雇主为最大化自身经济利益而选择“最优”途径所导致的。当企业的人事机构庞大、招聘新员工的边际成本很高时，或者当工作岗位要求劳动者对本企业有较多的了解时，或者当内部晋升更能提高本企业的生产力时，雇主就会更多地依赖“内部劳动力市场”。相反，如果工作岗位本身就是初级水平（entry-level）的工作，或者企业规模较小、外部招聘的成本更低时，雇主就会更依赖“外部劳动力市场”。

不管是在内部劳动力市场还是在外部劳动力市场中，劳动力的自由流动能在很大程度上提高劳动力与工作岗位匹配的灵活性，也是企业潜力得到更充分发挥、劳动者技能和创造力得到提高的重要方式。尽管新制度经济学对外部劳动力市场中的流动持反对态度，认为其降低了流动的效率，但实际上确实有相当多的流动是发生在外部劳动力市场中的，特别是当企业规模较小、所能提供的工作岗位有限的时候。

从内部劳动力市场来看，最受关注的职业流动莫过于企业内部员工的晋升（promotion）。作为企业为员工提供的某种奖赏（reward），晋升往往能提高企业内部的士气，从内部提拔员工也能为企业节省相当一部分培训费用。因此，当企业对特殊知识的要求较高，或者更依赖于员工的忠诚，或者外部劳动力市场信息不充分时，企业就更偏爱内部晋升。不过，经济学往往强调晋升与劳动者的生产力（productivity）或企业整体的劳动力资源最优化配置有关，当然，也有一些例外，如锦标制中的劳动力竞争。

（三）劳动力市场的性别分割

除了劳动力市场本身的特征之外，劳动者的个人特质也可能形成劳动力市场的分割，这其中又以性别为最。女性在人力资本投资、工作机会的获得、工作报酬、晋升机会等方面通常都不如男性，即使在个人条件基本相同的情况下，她们在劳动力市场中也往往得不到和男性同等的待遇，而且也更容易受到雇主的歧视。

产生这一现象的原因是复杂的。首先，几乎在所有社会中，女性都需要比男性花更多的时间来照顾家庭，特别是在家务和抚育子女方面。因此，在特定的家庭中，女性的人力资本投资回报预期通常都小于男性，这就很可能在实际上降低女性劳动者的人力资本投资，而这又会直接影响她们在劳动力市场中的竞争能力。

性别角色观念，特别是“养家人”（provider）观念，也是影响女性参与劳动力市场结果的重要因素。即使在美国，“丈夫”也是预期的“养家人”，他们的责任是为家庭提供足够的收入，保障家庭的经济生活。

不仅如此，女性的社会网络特征也会影响她们参与劳动力市场的结果。由于女性通过社会网络所能获得的社会资源远远不如男性，其社会网络中的成员大都是与她们自己较为类似的人，因而在求职过程中也不如男性那样具有丰富的信息来源，她们可能获得的信息和影响（influence）也更少。

二、劳动力市场分割的原因及解释

（一）中国劳动力市场多重分割的主要表现

中国劳动力市场的分割既有古典意义上的分割，即传统部门与现代部门之间的分割，也有制度性分割，而后者是导致中国劳动力市场多重分割的主要因素。现阶段中国的劳动力市场可划分为城市不完全竞争劳动力市场、城市完全竞争劳动力市场和农村完全竞争劳动力市场。中国劳动力市场的多重分割主要表现在以下几个方面（见图 10—1）。

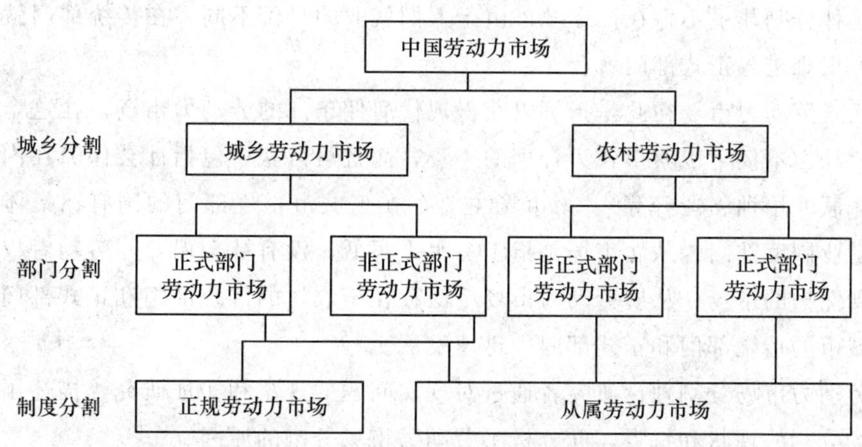

图 10—1　中国劳动力市场的多重分割

劳动力市场的城乡分割是中国劳动力市场历时最长的一种分割形式，或称其为“古典分割”。在这种分割中，农村劳动力不能自由进入城镇劳动力市场，并且城市的行政等级越高，“大门”对农民关得就越严。在户籍制度改革的背景下，户籍制度已经不再是分割城乡劳动力市场的主要制度障碍。虽然一些大城市仍在设置一些与户籍相关的政策“壁垒”，但实际上户籍制度早已不是限制农村劳动力进入城市（特别是小城镇和中小城市）的最主要障碍，而只是进入城市正规劳动力市场的障碍。

中国劳动力市场的地区分割主要表现在两个方面：一是农村地区之间的分割，二是城市地区之间的分割。而这两种分割的形成既有户籍制度方面的原因，也有其他制度安排方面的原因。第一种分割的制度性原因主要是土地使用制度，第二种分割的制度性原因包括社会保障、住房及其他福利制度。比如一个拥有中小城市正式的城市户口，并在正式部门工作的人过去很难进入大城市工作，现在则很难进入大城市的正规劳动力市场。

部门分割是指正式部门劳动力市场与非正式部门（或传统部门）劳动力市场的分割。所谓正式部门在这里是指以现代组织形式进行生产活动的部门，即刘易斯（Lewis 1954）所谓的“资本主义部门”；而非正式或传统部门则是以传统的组织形式进行生产活动的部门，即刘易斯（Lewis 1954）所谓的“非资本主义部门”。虽然在过去 20 多年中，乡镇企业的发展使中国的农村成长出了正式部门，从而形成了中国农村经济和城市经济都具有二元结构的奇特现象，但正式部门与非正式部门的劳动力市场分割主要存在于城市的正规部门和传统部门之间，而在农村这种分割几乎不存在。在城市由于人们就业的身份不同，在传统部门就业的劳动力很难进入正式部门就业。

正式劳动力市场在此是指可以获得现代雇佣条件的劳动力市场，在这个市场中，劳动力不仅可以获得较为合理的工资，而且可以获得包括社会保障在内的福利（休假、培训、晋升等）。该市场主要存在于城市正规部门的国有、集体以及现代企业制度部门。从属市场是指工资水平很低，没有社会保障，劳动者权益难以得到保护的市场。从属劳动力市场广泛存在于农村的传统部门和正式部门，并且在城市的传统部门和正式部门中迅速发展。

劳动力市场分割理论研究者通过对现实问题的观察和实证研究，描述了劳动力市场分割的现状和特点，并分析了劳动力市场分割的原因。

（二）二元劳动力市场分割的主要原因

1. 产业结构的影响

由于劳动需求是一种派生需求，因此研究劳动力市场必须联系产品市场。如果企业面对的是需求稳定的产品市场，则该种类型的企业就会创造包含就业保障在内的一级市场；相反，那些产品需求不稳定的企业只能在二级市场上从事生产活动。当然，产品需求不稳定不是形成劳动力市场分割的唯一原因，工作技能方面的差异也阻止了低技能群体向高技能群体的流动。产业组织的二元结构不仅给工作的稳定性带来了重要的影响，还直接影响了两个市场的工资报酬差异。

2. 制度和工会势力的作用

在某些行业，即使产品市场是高度竞争的，如果行业或企业内部能够抵挡来自劳动力市场外部的竞争，那么也能创造出一级劳动力市场。如在煤炭、汽车、建筑业等行业，大多数都建立了统一的行业工会。工会可以通过集体合同的条款，要求雇主必须雇用会员劳动力，同时提高加入工会的标准，控制会员人数。通过双重控制，工会就能制约该市场的劳动力供给，从而提高工资水平。除了工会的影响，一些企业内部的工人还能借助自己的谈判力量刺激内部劳动力市场的扩张，限制外部劳动力市场的进入，通过内部市场机制维护自身的优势。

3. 资产阶级对工人的分化

一些激进的劳动经济学家认为，劳动力市场的分割是资产阶级分化工人的结果。随着资本主义进入垄断时期，大型股份公司逐渐主宰了整个经济，这是厂商创造一级劳动力市场的原动力。由于大规模生产活动的进行依赖工人的相互配合，并且单个工人的产量难以测度，以前简单的行政控制手段不能发挥作用，因此就采用内部劳动力市场中一系列的制度来控制和激励工人。其中，工作等级制能给雇主带来明显的好处，一是给工人一种向上流动晋升的意识和可能性，可激励工人更努力工作；二是为雇主提供了一种管理的手段，使每个工人与其晋升对手相对立，削弱工人之间的统一。

（三）劳动力市场分割的其他原因

1. 教育造成的分割

波利斯（Bowles，1973）和吉利斯（Gintis，1973）认为教育是一个把学生培养成为一个“好工人”的过程。正如企业中的分工一样，教育系统也是在外部利益驱动作用下形成的等级系统。他们还认为，在资本主义社会，不同学校的学生种类是不同的，不同学校的教学内容也是不同的。学校采用死记硬背的教学方式或联系现实、解决实际问题的教学方式与学生的种族、性别和所属的阶层密切相关。因此，他们认为教育系统不仅仅生产人力资本，而且事先通过一种公开的且貌似公平的精英筛选机制，有意识地将每个个体安排到不平等的职业位置上，从而实现对劳动力市场的分割。

2. 家庭出身造成的分割

波利斯和吉利斯（1973 年）认为，个人工作所属的劳动力市场与其家庭资源有密切关系。他们通过历史的分析表明，某一阶级背景的学生的教育和他们最终被雇用的劳动力市场部门之间有一种“一致的原则”。教育中的“前市场分割”限定了学生离开学校后的机会。事实上，教育造成的分割和家庭出身造成的分割是相辅相成的。教育造成的分割是建立在区分家庭出身的基础上，而家庭出身的分割则大部分是通过教育分割来实现的。

3. 信息不完全造成的分割

雇主在雇用工人时，由于信息不对称，他们无法准确地知道待雇工人的劳动生产率。因此，他们只能根据以往的经验，给不同特征的工人不同的待遇，从而造成劳动力市场分割。而一旦劳动力市场分割确定后，雇主和主要劳动力市场的雇员将成为劳动力市场分割的受益者，他们会想尽办法强化这种分割。

三、劳动力市场分割的结果：内部工资和外部工资

由于劳动力市场分割的存在，不同分市场的劳动者工资不能实现统一，因而出现工资的差异。劳动力市场分割与劳动力市场的垄断同样都是形成工资差距的原因，但不能等同。例如，如果存在着劳动力市场的分割，劳动力不能自由流动，企业就会在工资制定上有很大的力量，往往会形成劳动力市场的买方垄断。而一旦形成了买方垄断，作为垄断方的企业为了维持自己的租金就会阻止外来企业的加入；如果形成的是卖方垄断，工会就会采取方式阻止外来非工会劳动者的加入，从而反过来限制了劳动力的自由流动，形成劳动力市场的分割，阻碍竞争劳动力市场的形成。

除了行业垄断产生的劳动力市场分割外，中国还有特殊的二元结构劳动力市场，即城乡劳动力市场分割、东西地区劳动力市场分割、不同所有制劳动力市场分割。由于劳动力市场分割的存在，同样的技能在一个地区或行业比在另一个地区或行业更有价值，这也是一种准租金。同样，不同职业虽然要求的技能不同，但如果政府对职业实行严格的数量许可证管制，从而使得劳动者进入一种职业受到限制，也会产生租金。这些管制表面上的目的是要确保职业标准或维持市场秩序，但不难想象，它们也经常考虑通过限制劳动力供给的手段来保证现有从业者的收入，使他们在较长的时间内获得准租金。

（一）行业工资差距

由于拥有垄断势力，企业在产品市场上可以获得较高的利润，垄断企业在面对不同的劳动力市场竞争状况时，其支付的工资水平也会不同，对劳动力实行买

方垄断的企业给予的工资较低，而工会卖方垄断时工资又会较高。

由于不同行业的垄断竞争状况不同，因而不同行业存在着不同的利润率。而政策因素和自然垄断因素，使得资本不能自由地在不同行业间转移，利润率的平均化也很难实现。高的行业利润使得行业的工资水平也相应得到提高，尤其在存在卖方垄断的情况下。

知识链接

2009年美国各行业平均工资水平

根据美国劳工统计局（Bureau of Labor Statistics）的最新统计，2009年，全美在职工作人员约为1.3亿人（不包括自雇人员），平均工资是43 460美元，平均每小时工资是20.9美元。劳工统计局将所有行业分成22个大类，在22个大类中，平均工资最高的是管理人员，年薪102 900美元，担任管理职务的有611万人；平均工资最低的是食品相关行业人员，年薪20 880美元，该行业员工有1 121万人。

在所有工种中，平均工资最高的是外科医生，年薪219 770美元，全美共有近4.5万名外科医生；其次是麻醉医师，年薪211 750美元，共有3.7万名麻醉医师；平均工资最低的是食品制备及快餐店服务人员，年薪18 120美元，从业人员约有269万人。其他工种的平均年薪如下：

会计及审计师：67 430美元，从业人员110万人；

个人理财顾问：94 180美元，从业人员15万人；

贷款员：63 210美元，从业人员近30万人；

电脑程序员：74 690美元，从业人员近37万人；

电脑应用软件工程师：90 170美元，从业人员近50万人；

电脑系统软件工程师：96 620美元，从业人员近39万人；

网络和计算机系统管理员：70 930美元，从业人员近34万人；

统计师：75 220美元，从业人员2.1万人；

航空工程师：96 270美元，从业人员近7万人；

化学工程师：91 670美元，从业人员近3万人；

电脑硬件工程师：101 410美元，从业人员6.5万人；

律师：129 020美元，从业人员近56万人；

法官：103 990 美元，从业人员近 2.7 万人；

小学教师：53 150 美元，从业人员近 155 万人；

初中教师：53 550 美元，从业人员近 67 万人；

大学数学教师：70 550 美元，从业人员近 4.8 万人；

大学物理教师：83 320 美元，从业人员近 1.3 万人；

大学政治学教师：76 990 美元，从业人员 1.5 万人；

普通牙医：156 850 美元，从业人员近 8.7 万人；

口腔颌面外科牙医：210 710 美元，从业人员 5 390 人；

消防人员：47 270 美元，从业人员 30 万人；

警察：55 180 美元，从业人员 64 万人；

大厨：44 240 美元，从业人员近 9.5 万人；

理发师：27 650 美元，从业人员 1 万人；

导游：25 990 美元，从业人员近 3.2 万人。

资料来源：美国华人商会网，http://www.acbausa.org/11fen%20hui%2011.8.html

从美国的情况看，高工资的行业大多是垄断程度较高的行业，而工资较低的行业大多是竞争程度较高的行业。此外，考虑到各行业劳动者的技能要求不同，在分析行业工资差距时要排除技能差异的影响。

中国不同行业也存在着工资差距，且有扩大的趋势。2012 年工资较高的行业为信息传输、计算机服务和软件业（80 510 元），金融业（89 743 元），科学研究和技术服务业（69 254 元），电力、燃气及水的生产和供应业（58 202 元）。工资较低的行业为农业（22 678 元）、住宿和餐饮业（31 267 元）、环境和公共设施业（32 343 元）、居民服务、修理和其他服务业（35 135 元）。最高行业工资是最低行业工资的 2.45 倍。从纵向比较来看，1980 年农业的平均工资约为电力、煤气及水的生产和供应行业的 60%，但 2012 年，农业工资只相当于电力、燃气及水的生产和供应行业的 39%。这说明虽然改革开放后市场化进程在加快，但不同行业的市场化速度存在差距。

当然，笼统地比较不同行业的工资差距，并不能够准确地反映真实的行业垄断情况，因为每一个行业的企业分布在不同的地区和不同的所有制中，地区因素和所有制因素就可能对不同行业有不同的影响，因而干扰行业因素的分析。所以，分析要比较同一地区、同一所有制、不同行业的工资差距，考虑当面对同样的地区因素和所有制因素时，不同竞争状况行业的工资差距。

由于行业的垄断竞争程度不同形成了行业间的工资差距，考虑到中国的所有制形式和国情，一般垄断程度高的行业，劳动者的工资也很高，很少出现产品市场垄断程度高而劳动力市场是买方垄断的情况，在国有部门尤其如此。这可以理解为劳动者对垄断利润的分享。垄断企业的资本密集程度较高，劳动成本在总成本中所占比重较小，这也提高了工会的谈判能力，能够为劳动者争取更高的工资。而产品垄断程度低的行业往往对应的是买方垄断的劳动力市场，因而其工资很低。同时，劳动力在不同行业间流动又存在着障碍，低工资行业的劳动者很难进入到高工资行业（要进入，只能通过“走关系”寻租等非市场化的过程），高工资行业虽然没有通过工会等组织形成卖方垄断，但现有职工却有无形的力量来阻止新的劳动者进入，作为国有企业的厂商也没有动力用外部劳动者来代替内部劳动者——它们不进行劳动成本的节约也能够获得高的利润。所以，行业间的工资差距长期不能得到缩小。

（二）地区工资差距

地区垄断往往与政府对不同地区的发展政策有关。地区经济发展政策的差异导致企业获利能力的不同，而地区经济发展水平也使得各地区劳动力市场的发育状况不同，在劳动力不能在不同地区自由流动的情况下，劳动力的工资差距就会出现。在中国，不仅存在东部、中部和西部的劳动力市场分割，而且存在城乡劳动力市场分割。从理论上说，只要资本和劳动力是自由流动的，各地的经济发展水平会逐渐地趋同，工资差距也会逐渐消失。但是由于不同地区的经济政策不同导致发展水平很难趋同，由发展水平差距会形成不同的工资水平，劳动力的自由流动会起到消除工资差距的作用。但劳动力市场的分割却造成工资差距长期难以缩小。

所以，分析中国不同地区的工资差距，要考虑各地的经济发展水平、物价、地区劳动力市场的分割。从表面看，经济发展较早的东部沿海地区工资水平较高，而西部省份工资较低。但是，也不能一概而论。例如，西藏地区的工资水平就较高，这主要与工作环境有关，属于补偿性差异。2012 年，北京和上海的平均工资较高，分别为 84 742 元、78 673 元，而黑龙江、广西的工资较低，分别为 36 406 元和 36 386 元。北京工资是广西工资的 2.33 倍。

同样，地区间工资差距也要消除行业和所有制的影响，例如，不同地区的国有经济比重不同，支柱产业也不同。所以比较同一行业、同一所有制、不同地区的工资才是有意义的。以国有金融保险业为例，2002 年，北京的平均工资为 46 636 元，天津的平均工资为 22 487 元。10 年之后，2012 年，北京国有金融业的平均工资为 151 115 元，天津为 10 435 元。这样大的差距说明了什么问题？是经济发展水平的差距还是地区劳动力市场的分割，在其背后有没有国家地区政策的因素在起作用？在其他行业也有这样的地区差异，例如，2012 年国有科研和综合技术服务业：北京的工资为 117 745 元，天津为 102 653 元；教育：北京的工资为 94 861 元，天津为 75 395 元；文化、体育和娱乐业：北京的工资为 124 131 元，天津为 64 602 元；公共管理、社会保障和社会组织：北京的工资为 81 402 元，天津为 73 850 元。集体所有制或其他单位、同一行业京津地区之间的工资差距小于国有所有制的情况，就说明地区政策因素在起作用，因为国家政策对国有部门的影响力更大一些。

既然存在着工资差距，劳动力的跨地区流动就会出现。但是长期以来北京市形成了劳动力市场的保护，限制外来劳动力进入一些行业。要求保护的主要是本地的劳动者，外来劳动力被限制进入后，他们就处于劳动力市场的卖方垄断地位，本地劳动者的高工资就能够得到维持。当地政府出于就业目标、社会治安等考虑，会顺应本地劳动者的意愿，对外来劳动力的进入进行限制。

从劳动力市场分割的角度看，有的地区工资低也可能是由于当地劳动力市场存在着买方垄断。在这种情况下，买方垄断的企业会阻止外来企业进入本地投资，防止其破坏自己在劳动力市场上的垄断地位。这样，一方面劳动力的需求方数量不增加，另一方面劳动力供给方由于地区劳动力市场的分割，流入其他高工资地区存在障碍，所以供给数量也不减少。最终的结果必然是买方垄断的局面长期维持。

（三）所有制工资差距

不同的所有制企业也会面临不同的发展政策和机遇，因而它们的获利能力不同。而由于劳动力市场在不同所有制部门之间的分割，它们也会面临不同竞争程度的劳动力市场。所以，不同所有制企业劳动者的工资也会出现差距。从中国不同所有制企业的工资差异看，一般情况是其他所有制部门的工资＞国有部门的工资＞集体部门的工资。2002 年这三类部门的平均工资分别为 13 212 元、12 869 元、7 667 元。2012 年发生改变，国有部门工资超过其他所有制部门，平均为 48 357 元，其他所有制部门平均为 46 360 元，集体部门平均为 33 784 元。集体部门的工资与其他所有制部门和国有部门的工资差距很大，一方面说明集体部门的经济效益不如其他所有制部门；另一方面它也不像国有部门那样工资长期固定不变、与企业经营状况联系较少。

而其他所有制企业的较高经济效益是与政策的宽松和企业承担的义务相对较少是分不开的。如果考虑到很多其他所有制企业对劳动者的福利费用支出不足，则其相对较高的工资就包含了福利保障的部分。2002 年，工资的排位情况依次为：外商投资企业>股份制企业>港、澳、台资企业>联营企业>有限责任公司>其他企业>股份合作制企业。2005 年的排位稍有变化，依次为外商投资企业>股份制企业>联营企业>港、澳、台资企业>有限责任公司>股份合作制企业>其他企业。外商投资企业和港、澳、台资企业由于其政策优惠和较强的竞争力，经营效益较高，因而有能力支付较高的工资。股份制企业一般规模较大，很可能在行业中处于垄断地位，所以其工资水平也较高。有限责任公司规模相对较小，而股份合作制企业主要是由中小企业构成的，很多是由原来亏损的国有或集体企业改制成职工持股而形成的，它们所处的行业一般是充分竞争的行业，面临的是供给过剩的劳动力市场，因而其工资水平较低。

如果将行业因素和地区因素都固定住，考察同一地区、同一行业、不同所有制企业的工资情况，则可以更准确地反映所有制因素对工资的影响。以上海的制造业为例，2002 年，国有单位的平均工资为 21 925 元，集体单位的平均工资为 11 870 元，其他单位的平均工资为 22 897 元。2012 年，国有单位的平均工资为 58 641 元，集体单位的平均工资为 36 484 元，港、澳、台及外商投资单位的平均工资为 61 140 元，其他单位的平均工资为 36 715 元。再以山西省的采掘业为例，2002 年国有单位的平均工资为 10 632 元，集体单位的平均工资为 6 031 元，其他单位的平均工资为 10 981 元。2012 年则分别为 69 279 元、59 542 元、73 370 元。

劳动力市场分割并不能完全限制劳动力流动，因为劳动者总是要追求更高的收入，虽然流动存在着限制，在利益的驱动下，仍会有劳动者要尽力流入垄断的部门。一旦有机会进入并获得工作，就可以长期享有较高的工资。在这里，市场机制仍在起作用，它会使得在非垄断部门的工资等于在垄断部门的工资乘以在垄断部门找到工作的概率。本质上，流入垄断部门找工作是劳动者的一种“寻租”行为。对于劳动者个人而言，“寻租”是有效率的。但如果其获得工作是以非市场的方式达到的（走关系），则从社会效率的角度考虑，这种劳动力资源配置方式是欠佳的。

行业垄断、地区分割和不同所有制企业分割会导致劳动力市场的二元结构，在每一种类型的垄断或分割的分市场下，劳动力市场的买方垄断和卖方垄断都可能存在。这样两层含义的非充分竞争相互影响，共同决定了工资的差异。可以用一个综合的计量分析来表达行业、地区和所有制因素对工资差距的影响。$\log w = \alpha$ 行业 $+ \beta$ 地区 $+ \gamma$ 所有制 $+ \varepsilon$，这里的 $\log w$ 表示工资的对数形式，而行业指标要用能够反映行业垄断竞争的指标来表达，地区指标包括地区的经济发展水平和地区劳动力市场的开放程度，如果可以，最好分别设立指标。所有制指标可以用虚拟变量的方式，按照所有制的性质，赋予不同的所有制相应的数值。

四、劳动力流动的类型与决定因素

劳动力流动，是指劳动者根据劳动力市场条件的不同，在地区之间、行业之间、产业之间、职业之间和岗位之间进行选择和迁移。

（一）劳动力流动的类型

由中国科技促进发展研究中心（NRCSTD）与挪威应用社会科学研究所（FAFO）共同合作完成的“中国城市劳动力流动”课题，将“劳动力流动”的概念区分为以下三种情况：

1. 个人在不同类型的工作组织（单位）之间以及不同的职业和行业之间的流动，也就是人们常说的工作变动。例如，某家酒店的主厨到同一城市的另外一家酒店担任主厨，这是工作单位的变动；再如，一位销售经理从房地产行业跳槽到保险行业担任销售总监就同时涉及职业和行业的流动。

2. 个人在不同地域之间的流动，即人们常说的农村流动人口及城市间的移民。例如一位大学数学教授从美国的哈佛大学到中国的清华大学担任教学工作；一位在农村耕作的农民来到城市当了一名建筑工人等。

3. 个人在不同在业状态之间的流动，也就是人们常说的就业、下岗或失业以及再就业等。一位在企业上班的职工，因为企业破产，而成为下岗职工。通过参加政府举办的就业再培训工程，获得新的技能，重新走上工作岗位，这就是个人在不同就业状态之间的流动。

（二）劳动力流动的成本和收益分析

劳动力流动的成本包括直接成本和间接成本。直接成本主要有搬家费，离家更远引起的交通费、电话费，离开家庭和朋友去一个陌生地方的心理成本，流动过程中所放弃的收入等。间接成本主要指因为工作调整所失去的利益，如工龄、资历和养老金损失。劳动力流动的收益包括能够获得更多的收入、更多的机会、更好的工作环境或更好的社会环境等。

如果劳动力流动所获得的收益现值超过流动成本的现值，劳动力就会选择流动；反之，即使流动的目的地预期收益大于目前工作地的收益，人们也会认为不值得流动。以下公式给出了劳动力流动决策时的预期净收益的现值：

$$V_p=\sum_{n=1}^{N}\frac{E_2-E_1}{(1+i)^n}-\sum_{n=1}^{N}\frac{C}{(1+i)^n}-Z \qquad 式（10—1）$$

其中，V_p 为净收益现值；E_2 为第 n 年新工作所得；E_1 为第 n 年原有工作所得；N 为预期新工作的年限；i 为年利率（折现率）；n 为成本和收益变动的年份；C 为第 n 年由于流动所带来的直接和间接货币费用；Z 为流动所带来的净心理成本。

根据以上公式，如果某人的 $V_p>0$，则意味着收益期望大于由于劳动力流动带来的货币和心理的综合成本，此人将会选择流动；反之，如果某人的 $V_p<0$，则该人将不会选择流动。在其他成本和收入不变的条件下，两种工作之间的年收入差 E_2-E_1 越大，净现值 V_p 就越大，就越有可能流动。

（三）劳动力流动的决定因素

影响劳动力流动的因素有很多，除了前述公式中分析的年收入差影响现值流之外，还有许多其他因素影响着净收益现值并决定人们是否选择流动。主要有以下因素：

1. 年龄因素

许多研究表明，年龄是劳动力流动的一个主要影响因素。在其他条件相同的情况下，年龄越大，越不愿意流动。具体来说，主要有以下原因：

（1）年龄越大者收回流动投资的年限越短

同样的劳动力流动成本，流动后获得收入的时间越短，上述公式中的 V_p（净现值）就越小。对于年轻人来说，虽然相对工资差别较小，但其终身收入却十分巨大，因为他还要工作很长时间；而对于即将退休的人来说，即使相对工资差别较大，也很难弥补其流动所带来的成本。

（2）年龄较大的人往往拥有较多的人力资本

在一般的情况下，年龄和在职工作时间的长短与工资收入之间存在着正相关关系。员工工作的时间越长，在职培训和雇主投入的人力资本投资就越多，特别是特殊培训这种人力资本投资，一般来说不适用于其他工作和雇主。因此，若干年工作后所获得的工资中就部分地包含了这方面的人力资本投资收益，这种工资收入很可能高于其他工作的工资收入。所以，不论收回投资的期限有多长，年龄较大者都不太愿意流动。

（3）年龄较大者流动成本高于年轻人

原因在于：第一，年轻人自身财物较少，携带方便，流动比较容易。而年长者往往携带家什较多，搬家费用高，流动不易。第二，年轻人的工作年限和收入水平通常低于年长者，所以养老金对其的吸引力往往较小；而对年长者而言，这类机会成本则较大。第三，年轻人流动的心理成本也低于年长者。年长的人对现居住地的社区环境及教育系统比年轻人有更深入的了解，特别是有着更广泛的朋友网络和社交圈。因此，净心理成本（Z）对年长者来说更高，他们的流动的净现值（V_p）更低。

2. 家庭因素

劳动力流动的成本会随家庭规模的扩大而成倍地增加。在年龄、学历相同的情况下，已婚劳动者比单身劳动者更不易流动。并且，如果那些已婚劳动者的配偶已有满意的工作或工作收入较高时，他们就不易流动，特别是配偶双方都有较高的工资时，举家流动就更不容易。同时，若流动后一方找不到工作，流动的净现值将大大降低。此外，家庭中的子女对劳动力的流动也是一个限制因素，父母和子女也会将预期的货币收益与流动的心理成本相比较，倘若成本太大，就不愿意流动。

许多研究经验也发现：第一，未婚比已婚更易流动；第二，妻子就业阻碍着流动；第三，妻子就业时间越长，家庭越不易流动；第四，有学龄儿童的家庭不易流动。

3. 教育因素

教育是同一年龄群体内部影响流动性大小的重要因素。在其他条件不变的情况下，学历越高，越有可能流动。研究发现，流动性较高的是接受过大学及以上教育的劳动者。这是因为受过大学及其以上教育的劳动者有可能在全国性的或区域性的劳动力市场上获得较好的就业机会。此外，具有大学及以上学历的人离开家乡的心理成本（Z）相对较小。因为，多数大学生在读大学时已经作了一次流动。这种经历使他们在新的经济机会来临时，更容易再一次流动。

4. 流动的距离

劳动力流动的可能性与流动的距离呈反方向变动。距离越远，可能流动者获得工作机会的信息就越有限，流动费用及流动后探望亲友和家属的交通费、流动的心理成本都会越多。当然，其中的心理成本可能会因为某些情况而减少，但不可能消失。比如跟随家庭成员、朋友或亲戚一起流动。较早的流动者会给后来者提供工作信息、就业合同、临时住所和文化的连续性。

5. 失业率

根据人力资本原理，原来失业率高的地区，通过劳动者向外地流动，将使流动者的净收益增加。失业者将会比较原来所在地与流动目的地获得工作的可能性，从而做出流动的选择。

（1）有失业者存在的家庭比其他家庭更有可能流动。

（2）原来地区的失业率与劳动力流出成正相关关系。不过，在年龄较大、学历较浅或失业补贴和其他转移性收入相对较高的情况下，这种流出并不像想象的那样多。

流动目的地的失业率是否会影响流动的决策呢？这很难说。因为失业率并不总是反映某特定个人获得工作的可能性。同时，劳动力流入本身会增加流入地的失业率。然而，有一点是明确的，当前失业的劳动者更倾向于向那些失业率低于平均水平的地区流动。

6. 其他因素

（1）职业许可制度。有些职业需要有职业许可证才能工作。职业许可制度由地方政府及相关职能机构掌控，这也对从事这些职业的劳动者在地区之间和职业之间的流动提出了限制。

（2）国家和地方政策对劳动力流动的影响。第一，较高的个人所得税将阻止劳动力的流动性；第二，政府花费在公共服务上的人均费用状况将促进流动；第三，政府吸引新行业的政策，会导致某特定地区劳动力的较大流入。

（3）流入地语言、政治压迫和战争常常是导致国际间劳动力流动的主要因素。

（4）工会也是影响劳动力流动的一个重要因素。工会由于能够代表工人呼吁改善工作条件，所以工会将减少劳动力的自愿流出，从而影响劳动力的流动。或者工会所获得工资优势降低了工人流动的积极性。

（5）流入地的环境质量和气候状况。环境质量优良、气候宜人的地区将吸引劳动力的流入。

（6）家庭主妇往往阻止流动。

虽然上述因素各不相同，但以上各项因素有一个共同的特征，即它们都通过影响劳动力流动的预期收益或预期成本，最终影响劳动力流动决策公式中的净现值（V_p）。

五、理论应用与拓展：劳动力流动的效率

（一）移民对劳动力市场的经济影响

1. 对移民问题的通常看法

对待非法移民的问题，通常有两种相反的观点。第一种观点认为，非法移民剥夺了当地居民或合法移民的工作机会。另一种观点认为，非法移民从事的工作是任何发达国家或地区公民所不愿干的。

事实上，上述两种观点都未免太简单化了，因为它们忽视了劳动力供给和需求曲线的斜率大小。例如，如果考虑到干粗活（任何发达国家或发达地区公民都讨厌的工作）这一工作的劳动力市场没有非法移民，发达国家或发达地区对这种市场的有限供给将意味着比较高的工资（见图 10—2 中的 W_1），并且有 N_1 个公民被雇用。如果非法的移民进入这一市场，供给曲线将向外移动，也许变扁平，非法移民的进入使工资下降到 W_2，但就业增加到 N_2。

如果没有移民，工资率为 W_1 时，会使雇用这种劳动生产的商品或劳务的价格也提高，但工作是有人做的。只有在 W_2 低工资水平的情况下，才存在发达地区本地公民的“短缺”，在 W_1 时，并不存在短缺。

驱逐那些从事重体力劳动的外来移民，能为发达国家或地区公民创造同量的工作岗位吗？答案显然是否定的。如果从事粗工工作的 N_2—N_3 名外国人被驱逐出境，并且所有的非法移民都被挡在劳动力市场之外，那么被雇用来从事粗工工作的美国人将会从 N_3 上升到 N_1，他们的工资率则会从 W_2 上升到 W_1（见图 10—2）。而 N_2—N_1 个工作岗位却因驱逐外国人所导致的工资率上升而被毁掉了。因此，尽管驱逐增加了发达地区本地人在这一劳动力市场的工资和就业水平，但是可以肯定，失业不是按 1∶1 减少的。

驱逐非法移民为本地公民按照 1∶1 的比例创造工作机会要有一个条件，即政府最低工资立法造成劳动力过剩。比如，假定发达国家或地区的粗工劳动力供给如图 10—3 中的 ABS_1 所示，而总的劳动力供给则由图中的 ACS_2 所代表。由于某种人为的高工资导致了劳动力供给的过剩，即愿意按照最低工资从事工作的 N' 个人中只有 N 个人能够找到工作。在这种情况下，如果 N 个人中的有些人是非法移民的话，那么将他们送回原来的国家，同时成功地阻止其他的外国人获得这些工作，将会为发达国家或地区的公民创造同等数量的工作岗位。然而，劳动力需求曲线却必须与国内劳动力供给曲线（ABS_1）相交于点 B 或 B 点的左侧，

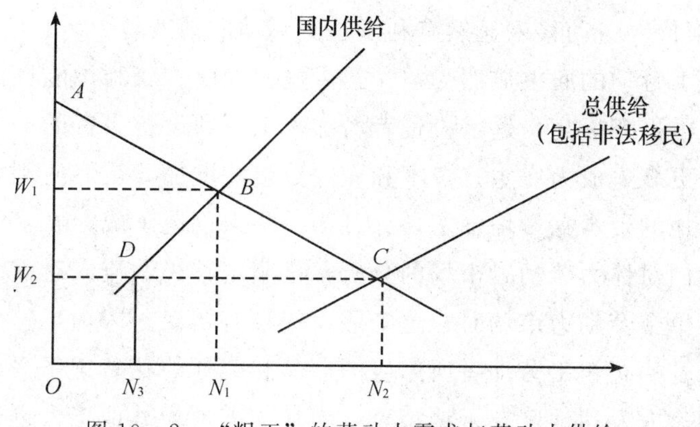

图 10—2　“粗工”的劳动力需求与劳动力供给

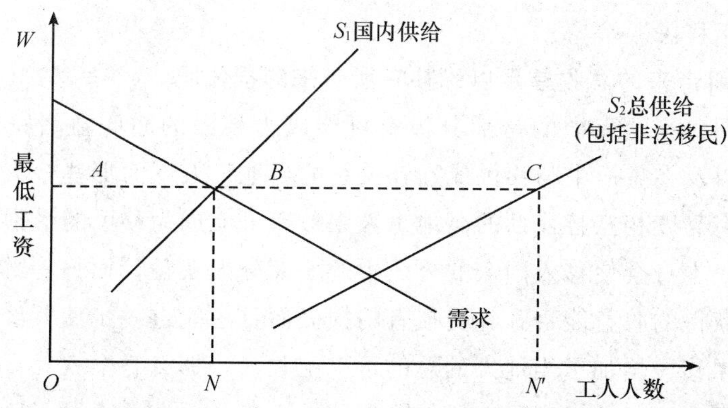

图 10—3　最低工资下“粗工”的劳动力需求与劳动力供给

只有这样才能阻止在驱逐非法移民之后出现工资水平上涨（工资水平上涨将会毁掉一部分工作）。

上述分析忽略了这样一种可能性，即如果阻止低工资的外来移民获得这些工作，雇主可能将工作岗位转移到劳动供给丰富、工资很低的国外去。如果这样，即使不再有非法移民，发达国家非熟练工人仍然会感到工资下降和就业机会减少。因此，情况可能是，无论怎样，发达国家非熟练工人都与外来的非熟练工人处于竞争状态，无论那些工人在发达国家就业还是在国外就业。

2. 移民的获益者与受损者分析

移民增加了粗工劳动的供给，从事粗工劳动的当地公民的工资和就业水平下降。如果从事粗工劳动的本地人是反贫困努力的对象，移民的流入可能使这些努力打折扣。然而，即使移民进来的非技术劳动力会对国内的粗工产生不良影响，也不能就此得出结论说它对全体本地人也是有害的。

第一，“廉价”劳动移入显然有利于这类劳动的消费者。

第二，粗工劳动的雇主显然受益，至少短期如此。获利可能性的增加有两种主要影响。资本报酬提高，这是投资者增加对工厂和设备投资的一个信号。增加的利润也吸引更多人成为雇主。资本和雇主数量的增加，最终使利润下降到正常水平。但是本地的资本存量增加了，并且为一些人创造了成为雇主的机会。

第三，我们对体力劳动者市场的分析，是假定移民的流入对需求曲线不产生影响。当考察单个劳动力市场时，这个假设并没有错误。因为，移入的粗工劳动者的收入，以及购买粗工劳动者所产生的商品和劳务的花费都很少。但是，移民确实在发达国家或发达地区花了钱，这一附加的需求为其他工人创造了工作机会或更高的工资（或者兼而有之）。因此，那些与非熟练移民没有密切替代性的劳动者，受益于移民。

3. 移民所带来的总收益足以弥补它所带来的损失吗

理论表明，当地人中的一部分极有可能成为移民的净收益者；这些人是业主、消费者以及在生产中与移民成互补关系的当地工人。而那些个人劳动力与移民劳动力具有高度相互替代性的当地工人则最有可能成为移民的受损者。

如果移民本身会使移入国家的公民中的一部分人获益，而另一部分受损，那么受益者所获得的收益能否弥补受损者的损失而且还能进一步使其经济福利有所改善呢？如果移民增加了当地人的总的可支配收入，那么答案就是肯定的。

对移民国来说，移民实际上增加了本国的人口，而这些人既是消费者，同时又是生产者，所以，移民的流入到底使得这些国家中的原有公民从总体上来看变得更富有了，还是变得更贫穷了，在很大程度上取决于移民为该国增加的总产量与他们所消费的总产量相比，是前者更大还是后者更大。

雇主支付给移民的工资不会超出他们所带来的边际产品的价值。这样，如果移民们仅仅是依靠自己的工资报酬来支撑自己的消费，那么这些参加工作的移民并不会减少移民接受国中的原有居民的人均可支配收入。此外，如果移民们的工资报酬并不等于他们为所在国创造的产出的全部价值，那么，当地人的人均可支配收入会增加。

大多数接受移民的国家（包括美国），都存在一些向符合相应条件的移民提供某些福利的政府项目，这些政府项目一般都是从各种税收中获得相应的经费来源的。如果移民所支付的税收足以弥补他们从这类政府项目中所获得的福利，那么，移民的进入就不会对当地人的人均可支配收入造成威胁。事实上，有些政府项目，比如国防，就是一种实际上的“公共产品”（其成本不会随着移民的增加而上升），而移民所缴纳的税收则帮助当地人分担了此类项目所需要的费用。然而，如果移民是使用政府负担项目程度相对较高的人，并且他们所缴纳的税收不足以弥补他们所获得的福利的价值，那么移民所带来的财政负担就有可能会大到削弱当地人的总收入的程度。

4. 非法移民比合法移民更有可能增加当地人的收入

第一，非法移民主要是为了寻找工作才移民进来的，而不是出于家庭团聚的目的。因此，他们很显然地会增加国内产品和服务的生产。第二，尽管他们可能比较贫穷，但是他们没有资格申请许多旨在向低收入阶层转移收入的政府项目（如福利、食品券、社会保障、失业保险）。第三，尽管这些非法移民们都希望“躲开”政府，但实际上他们还是不可避免地要缴纳大多数税收（尤其是工薪税、销售税和财产税）；事实上，一项研究甚至发现，75%的非法移民都有资格要求返还收入所得税，而真正申请者所占的比例却很小。

（二）劳动力流动越多越好吗

劳动力流动能使人力资源得到充分利用，促进经济增长，能够保证劳动力市场的活力和效率。自愿流动的结果一般来说都能够提高工人对工作的整体满足程度。经济收益的提高是工作满足程度的一个重要方面。有证据表明，在年轻人中，多数年轻人离职后的工资增长幅度要比他们继续留在原来企业工作的工资增长要快。

然而，劳动力流动对雇主、雇员和整个经济可能也会产生某些负面作用。当一个有经验的工人离职而由一个缺乏经验的工人替代时，雇主就要支付训练费用，并在相当一个时期内承担新工人生产效率低所带来的损失。对雇员来说，某些流动可能会造成失业。流动需要支付大量的经济成本和心理成本，承担失业的风险和痛苦，社会也要为此而付出代价。

延伸思考

1. 试述单个劳动力流动的经济模型及其含义。分析非法流动和移民对劳动力市场的经济影响。

2. 影响劳动力流动的因素主要有哪些？它们是怎样影响劳动力流动的？

3. 你怎样看待我国劳动力流动的现状。

深度阅读

1. 朱国宏，桂勇. 经济社会学导论［M］. 上海：复旦大学出版社，2005.
2. 杨河清，胡建林. 劳动经济学［M］. 武汉：武汉大学出版社，2009.
3. 宁光杰. 劳动经济学［M］. 北京：经济管理出版社，2007.

第十一章 劳动力市场歧视：种类、根源与结果

在竞争性劳动力市场中，劳动者所在岗位性质或工作技能的不同会造成工资的差别。形成这种工资差别的原因有很多，比如人力资本投资数量的差异、劳动力供求不平衡、内部劳动力市场的存在等。经济学家认为，多数工资差别是劳动力合理配置所必需的。但是，有些劳动者提供了相同的生产率，却因为与生产率无关的非经济的个人特征因素（如户籍、性别、年龄、民族、宗教、出身、残疾、外貌）等有所不同而遭受就业机会和报酬的不平等。这些因素通常用来解释劳动力市场歧视问题，如果市场参与者在从事经济交易时，考虑种族、性别等，歧视就发生了。本章将介绍劳动力市场的歧视种类、根源及其表现结果。

一、歧视种类：性别歧视、种族歧视与统计歧视

长期以来，歧视在劳动力市场中是一种比较普遍的现象。它对劳动供给和劳动需求以及市场均衡都有不可忽视的影响。在现实的社会组织生活中，人们经常会使用“歧视”这一概念，但是却很难把握它的准确性。为此，我们有必要先对劳动力市场中的歧视下个定义。

劳动力市场歧视（labor market discrimination）指在现行劳动力市场上，具有相同生产率的劳动者，由于在一些非经济的个人特征（如种族、性别、信仰、区域、年龄等）上有所不同，而影响了他们获得同等报酬或获取同等就业机会。对劳动力市场歧视概念的理解，应注意以下三个要点：第一，歧视是可以衡量的劳动力市场行为结果，如工资、就业水平、晋升机会等。第二，歧视概念应略去偶然性的常态随机差异，它只包含有规则而不相互排斥的差异。第三，歧视的概念提出了一个区分引起工资差异的劳动力市场歧视与前市场歧视的方法。例如，由于具有某一标志（如性别、年龄、民族等）的群体，平均生产率水平不同所产生的差异，在性质上可以归为前市场差别；如果生产率水平相同，仅仅由于某一标志（如性别、年龄、民族等）而产生的报酬或工作机会上的差异，可以作为劳动力市场歧视的证据。

知识链接

区分“劳动力市场歧视”与“前市场歧视”

前市场歧视理论认为，当前劳动力市场歧视并没有反映出劳动力市场歧视的全部情况，特别是没有说明为什么不同的人口群体所获得的生产率特征是不同的，以及这种不同的生产率特征是前市场歧视的结果，还是人力资本投资的一种自愿选择，或者是在人力资本投资决策时就已经对未来可能的歧视做出了预期的反应。

这种理论可以追溯到冈纳·缪尔达尔的累积性因果原理，它指出歧视的另一种根源：累积性的历史因素。这些因素的主要作用体现在人力资本的歧视性投资上。这种歧视性投资表现在两个方面：社会的歧视性投资和被歧视群体的自我歧视性投资。社会的歧视性投资表现在社会公共资本的非最优配置上，特别是教育的投资。比如社会使得有些成员只能接受较少的教育或者得到较差的健康照顾，他们的父母可能让儿子上大学而只让女儿读到中学等，前市场歧视会造成生产率的不同。而劳动力市场歧视则是指在现行劳动力市场上一切经济方面都相同的个人之间的报酬差别，而这些人具有相同的生产率。

性别取向、年龄、种族、宗教背景、身体残疾、出身等都是歧视的基础。为了突出重点，我们集中讨论性别歧视、种族歧视、统计性歧视三个问题。

（一）性别歧视

一般认为，性别歧视通常采取以下两种比较明显的形式。第一，雇主会将与男性员工具有同等受教育水平和生产率潜力的女性员工人为地安排到低工资的职业中或是责任水平较低的工作岗位上。同时，这些雇主会把高工资工作留给男性劳动者。这种形式的歧视称为职业歧视（occupational discrimination）。第二，雇主支付给女性员工的工资，要低于与她们从事同种职业、具有相同工作经验以及在相同条件下工作的男性员工的工资。这种情况被称为工资歧视（wage discrimination）。

如表11—1，在1982年、1990年、2000年和2010年四年人口普查中，农、林、牧、渔、水利生产中女性职业构成都高达77.1%、75.3%、69%和53.2%，性别构成分别高达46.8%、47.9%、48.5%和49.2%。而在资本或技术密集型的行业中，女性就业所占比重相对较小，例如，2010 年生产、运输设备女性操作人员所占比例只有 31.6%。即使在资本或技术密集型的行业中，妇女也大都集中在技术层次低、收入低、简单重复性的体力劳动部门，在管理和技术部门女性的就业机会很少。如 2000 年国家机关、党群组织、企业、事业单位负责人中女性所占比例仅为 16.8%，比男性低 66.4 个百分点。2004 年女性职工总人数为 4 227 万人，在占各行业职工人数比例方面，女性比例大都低于男性，只有在卫生和住宿行业中女性就业人数超过男性，比例高达 59.1%和 55.2%。

表 11—1　1982 年、1990 年、2000 年和 2010 年中国就业人口的职业构成和性别构成

职业分类	1982 年		1990 年		2000 年		2010 年	
	女	男	女	男	女	男	女	男
职业构成（%）								
国家机关、党群组织、企业、事业单位负责人	0.4	2.5	0.4	2.8	0.6	2.5	1.0	2.4
专业技术人员	0.4	5.6	5.3	5.3	6.5	5	7.8	6.0
办事人员和有关人员	0.7	1.7	1	2.4	2.1	4	3.2	5.2
商业、服务业人员	4.3	3.8	5.9	5	10.1	8.4	18.7	14.1
农、林、牧、渔、水利生产人员	77.1	68	75.3	66.8	69	60.7	53.2	44.3
生产、运输设备操作人员	13	18.3	12	17.7	11.7	19.3	15.9	27.8
不便分类的其他劳动者	0.1	0.1	0.1	0.1	0.1	0.1	0.1	0.1
合计	100	100	100	100	100	100	100	100
性别构成（%）								
国家机关、党群组织、企业、事业单位负责人	10.4	89.6	11.5	88.5	16.8	83.2	25.2	74.8
专业技术人员	38.3	61.7	45.3	54.7	51.7	48.3	51.2	48.8
办事人员和有关人员	24.5	75.5	25.7	74.3	30.3	69.7	33.2	66.8
商业、服务业人员	47	53	48.9	51.1	50	50	51.7	48.3
农、林、牧、渔、水利生产人员	46.8	53.2	47.9	52.1	48.5	51.5	49.2	50.8
生产、运输设备操作人员	35.4	64.6	35.7	64.3	33.4	66.6	31.6	68.4
不便分类的其他劳动者	41.7	58.3	42.5	57.5	36.2	63.8	44.7	55.3
合计	43.7	56.3	45	55	45.3	54.7	44.7	55.3
人数（万人）	22 784	29 366	29 104	35 623	31 688	38 620	31 951	39 597

资料来源：1982 年、1990 年、2000 年、2010 年人口普查资料。

按照劳动法规定，工资分配应当遵循按劳分配的原则，实行同工同酬。但是，在现实社会组织中，男女同工不同酬的现象还是存在的，女性员工人均年工资明显低于男性员工。以 2012 年为例，男性员工人均年工资总收入为 30 768 元，而女性人均年工资总收入则为 20 525 元，差距达 1 万元以上。具体来说，男性员工位于年工资总收入的高收入组的比例明显高于女性，他们的年工资总收入在 2 万～5 万元、5 万元及以上的比例分别比女性员工高 13.28 和 6.73 个百分点（见表 11—2）。不仅在中国存在男女同工不同酬的现象，在大多数发达国家，不同性别劳动者之间的工资性报酬也存在很大差距（见表 11—3）。

表 11—2　2012 年男女员工年工资总收入分布情况

年工资总收入（万元）	全国	性别	
	合计（%）	男（%）	女（%）
0～0.5	7.26	5.29	10.52
0.5～1	10.33	8.82	12.83
1～2	26.24	22.18	32.95
2～5	45.07	50.07	36.79
5 及以上	11.10	13.64	6.91
合计	100	100	100

资料来源：中山大学社会科学调查中心。

表 11—3　女性/男性工资率的国际比较

国家	1979—1981 年	1994—1998 年
澳大利亚	0.800	0.868
加拿大	0.633	0.698
芬兰	0.734	0.799
法国	0.799	0.899
德国	0.717	0.755
爱尔兰	—	0.745
意大利	—	0.833
日本	0.587	0.636
新西兰	0.734	0.814
西班牙	—	0.711
瑞典	0.838	0.835
英国	0.626	0.749
美国	0.625	0.763

资料来源：Francine D. Blau and Lawrence M. Kahn. Gender Difference in Pay. Journal of Economic Perspectives，Fall 2000：92.

当然，不同性别的报酬差异本身并不能作为歧视的充分证明。因为，劳动力市场上的工资以及职业差别的缘由不仅体现在性别上，还受教育水平、年龄、工作经验和工时数量等很多因素影响，甚至还可能来自男性和女性对从事市场或家务劳动的不同选择。对处于同一职业的男性和女性来说，他们之间对工资差别影响最大而且可以被观察到的生产率特征是其在劳动力市场上的工作经验。与年龄、教育程度和职业相同的男性相比，女性的工作经验相对要少一些，除了性格局限等普遍性客观原因外，女性在养育孩子上一般都扮演主要角色，抚养孩子的岁月也增加了工资差距，因为女性的技能会在这段时间大大贬值。

（二）种族歧视

为了对劳动力市场种族歧视有一个直观的了解，我们先看一些国外劳动力市场的统计资料。

加拿大劳工议会的一项调查显示，加拿大不同人种在薪酬待遇与就业保障上的差别进一步拉大。调查报告显示，在 1999 年，加拿大有色人种雇员的年薪平均为 1.98 万元，其他人种雇员的平均年薪为 2.37 万元，差别达 16.3%，而 2001 年两者的差别增至 28%。

美国劳工部 2006 年 12 月 8 日公布的资料表明，2006 年 11 月，美国黑人的失业率为 8.6%，而白人是 3.9%。美国平等就业机会委员会每星期都收到超过 500 起关于种族歧视的投诉。美国人口普查局的统计显示，美国白人家庭年平均收入为 50 622 美元，相比之下，西班牙裔家庭年平均收入只有 36 278 美元，黑人家庭只有 30 940 美元，白人比黑人收入高出 67%，比西班牙裔人高出 40%。

从图 11—1 中我们看出，就同种族不同性别工资差异而言，男性工资报酬要高于女性，这也体现了我们前面所讨论的劳动力市场的性别歧视。而从种族间工资差异而言，2005 年，全日制西班牙裔和黑人的平均工资报酬不及从事全日制工作白人男性工资报酬的 71%，而全日制西班牙裔妇女和黑人妇女的平均工资报酬更是不及白人男性的 60%。

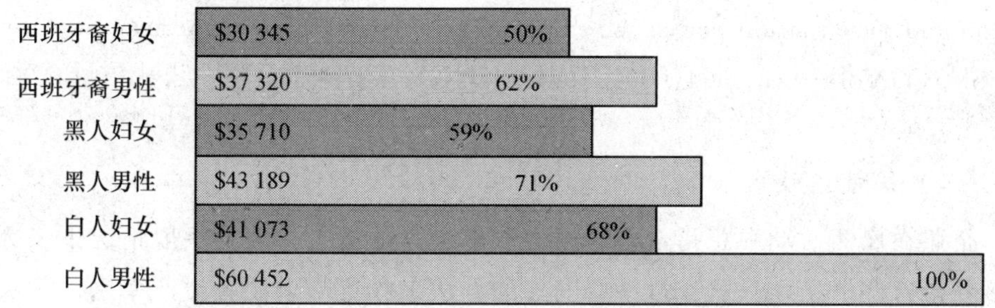

图 11—1　美国各种人口群体中 24 岁以上全日制工人的工资报酬占白人男性工资报酬的百分比（2005）

观点纵横

不同种族劳动力收入歧视问题

麦考尔（Leslie McCall）对城市中种族歧视的问题进行了有意义的研究，他运用 PUMS1990 以 181 个美国统计区域的数据来分析工资与种族、性别之间的相关性和相关系数，通过比较发现，种族间的工资不平等远远要比性别间的工资不平等严重。进一步分析发现，亚裔和拉美裔移民的工资不平等现象与其种族身份之间的相关性更强。虽然黑人与白人之间的工资也存在着明显的不平等，但是这样的不平等与种族的联系并不紧密，更多地是取决于黑人受雇的行业和组织。

此观点有赫夫曼（Matt L. Huffman）和科恩（Philip N. Cohen）的研究结论予以支持。赫夫曼和科恩在《种族工资不平等：美国劳动力市场的工作隔离和歧视》一文中谈道，职业在不同种族之间的隔离和歧视是导致不同种族收入不平等的重要原因。黑人群体之所以处于工资收入的劣势是因为其长久以来被隔离于黑人主导行业，如一些体力劳动行业和不需要很强专业技能的职业。

卡林顿（William J. Carrington）和特罗斯克（Kenneth R. Troske）作为研究公司内部不同种族间工资歧视问题的专家，对上述观点提出了反驳。他们认为，即使是黑人与白人处在同一公司同样的岗位当中，他们所受到的待遇也是不相同的。

资料来源：Leslie McCall. Sources of Racial Wage Inequality in Metropolitan Labor Markets：Racial Ethnic and Gender Differences. American Sociological Review，Vol. 6，2001：520－541.

Matt L. Huffman and Philip N. Cohen. Racial Wage Inequality：Job Segregation and Devaluation across U. S. Labor Markets，The American Journal of Sociology，Vol. 109，2004：902－936.

（三）统计性歧视

企业在雇佣活动中总是希望雇用生产率最高的员工，但是一般情况下又无法直接获得这些信息，只能通过一些间接的办法来收集与求职者生产率水平相关的信息，如受教育程度、工作经验、测试分数等，通过这些相关信息对求职者的生产率水平做出评估。这些信息就好比求职者生产率水平的“指示器”，然而，这种“指示器”又不是完全的，要想做出更准确的预测，就必须收集更详细的资料，然而，这样做就必须付出更高的信息成本。为了能以最低的信息成本获取一定质量的劳动力，企业在雇佣活动中常常利用求职者所属的群体所具有的一般信息来帮助完成雇佣工作。比如说有两个求职者，他们的受教育程度、工作经验、测试分数等相关信息完全一样，假设企业只能雇用其中一人，那么这种情况下就很难作出雇佣决策；但是如果企业知道其中一人毕业于重点大学，一人毕业于普通大学，那么企业通常会雇用来自重点大学的求职者，因为一般认为前者的平均生产率水平要高于后者。很显然这种做法可能会拒绝普通大学中的优秀者，雇用重点大学的差等生。

同样，在企业薪酬制度的设计中，也会出现类似的情况，通常工资是划分等级的，同一等级内的员工工资是相同的，但是他们的生产率水平并不完全相同，因而有的吃亏，有的占便宜。不过这种做法减少了管理成本，在差别不大的情况下也是切实可行的。

埃格勒和克恩将上述两种统计性歧视区分为群体间歧视和群体内歧视。不论何种情况，劳动力市场的统计性歧视（statistical discrimination）是将一个群体的典型特征（测试分数、受教育程度、工作经验等）推断为个体具有的特征，并将其作为评价标准而产生的歧视。统计性歧视是在信息不完全的情况下，由于考察的方法局限所造成的。不管怎么说，在排除雇主其他歧视情况下，统计性歧视其实是在信息成本约束与利润最大化行为下的一个理性选择①。

统计性歧视可以被看成是甄选问题的一个组成部分，举个例子来说明。假设有两种类型的人申请秘书工作，一类人打字速度为每分钟 70 个字，而另一类人是每分钟 40 个字，但这些实际生产率对雇主来说是未知的。雇主所观察到的只是申请者 5 分钟打字测算的结果。

问题在于：在工作中实际每分钟打 40 个字的这类人，在测试中运气好，得分高于 40；另一类在实际工作中每分钟能打 70 个字的，可能运气不佳得分低于 70。在雇佣决策中，可能会导致两种错误：一些“好的”求职者遭到拒绝，而一些“差”的求职者却被雇用了。

图 11—2 显示了两类员工测试分数的分布。每分钟实际能打 70 字的人平均得分为 70，但有一半人得分低于 70。同样，另一组中的一半人得分高于 40。但是，如果一个求职者得了 55 分，雇主就不知道他是好的（每分钟 70 个字）还是

---

① 谢嗣胜，姚先国．劳动力市场中统计性歧视的模型分析［J］．数量经济技术经济研究，2004（9）．

差的（每分钟 40 个字）了。如果把得 55 分的人一概拒绝，那么企业就会拒绝一些好的工人；如果企业非常需要这些工人，一些差的工人就会被雇用。

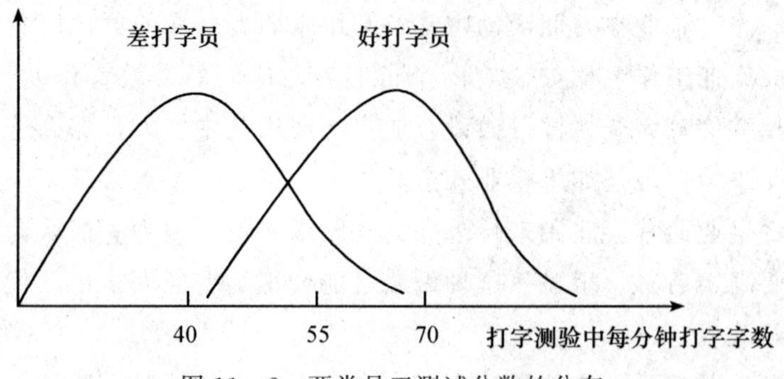

图 11—2　两类员工测试分数的分布

为了避免出现上述情况，假设雇主通过研究后发现，来自某一学校的求职者曾经接受过特殊的 5 分钟训练，因此能更有效地应对这种测试。这些在平常工作中只能打 X 的分数，在 5 分钟打字测试中很有可能取得高于 X 的分数。认识到这一点，企业可能拒绝来自该校得分等于或少于 55 分的求职者，原因是测试分数高估了他们的能力。

这个例子的一般经验是，在进行实际雇佣决策时，如果根据求职者的个人特征（测试成绩、受教育程度、工作经验等）不能对其实际生产率做出完全的预测，企业会同时利用个人资料及其所属群体的群体资料来做决策。但是，利用群体资料时会导致劳动力市场歧视，因为具有相同可测量特征的人，由于归属于不同的群体会受到系统性的不同对待。

统计性歧视模型的一个重要含义是，如果不利群体的总体统计性特征中，随机扰动项越大，即总体特征中个体差别越大，使用群体资料作为甄别手段的代价就越高。例如，现今更多的妇女希望从事全年工作，并不愿意退出劳动力市场去生儿育女。如果雇主使用性别作为求职者在劳动力队伍中停留时间长短的指标，就会犯代价很高的错误。他们会拒绝很多能够长久为企业工作的女性，而接受生产率较低的男性求职者。但是对于企业来说，这仍是不完全信息下的高效率的做法，与雇主利润最大化目标是一致的，所以统计性歧视在劳动力市场上将会长期存在。

二、歧视偏好：贝克尔模式

在设计相应的政策来应对这些歧视现象之前，我们有必要弄清楚歧视发挥作用的机制是什么。按照对歧视的根源和作用机制的看法不同，西方劳动力市场歧视理论大体可分成三种情况。一是认为歧视的根源在于个人偏见。这种理论主要是在完全竞争均衡框架下解释歧视的现象，被看作歧视的市场竞争理论。二是认为歧视的根源在于市场垄断力量。这是歧视的非竞争性理论。三是统计性歧视理论。这种理论认为歧视的原因在于市场失败，即信息的不完全，这种歧视是歧视者的理性选择。还有一种情况是从歧视的时间效应来划分的，也可看作是前三种情况的派生理论，即前市场歧视理论，由于市场上存在上述歧视情况，可能诱发被歧视对象的规避性人力资本投资，从而对以后的市场歧视产生影响。

最早对这方面研究的书籍之一是加里·贝克尔于1957年出版的《歧视经济学》。贝克尔第一个建立了解释歧视经济效应的模型，其所研究的歧视问题主要是基于偏见基础之上的、以种族为代表的不同人口群体之间的歧视。当代经济学家对歧视问题的分析均起源于贝克尔的模型。

贝克尔的歧视偏好模型（Taste-for-Discrimination Model）把歧视看成是歧视者的一种偏好，他运用简化的两国贸易模型来说明歧视问题。一个国家往往根据比较利益原则进行国际贸易，从而获得最大的国民产出。然而，很多国家都会利用关税、配额等手段阻碍自由贸易，它们似乎偏好本国产品，宁可付出国民收入递减的“代价”在国内生产也不愿意进口某些商品。贝克尔认为如果某个人具有歧视偏好，那么，他就乐意以某一群体代替另一群体，并为此支付某些直接或间接的费用，如放弃一部分收入。当歧视行为付诸实施时，为了行使这种特权，该人要么为此直接支付费用，要么放弃一部分收入。

下面我们来分析其简单性和解释力。这里，我们以不同于贝克尔书中的方式来论述，不过这种论述可以体现出该模型的实质。假设雇主的目标受两个因素的影响：利润 π 和男性在雇工中的比重 m，这样，雇主的目标函数即为：

$$\max U = f(\pi, m)$$

歧视性雇主为了实现效用 U 最大化，有两种办法：一是实现利润最大化；二是最大限度地提高男性就业的人数。假设其他条件（如生产函数、产品和劳动力市场的竞争程度等）不变，歧视性雇主的行为可以无差异曲线来分析，如图11—3所示。

图中纵轴表示货币利润，横轴表示劳动力中的性别比例。图中的 IC 表示雇主的一条无差异曲线，雇主对女性的歧视程度越高，无差异曲线的斜率就变得越陡峭。若男女在生产过程中可完全替代，且支付相同工资 w，水平曲线 P_1P_1 就代表企业的利润总额，若雇主不持有性别歧视偏见，则 IC 曲线就是一条水平线，

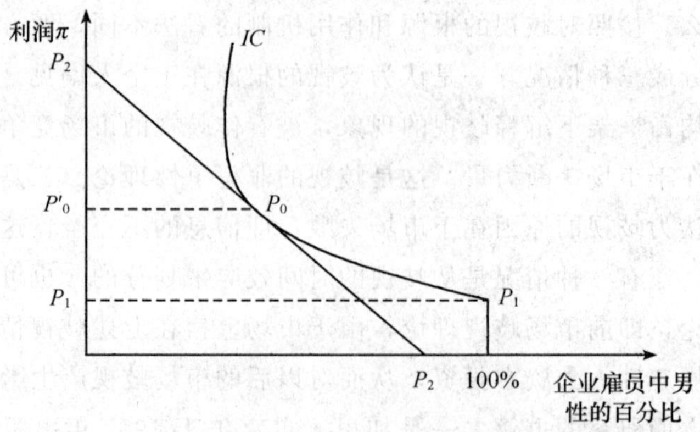

图 11—3　歧视性雇主的均衡

模型中不存在均衡点。

由于存在性别歧视，雇主倾向于全部雇用男性，并承担由此引发的成本。尽管雇用男性与雇用女性的货币成本没有差别，都是工资率 w，但对歧视性雇主而言，其净值成本 C 为：$C=w(1+d)$，其中 d（$d>0$）是由于女性就业使雇主身心不悦的数量化表现形式，贝克尔将其称为歧视系数（Discrimination Coefficient）。歧视系数 d 的值域区间由负无穷大到正无穷大；歧视系数 $d<0$，表示雇主任人为亲、偏袒圈内人；歧视系数 $d>0$，表示雇主实施歧视；歧视系数 $d=0$，表示雇主既无偏袒，也无歧视。对雇主而言，w 与 d 的乘积是净值成本与货币成本的偏差，这是由女性在企业供职引起的。

如图 11—3 所示，生产过程中，在男女两性可以完全替代的条件下：

1. 若男性与女性的工资率完全相同，歧视性雇主更多地雇用男性，可以实现效用最大化。原因是，此时雇主的净值成本等于货币成本，在 P_1 点，歧视性雇主实现均衡。

2. 若女性的工资率低于男性，雇工中男性比重越大，利润越低。这种关系由新的利润曲线 P_2P_2 表示，歧视性雇主的均衡点位于 P_0，他放弃的利润等于（$P_2P'_0$）的差额。

从以上分析中，我们可以得出以下推断：

1. 歧视系数（d）越高，无差异曲线的凸性越明显，企业越倾向于雇用男性工人；

2. 男女的工资差别越大，歧视女性的成本越高，女性工人的比重越有可能趋于上升（但相对于无歧视行为，女性的雇用比重处于较低水平）；

3. 在生产过程中，男性对女性的可替代程度越低，女性的比重就越高（即与理想性别构成比例的微小变动，会引起利润急剧下降）。

我们可以用图 11—4 以一种不同的形式说明该模型的含义。假定男性和女性在生产过程中具有完全的替代性，则无歧视条件下的边际产量曲线，即是劳动力需求曲线，如 MM；若雇主歧视女性，则女性劳动力需求曲线会向原点移动，即移动到 FF，其移动的数额等于（$-wd$），目的是抵消成本（wd）。如果将这种向内的移动设想为垂直移动，这将意味着只有当女性的工资率等于 w^f 时，该雇主才会等量地雇用妇女和男人（L^m）。如果将内向的移动设想为一种水平的移动，在两性的工资相等，即都等于 w^m 时，该雇主才会只雇用数量为 L^f 的妇女。

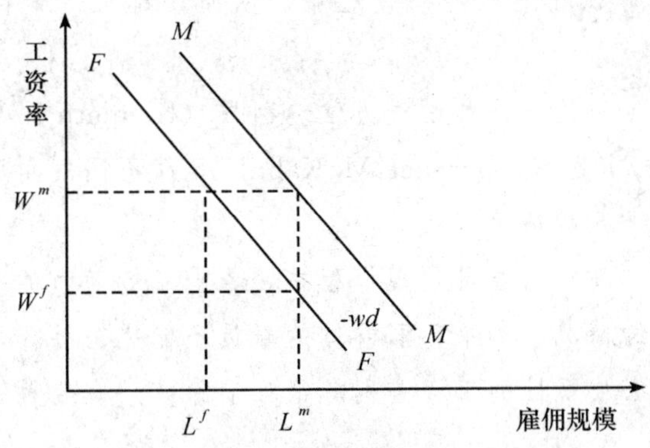

图 11—4　被歧视群体的就业与工资水平

从长期看，歧视性雇主将被非歧视性雇主逐出市场，因为后者的目标函数是货币成本最小化；从短期看，在市场筛选过程还没有达到适者生存的程度时，男女两性间的工资和就业会存在一定差别。歧视性雇主雇用的被歧视员工在雇工规模中占有较小的比例，被歧视群体将转向非歧视型企业就业。

以上的阐述展现了贝克尔理论的本质，我们可以从很多方面对这一理论加以扩展。若歧视来源于工作伙伴，且两个群体间在生产过程中并不能完全替代（或互补），那么，无论从长期看还是短期看，工资差别都将存在；若两个群体间在生产过程中可以完全替代，则无论从长期看还是短期看，工资差别都将不存在；若消费者有歧视偏好，从短期看，工资和就业差别将十分流行；从长期看，要取决于不同消费群体间是否能够相互隔离。

观点纵横

歧视模型的改进

贝克尔根据偏好假设建立了对歧视的分析模型，他的模型的内在逻辑是连贯的，为其他学者研究提供了一个出发点。他把歧视变成了可以用一个连续的尺度加以测量的变量；讨论了由歧视偏好所引发的群体间工资和就业差别及其所产生的后果。其基本结论是：强势群体的工资较高，是歧视的受益者，而弱势群体是受害者。他将歧视系数 d 纳入经济模型中，从而使标准的最优决策机制发挥作用。

也有些学者提出一些批评和改进办法。阿罗（Kenneth J. Arrow）、阿克劳夫（George Akerlof）、卡恩（Kawrence M. Kahn）等从不同的角度对贝克尔模型作了拓展，主要有以下几种情况：

阿罗（1972，1973）的雇员歧视模型中，考虑了劳动力的不完全替代性和存在劳动力调整成本的情况。如果不同群体的雇员不能完全替代，并且雇用和辞退都是有成本的，那么歧视性的工资差别就很难消除或只有经过一个相当长的时期后才能逐步消失。

阿克劳夫（1985）认为贝克尔模型是不稳定的，因为生产中普遍遵从歧视习俗，那么劳动力使用是没有效率的，结果提高生产成本，这样那些打破社会歧视习俗的企业将获益。但是如果其他交易商联合抵制违背社会习俗的企业，那么他会失去一些交易商，就可能不会获益。因此阿克劳夫提供了一个稳定的歧视模型，也就是说即使存在没有歧视偏好的显著的少数群体，即使资本可以在不同歧视偏好的企业主间流动，那些试图打破社会歧视习俗的企业也不能获益。

卡恩（1991）发展了贝克尔的顾客歧视模型，他认为在一般均衡框架下，顾客歧视理论区别于雇主歧视与雇员歧视，特别是在规模报酬不变和非歧视性企业存在的情况下，被歧视的群体可以逃避歧视，但顾客歧视仍可能存在。歧视性工资差异的存在取决于顾客需求、技术、少数群体劳动力的相对规模。

对贝克尔模型批评的另一点是，将歧视这个社会问题的根源假定为个人偏见，解释力还不够强，应当将歧视问题放到广义的经济和社会环境中加以剖析。如克鲁格（Anneo. Krueger，1963）认为，贝克尔的偏见假设是合理的，但是也存在对歧视的另外一种解释，即歧视的动机是经济原因。即使白人没有歧视偏见，白人的利润最大化行为也能导致歧视。

在贝克尔模型的假设条件下，雇主是歧视的受损者，这一结论也很难令人信服。修罗（Thurow，1969）借助贝克尔模型分析表明，在劳动力需求弹性系数不变的情况下，雇主是受益者还是受损者取决于被歧视对象的供给弹性系数。例如，如果黑人劳动供给弹性是零，那么黑人的工资将随需求曲线的下降而下降，但是黑人的劳动数量不变。白人雇主的收益因为黑人的工资低于其边际产品而上升；如果黑人劳动供给弹性是无穷大，那么黑人的工资不变，黑人的劳动供给数量减少，白人雇主将造成生产者剩余的净损失，没有歧视性收益，因为黑人不提供工资低于其边际产品的劳动。如果黑人劳动供给弹性大于零小于无穷大，那么歧视性的收益或损失都可能发生。

三、排挤理论：职业隔离

在劳动力市场上，当某一个人口群体内部的职业分布与另外一个人口群体内部的职业分布差异较大时，我们就可以说这两个人口群体之间存在着职业隔离。职业隔离有横向隔离和纵向隔离之分。横向隔离，就是男女在某一职业中的构成比例与其在全部劳动力人口中的比例不一致。横向隔离是对男女选择行业和工种的一种偏见。纵向隔离指的是男女在同一职业中级别分工的不同，男子从事高级别的工作，而女子从事低级别的工作，即所谓的“玻璃天花板现象”。职业隔离，尤其是按照性别形成的职业隔离在现实中是存在的，并且还很严重，妇女可以就业的职位相对有限，她们处于被排挤的劳动力市场中，因而工资较低。

从图 11—5 中可以看出，运用简单的供给需求曲线来表示“排挤”很简单。图（a）：由于劳动力供给比劳动力需求相对而言要少一些，因而工资率（W_H）相对较高。图（b）：由于市场过于拥挤，结果导致与劳动力需求相对应的劳动力供给过多，从而使得工资率（W_Z）相对较低。例如，女性占主导地位的职业，工资率低。

虽然排挤效应容易看到，但其现象本身却不大容易解释。例如，如果一种或一组工作中妇女和男子的生产率相同，人们就会认为，正是由于妇女人为地挤进某些特定类型的工作之中，才导致她们可能获得较低的工资，但妇女的低工资将反过来使现在雇用男子的企业转而追求女性雇员，这种追求利润最大化的行为最终会消除任何工资差别。尽管我们非常清楚，只要职业隔离未得到消除，非竞争性群体就会存在。但是，我们仍然需要解释的是，为什么一开始会存在这样一些

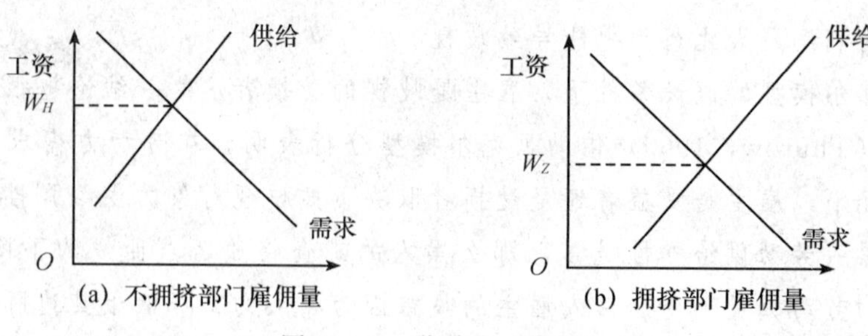

图 11—5 劳动力"排挤"

非竞争性群体。在过去的几十年里，经济学家提出了各种各样的解释：把某些工作鉴定为"男性工作"，而把另外一些工作鉴定为"女性工作"的过程，是通过社会习俗完成的；男性和女性之间要么是存在先天能力上的差异，要么是存在后天能力上的差异；男性和女性对买方垄断雇主的供给曲线有所不同。但从寻求歧视的最终根源这一角度来说，所有这些都没能对该问题做出完整的解释。

四、原因与结果：非歧视因素

除了歧视，还有许多因素能够导致不同性别和种族劳动者之间收入的差距。即使是具有同等教育水平，为同一雇主工作，男性比女性的收入高，并不一定是由于性别歧视导致的。与偏见无关的各种因素都有可能导致这一结果。原因—结果的分析方法，难以分离出歧视在解释社会经济地位差距中的作用。下面我们就性别歧视考虑这个问题。

一些经济学家认为，妇女较低的经济地位根本上是女性"理性选择"的结果。这种观点认为，大多数妇女为了使她们的传统家庭主妇的角色与工作协调起来，对人力资本投资、工作小时数、工作地点进行了选择，从而导致其收入低于男性。这一事实有多种含义。首先，既然妇女参加工作的生命时间较少，她们预期人力资本投资（教育和培训）的收益率要低于男性。结果，妇女以及她们的雇主就不太愿意对教育和在职培训进行投资，由此导致妇女的劳动生产率和收入比男性低。其次，妇女拥有的人力资本储备会因为她们离开劳动力市场而退化，因此，她们的劳动生产率和收入将被降低。最后，职业隔离是理性选择的结果。既然知道她们不会成为持久的劳动力，妇女会偏好如护士或基础学校的教学工作等职业。

男女收入不同的部分原因是妇女愿意选择的工作类型不同。如果女性认为较短的工作时间、工作安全、工作地点离家近等因素的价值很高，这些偏好将导致女性的收入低。与此不同的是，男性获取较高收入的部分原因是要补偿他们的较长工作时间、工作的危险性、不便利的居住地等，这些都是与性别歧视无关所造成的工资差异。

对以上观点持怀疑态度的人则认为，把原因—结果的顺序颠倒过来似乎更合理，在解释女性—男性收入的差距上，歧视是起首要作用的。女性选择对教育和培训的投资较少，或仅投资于几种类型的教育和培训的原因，正是由于劳动力市场歧视和显而易见的收入差距。

以上两种观点哪种是正确的？两种观点都正确。歧视导致了因果关系的复杂的交叉。关于男性和女性人力资本投资和职业选择的不同决策，可能是由于劳动力市场歧视和已存在的收入差异，并且同时也是这些收入差异的起因。

五、反歧视政策及问题

歧视是世界各国普遍存在的现象。为了减少歧视对社会政治、经济的发展以及社会的稳定产生严重的负面作用，国际社会以及各国政府都相继出台了一些有关的法律、政策等反歧视措施。下面介绍美国、日本和我国消除劳动力市场歧视的法律和政策，并作评述。

（一）美国消除劳动力市场歧视的立法及实施

1.《1963公平工资法》

美国1963年颁布了处理性别歧视的主要联邦法案《1963公平工资法》。该法案宣布，对于运用相同技术并在相同工作条件下完成工作的男性和女性分别支付不同工资的做法是非法的。这在消除工资差别方面迈出了重要一步。虽然《1963公平工资法》是反歧视立法的一个里程碑，但是它对雇佣机会均等和晋升机会均等没有作出规定，在实际经济活动中不仅应当要求雇主对具有相同生产率的人支付相同的工资，而且应当要求他们为具有相同生产率的人提供相同的就业和晋升机会。

2.《民权法案》第七章

《民权法案》第七章是美国反歧视政策的中心，这一法律不仅适用于歧视工资，而且适用于雇用和晋升中的歧视。该法律规定：任何雇主“因为任何个人的种族、肤色、宗教信仰、性别或祖籍来源等原因而拒绝雇用之或解雇之，或在工资、待遇、工作条件或就业优惠权利等方面对个人进行歧视”均属于违法行为。同时，第七章的规定使得劳工组织的许多做法都成为非法。比如：不允许个人加入工会组织，对工会成员进行相互隔离，拒绝向某些工人提供就业机会或不批准工人参加学徒培训计划等。

3. 联邦法院制定的两套歧视标准

在过去的若干年中，美国联邦法院已经制定了两套歧视标准，即差别待遇歧视标准和差别结果歧视标准。当某人宣称其雇主实施了歧视性雇佣实践的时候，法院就可以运用这两套标准来进行判断。如果个人因为他们的民族、性别、肤色、宗教信仰或祖籍来源而受到不同的对待（比如说被雇主支付不同的工资或福利），并且可以明显地看出存在一种故意的歧视，那么根据《民权法案》第七章的规定，就可以说存在差别待遇性歧视。

由于过去歧视会对当前产生影响，政府制定了有关差别结果的歧视规定。在这种判断方法中，歧视是一种结果，而不是一种动机。如果有些人事政策看上去似乎是属于中立性质的，但是实际上却导致因种族、性别等方面的原因而出现差别性结果，那么这些人事政策也会受到《民权法案》第七章的禁止，除非这些差别是与工作绩效联系在一起的。

（二）日本消除劳动力市场歧视的法律

日本政府为了消除男女雇佣机会的差别，在雇佣条件、员工安置和晋升等方面，也以立法程序颁布执行了《男女雇佣机会平等法》。该法明确规定，禁止在教育培训、福利卫生、退休退职和解雇等方面的差别待遇。该法于 1986 年 4 月开始实施，要点为：

1. 关于就业机会与劳动待遇方面的均等

作为雇主的责任是：(1) 招聘、录用员工时，提供均等的机会，在工作岗位安排与提升方面做到平等；(2) 在退休、解雇方面禁止设置与男性不同的条件；禁止以婚姻、妊娠等作为解雇女性员工的理由；(3) 在福利方面禁止对男女性差别对待。

2. 关于女性员工劳动保护规定的修改

放宽了对女性员工的劳动保护的限制，如废除对担任管理职务、技术职务女职员在制度时间以外以及节假日进行工作的限制规定；承认女性妊娠、产期以外可以参与部分政府行政部门认可的低度危险及有害性工作的岗位。

3. 有条件地放宽与产假相关的待遇

雇主应保证女性员工育儿休假并给予相应的照顾。国家对因妊娠或生育而辞职并希望再就业的妇女提供职业指导和专业技能训练。

（三）我国劳动力市场歧视问题及解决建议

我国经济领域中的歧视问题较为严重。一些用人单位的歧视观念严重，再加上劳动力市场运行不规范，相关的法律监督不到位，劳动力市场歧视的情况不容乐观。

1. 我国劳动力市场歧视表现形式

我国劳动力市场歧视表现形式可以说是不胜枚举，比如常见的有社会身份歧视、户籍歧视、地域歧视、政府政策歧视、性别歧视、年龄歧视、身高歧视、相貌歧视、方言歧视、学历歧视、经验歧视、残疾歧视、乙肝病毒携带者歧视等。主要有以下几个方面：

（1）城乡就业歧视。长期以来，我国劳动就业基本上是根据劳动者户籍身份的不同，采取了不同的或者说是歧视的政策和措施。目前，全国有许多中小城市取消了户籍制度的限制，但是像北京、上海这样的大城市，则继续保留对外来人口的限制。

（2）性别歧视。在劳动力市场上，这种歧视现象较为普遍。许多用人单位为了回避劳动法所规定的不得解雇怀孕以及哺乳期妇女的规定，不愿意雇用女性，或者在雇用时对男女求职者采取不平等的标准。在就业市场上，明确限制性别的招聘广告比比皆是。许多单位虽然表面没有对性别作出限制，但是一进入面试程序就"男性优先"。还有某些私营企业在女职工孕期采取"变岗变薪"的方法来侵害女职工的合法权益。在进入劳动力市场之前，人力资本投资存在性别歧视，随着教育年限的增加，女性受教育的比例逐步下降。

（3）年龄歧视。目前，法律只规定了录用人员年龄的上限和下限，用人单位则可以在这个范围内任意决定招收的年龄段。在招聘中对求职者年龄进行限制的现象已经越来越普遍，甚至很多跟年龄并不相关的岗位，也对年龄予以限制。女性一般要求年龄在20～28岁，男性一般都要求在35岁以下。如果年龄在45岁以上，求职时就很少有人问津，以至于难以找到适合自己的工作岗位。

（4）乙肝病毒携带者就业歧视。医学证明除了少数特殊行业外，慢性乙型肝炎病毒携带者可照常参加工作，但是许多单位在录用过程中，通过设置一定的体检标准来限制乙肝病毒携带者的录用。从职业岗位的需求和劳动者自身权益保护的目的出发，进行一定体检项目和标准的设置是必要和合理的。但是从实现该目的采取的手段与目的之间的关联性来看，这些项目和标准设置的合理性受到了质疑和批评。

（5）学历歧视。最近几年，随着求职者整体学历水平的提高，用人单位的条件也水涨船高，一些用人单位一味追求高学历，即使是一些适合大专生的岗位，也非要本科、研究生不可，导致研究生做大专生、本科生就可以做的工作，造成人才浪费现象，同时也产生过度教育问题。

（6）经验歧视。许多企事业单位要求应聘者须具有一定的从业经验和资历，政府部门在公开招聘干部时也往往要加这些限制条件，这使一些没有工作经验的大学生或无工作经验的求职者望而却步。其实，有些职位对经验的依赖并不多，只要经过短期的接触或培训就可以胜任。

2. 消除劳动力市场歧视的建议

消除劳动力市场歧视，应从市场环境和法律建设两个方面入手。

首先，在确立市场的公平竞争方面，我们应该确立机会均等的思想观念，让所有在市场上寻找工作并具有相同生产率的劳动者得到同等对待。因此，确立公平竞争的市场环境就是要充分发挥市场机制的作用，减少产品市场和劳动力市场结构方面垄断行为。

其次，制定反劳动力歧视的专门法规，增强法规的可操作性。目前，我国还没有一部旨在解决劳动力市场歧视的专门法规，只有在宪法和劳动法中有反对劳动力市场歧视的原则性规定。如《宪法》第48条规定："中华人民共和国妇女在政治的、经济的、文化的、社会的和家庭的生活等各方面享有同男子平等的权利。"《劳动法》第12条规定："劳动者就业，不因民族、种族、性别、宗教信仰不同而受歧视。"第13条规定："妇女享有与男子平等的就业权利。在录用职工时，除国家规定的不适合妇女的工种或者岗位外，不得以性别为由拒绝录用妇女或者提高对妇女的录用标准。"我国关于这方面的法律只是从大原则上禁止各种歧视性行为，但缺乏具体的实际操作规范。

最后，要加强反歧视教育。劳动力市场中的歧视，除了受经济利益的驱使外，还有雇主、雇员、顾客等多方面的个人的偏见。而教育的一项任务就是教育人们彼此理解，让人们认识到，人和人虽然有着这样那样的个体差异，但权利是平等的，消除人们的社会偏见和等级意识，用一种更加公平、健康的心态来面对市场和社会。

延伸思考

1. 运用简单的供给和需求分析，解释职业隔离或"排挤"对女性和男性相关工资的影响。消除职业隔离的结果是谁受益了？谁受损了？

2. 解释下面的结论："一个非性别歧视的劳动力市场将通过整个经济对劳动力市场进行更有效的配置，生产率平均较高。"

3. 歧视在何种方式上重新配置了国民收入？它如何削减了国民收入？

深度阅读

1. 赵履宽等. 劳动经济学. 北京：中国劳动出版社，1997.

2. 陆铭. 劳动和人力资源经济学. 上海：上海人民出版社，2007.

第十二章　工作搜寻：外部与内部劳动力市场

劳动力市场经常由于信息的不对称，同时存在企业找不到工人和工人找不到工作的现象。这两者之间存在冲突，意味着雇佣者与工作者之间都面临着一定的“搜寻成本”，并且也会获得一定收益。搜寻理论分析了理性的个体搜寻者权衡成本与收益，制定最优搜寻策略的方式。本章讨论外部劳动力市场与内部劳动力市场的工作搜寻。尽管本章对搜寻理论的讨论仅集中于劳动力市场的搜寻，但应该认识到，这里介绍的搜寻原理也适用于面对不确定性的其他市场上的搜寻。

一、工作搜寻行为与搜寻理论假定

在劳动力市场上，工作搜寻行为广泛存在，主要有两方面的原因。首先，工人和工作是有高度差别的，虽然人们可能拥有相似的教育程度、培训和经历，但是个人的个性、工作动机、能力和居住地差异很大，工作也各具特点，即使对同样的工人，雇主也会支付不同的工资，提供不同的晋升机会和不同的工作条件。其次，劳动力市场关于个人和工作的信息是不完全的，需要花费时间去寻找。因此，求职者（其中很多人在别的地方没有工作）和雇主会发现，搜寻对方的信息来改变交易条件符合各自的利益。

根据工作搜寻过程所用的渠道和所具有的特点，我们可以用两种维度来区分工作搜寻的种类。一种划分方式是将工作搜寻区分为正式和非正式的搜寻：其中前者是有组织的，常常是通过职业介绍所等中介机构完成的；后者主要包括亲友介绍、商店门口的招聘信息等。

另一种区分工作搜寻的维度是将其分为粗放的（extensive）和集约的（intensive）搜寻。前者的特点是与聘用方有多次的联络活动（比如给许多感兴趣的企业邮寄简历），但并不会花很多精力去研究每次搜寻的可能性。而后者的特点是与聘用方联络活动较少，但每一次机会都会用更多的精力去努力。

并非所有的在市场进行工作搜寻的人都是失业者。在美国，大约20%的新雇佣者是直接从另一个岗位被聘用的；在剩下的部分中，一半是失业者，一半原来属于非劳动力人口。对于在职职工来说，他们进行工作搜寻的成本和收益不大。从成本的角度来看，他们再求职时只是损失一些闲暇时间，并没有损失自己的收入。而从收益角度看，由于在职者已经拥有工作，因此，即使工作搜寻最终获得了成功，带来的额外收益也是有限的。正是因为在职职工进行工作搜寻的成本和收益都有所下降，所以与失业者进行工作搜寻的情况相比，在职者进行工作搜寻的努力并没有明显的差异。

那么在职的工作搜寻和失业时的工作搜寻孰优孰劣呢？从表 12—1 的数据我们可以看出，在职者所获得的回复与联络活动之比要高一些，由此，在职者选择余地也较多。但是，对于年轻人来说情况就不同了，年轻人进行在职工作搜寻时，他们并不比同龄的失业者做得更好。

表 12—1　　工作搜寻的努力与成功率（美国，1980）

	在职职工	失业者
每周的联络活动	2.18	2.11
回复与联络活动之比	0.24	0.17
接受聘用与回复之比	0.55	0.67

从以上对工作搜寻行为的阐述，我们可以知道：由于劳动力市场中个人和职位存在异质性，以及就业信息的非完全性和非对称性，就有可能使同一行为主体挣得不同工资，因此，求职者要在劳动力市场进行工作搜寻，以便获得尽可能高的工资。斯蒂格勒（Stigler，1961，1962）率先提出了行为主体在信息不完全市场上的搜寻过程。而现代工作搜寻理论则形成于 20 世纪 70 年代，由麦考尔（McCall，1970）和莫藤森（1970）加以模型化，其主要目的就是来研究不完全市场下的个体有关工作和工资的行为表现。根据工作搜寻理论，只要怀有通过寻找工作来改善福利的希望，那么行为主体就会不断寻找工作，寻找工作的持续时间取决于行为主体的偏好及他们所处的环境的全部特征，寻找工作的最佳策略就是选择代表自身能够接受的最低报酬的保留工资，而保留工资的变化则取决于个人的搜寻成本。

工作搜寻理论的基本假定有：①劳动力市场上的信息是不完全的，求职者不知道厂商提供的具体工资，而只知道市场上工资的概率分布；②随着搜寻时间的延长，搜寻成本（包括直接费用和时间的机会成本）呈递增趋势；③搜寻时间与获得更优工资报酬的概率成正比，搜寻时间和成本越多，预期的收益就越大，但预期的边际收益呈递减趋势。

在上述假定条件下，求职者的最佳求职策略就是使持续就业的预期效用大于失业预期贴现效用。工作搜寻基本理论的主要结论就是，求职者保留工资（取决于个人特征、家庭背景、市场环境等）上涨、求职期间净收入（失业保险金等直接收益＋闲暇消费等间接收益－求职直接成本－机会成本）上涨，会延长平均失业持续时间，但聘约收到率（取决于劳动力市场状况、个人特征、求职努力等）对寻找工作所花时间则产生难以确定的影响。这个结论一个最重要的政策含义就是失业保险金的增加会产生延长失业期的效应。

二、序列搜寻理论模型：保守工资的确定

求职者应当何时停止搜寻并且接受已提供到手的工作岗位？这一问题有两个解决方法，每个方法都给出了“停止规则”，告知该求职者何时应该结束其搜寻活动。该求职者可以遵循非序列（nonsequential search）的策略。举个例子来说，求职者会访问劳动力市场中的 20 家企业，并且接受支付最高工资的那份工作。但是这个策略并不是最优的，假设在他的首次尝试中，他碰巧遇到支付工资最高的那家企业。但非序列搜寻策略会迫使该求职者访问其他 19 家企业，尽管他非常清楚：在对这 19 家企业的访问中，绝不会有更高的工资。

序列搜寻（sequential search）是一个更好的策略。在求职者开始搜寻之前，他必须决定自己能够接受什么样的工作岗位提供。例如，他也许决定不愿意接受工资低于每小时 12 美元的工作，该求职者访问企业时，会将企业提供的工资水平与他欲求的 12 美元工资水平进行比较。如果企业提供的工资水平超过 12 美元，他将接受该工作岗位，停止搜寻。如果企业提供的工资水平低于 12 美元，他将拒绝该工作岗位提供，重新开始搜寻过程。

由此我们可以看出，序列搜寻决策规则是，个人不是在开始搜寻前事先确定进行搜寻的数量，而是在搜寻前确定某一可接受的最低工资报价，即所谓保守工资（reservation wage）。求职者将逐个走访企业，并将之与自己敲定的保留工资进行比较，低于保守工资的企业将被拒绝，一旦找到了高于保守工资的企业，搜寻活动便告终结。这样，搜寻数量就不是事先确定的，它取决于保守工资的高低以及搜寻过程中的运气如何。显然，这种模型遵循着下述“终止规则”：

如果 $w<w^*$，则拒绝报价并继续搜寻；

如果 $w\geqslant w^*$，则接受工资报价 w。

其中，w 表示现有的工资报价，w^* 表示那个人的保守工资。可以说，任何具有这种形式的搜寻策略均具有保守工资的性质。

下面我们来考虑最优保守工资的确定。在不考虑折现率的情况下，假定样本企业数目和工资分布为既定。保守工资为 r，一次搜寻收益为 R（r）。一次搜寻只有两种结果：遇到的工资报价要么不低于 r，要么低于 r，因企业工资分布是既定的，每一种情况的概率都能计算。每次搜寻遇到的工资报价不低于 r 的概率为 p_r（$w \geqslant r$），低于 r 的概率为 p_r（$w<r$），且 $p_r(w<r)+p_r(w \geqslant r)=1$。

每一次搜寻的期望收益 E（$w \mid w \geqslant r$）等于每一种情形下期望收益与概率乘积之和。若随机选择的工资低于 r，将继续搜寻，其收益等于追加（一次）搜寻的收益，在市场环境不变时，追加（一次）搜寻的收益等于第一次搜寻收益，即 R（r）。因此，一次搜寻收益可以表达为：

$$R(r)=E(w \mid w \geqslant r)p_r(w \geqslant r)+R(r)[1-p_r(w \geqslant r)]-C$$

求解得：$R(r)=E(w \mid w \geqslant r)-C/p_r(w \geqslant r)$

对上式进行最大化处理，所求得的 r^* 就是理想的保守工资。

首先，求得概率 p_r（$w \geqslant r$），$p_r(w \geqslant r)=\sum_{w \geqslant r} p_r(w)$

其次，确定条件均值，即：

$$E(w \mid w \geqslant r)=\frac{\sum_{w \geqslant r} w p_r(w)}{\sum_{w \geqslant r} p_r(w)}$$

三、理论模型的含义与拓展

序列搜寻模型在工作搜寻理论中居主流地位的原因主要有两个。第一，序列搜寻模型拓展了搜寻的时间和空间，从而使搜寻活动并不单一地局限在一个地方与一个时限内，这对于理解搜寻活动的某些侧面，如失业和工作期限的长短是很有帮助的。第二，有充足的理由认为序列搜寻模型规则是优于固定样本规则的。一旦找到了令人满意的工资，搜寻过程即刻中止。它同时还表明，当市场环境变动较大时，序列搜寻模型也具有较大的优越性。另外，序列搜寻模型还有以下某些含义：

若在某一时限内仅搜寻一个企业，则搜寻样本大于 1 时的概率为 pr（$w<r^*$）；若求职者在未找到合适工资（保守工资）之前处于失业状态，则 p_r（$w<r^*$）就是至少在一个失业期内所必须面临的一个概率选择。

序列搜寻模型：$R(r)=E(w \mid w \geqslant r)-C/p_r(w \geqslant r)$

其中，第一项 E（$w \mid w \geqslant r$）表示当 $w \geqslant r$ 时搜寻者接受第一个工资报价所

能获得的全部期望收益；第二项 C/p_r（$w\geqslant r$）表示搜寻活动的全部预期成本，等于搜寻时限内的成本 C 与搜寻期限的次数 $1/p_r$（$w\geqslant r$）之乘积。序列搜寻模型可以解释为：在理想保守工资一定时，搜寻者面临搜寻活动的支出与所得的取舍关系。r 越大，则 $1/p_r$（$w\geqslant r$）越大，当成本 C 保持不变时，C/p_r（$w\geqslant r$）将趋于上升。

在跨期搜寻过程中，$1/p_r$（$w\geqslant r$）代表搜寻者的预期失业期限。预期失业期限与摆脱失业状态的概率成反比。搜寻理论认为，多周期失业的原因是搜寻者没有找到令人满意的工作或工资。工资不令人满意的关键是保守工资，其随市场环境的变化而改变。

若搜寻成本 C 上升，则 r^* 会下降，因而找到工作的概率 p_r（$w\geqslant r^*$）也上升，同时会缩短搜寻期限 $1/p_r$（$w\geqslant r$）。其原因是，搜寻成本 C 上升将降低搜寻收益，导致搜寻活动提前终止，促进 r^* 下降，如图 12—1 所示。

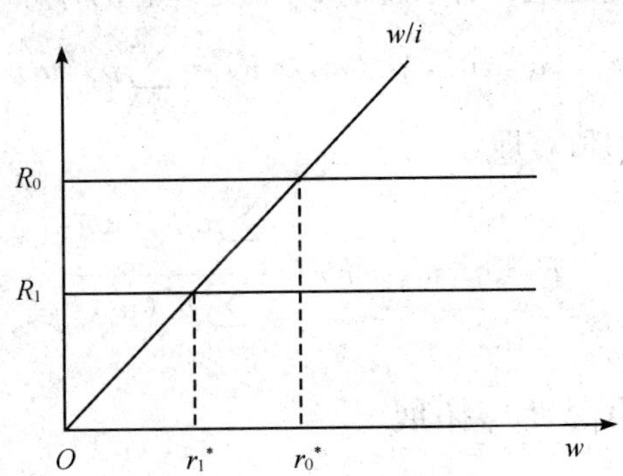

图 12—1　搜寻成本上升对保守工资和搜寻期限的影响

寻访成本 C 上升，寻访收益 R 将下降，导致保守工资 r^* 由 $r_0{}^*$ 下降到 $r_1{}^*$，同时使寻访活动次数减少，缩短寻访期限。

（一）具有工作配置功能的搜寻模型

当直接搜寻成本较低时，搜寻的目的并不仅仅在于发现高工资报价，还在于寻找空缺的工作岗位。这样，找到空缺的工作岗位，搜寻过程便结束，搜寻过程就具有工作配置的功能。若搜寻期内找到保守工资的概率 p 值较低，搜寻行为将主要受空缺岗位多少的制约。概率 p 与保守工资之间具有正比关系：概率 p 越低，搜寻者将接受较低的工资报价。此时，就业的概率等于搜寻某一工资报价的概率与这一工资被接受的概率之乘积。

（二）适应性搜寻模型

假定搜寻活动是收集信息的一种方式，那么，收集信息就成为搜寻活动的目的之一。当继续搜集信息得不偿失时，搜寻者便会终止搜寻活动，并在已搜寻过的工资报价中做出选择。

（三）时间资源有限的搜寻模型

时间本身是一种稀缺性资源。若时间资源是有限的，则搜寻期数就受到限制，在搜寻期内任一时点上的搜寻收益便取决于先前搜寻过的工资报价是否可以接受。若可进行回溯性选择，搜寻者将在先前已搜寻过的工资中选择，接受最高工资报价的工作；若不能进行回溯性选择，则既定搜寻期内的搜寻收益、保守工资都将随时间而变化。随着时间临近结束，工资概率分布的收益将与时俱减，即搜寻的边际收益越来越低，同时保守工资也将与时俱减，搜寻者终止搜寻活动的可能性越来越高，即脱离失业队伍的可能性将与时俱增。

（四）在业搜寻模型

决定选择某一工作并不一定意味着搜寻活动的终止。因此，模型中的保守工资就变成两个：一个是可以接受的最低工资水平 r_L ，一个是不必进一步搜寻的最低工资 r_U 。

若 $w < r_L$ ，则拒绝接受该工资 w ，继续搜寻；若 $r_L \leqslant w < r_U$ ，则接受该工资 w，但要继续搜寻新工作；若 $w \geqslant r_U$ ，则接受该工资 w，且终止搜寻过程。值得注意的是，r_L 应不得低于现有工资。

（五）与搜寻成本有关的买方独家垄断

工作搜寻理论是建立在这样一种前提假设之上的，即对所有的雇员来说，都存在一种搜寻工作的成本。这种模型将厂商行为中的买方独家垄断模型，和我们在前面所讨论过的歧视现象结合在了一起。

假如说并非所有雇主都拒绝雇用妇女或少数民族成员，只是有些雇主出于他们个人、他们的顾客以及他们的雇员所带来的偏见而会这么做，但是没有哪一位雇主会拒绝雇用白人男子。正在寻找工作的妇女和少数民族成员并不知道哪一位雇主会拒绝他们，所以为了获得与白人男子同等数量的工作机会，他们就不得不比白人男子进行更长时间和更为艰苦的搜寻。雇员搜寻成本的存在可能会导致单个雇主面临一种向上方倾斜的劳动力供给曲线，而这表明劳动力的边际成本将会上升到工资以上，从而即使是在劳动力市场上有很多雇主的情况下同样也会引发雇主的买方独家垄断行为。劳动力供给曲线的倾斜角度越是陡直，则工资和边际劳动力成本之间的差距将会越大。于是，追求利润最大化目标的雇主在选择雇佣水平时最终会停留在劳动力的边际成本等于边际收益的那一点上。所以，与那些具有更为扁平的劳动力供给曲线的工人群体相比，劳动力供给曲线越是陡直的工人群体所获得的工资，相对于其边际收益产品而言就显得越低。

如图 12—2 所示，有两个具有相同生产率的工人群体（也就是说，他们都有等于图中的 MRP_L 这一水平的劳动力边际收益产品），不过其中的一个工人群体比另外一个工人群体具有更高的搜寻成本。图 12—2（a）所描述的搜寻成本相对较低的工人群体（假如说是白人男子）的劳动力供给曲线以及劳动力边际收益产品曲线。由于他们的工作搜寻成本较低，所以只要他们所在的企业稍微削减一点工资，那么必然导致这些工人离开这家企业；而稍微有一点工资增加，就会从其他厂商那里吸引来许多求职者。这样，这一群体对他们雇主的劳动力供给曲线 S_M 就相对较为扁平，这也就意味着与之相联系的劳动力边际费用曲线，即图中的 $(ME_L)_M$ 也是相对较为扁平的。利润最大化雇主将会从这一群体中雇用 E_M 个工人，并向他们支付 W_M 的工资率，这一工资水平仅仅比 MRP_L 稍微低一点。

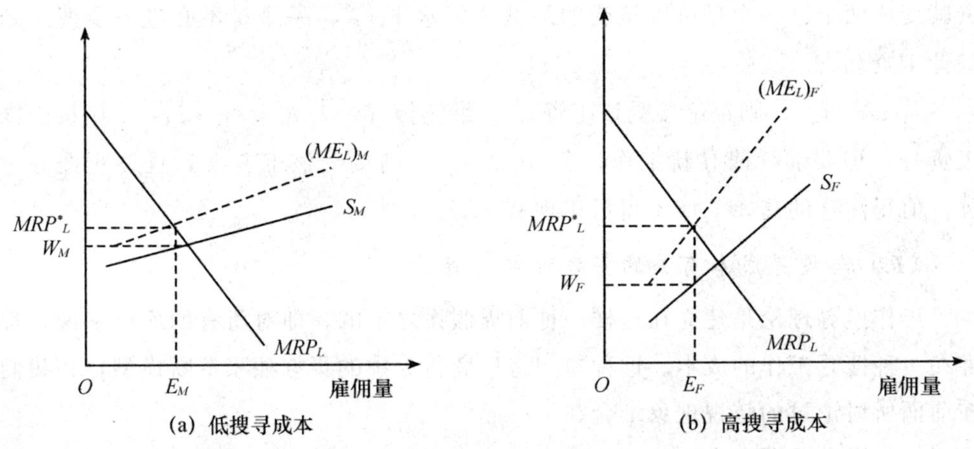

图 12—2　与搜寻成本有关的买方独家垄断和工资歧视

图 12—2（b）所描述的是由于歧视性雇主的存在而被迫承担较高搜寻成本的那一群体（妇女或少数民族成员）的劳动力供给曲线和劳动力边际收益产品曲线。这些工人被假定与图 12—2（a）中的工人具有相同的劳动力边际收益产品，但是由于他们具有较高的搜寻成本，因此对于他们而言，就暗含着一条更为陡直的劳动力供给曲线 S_F 和一条更为陡直的劳动力边际费用曲线 $(ME_L)_F$，及在劳

动力边际收益产品和工资率之间存在更大的差距。在这一群体中，将会有 E_F 个工人被雇用，他们所得到的工资率为 W_F。对图 12—2（a）和图 12—2（b）进行比较我们就不难看出，尽管两大群体中的工人都具有相同的生产率，但是具有较高搜寻成本的那一群体中的工人所得到的工资却要低一些。在实践中，如果两类工人被同一企业雇用，那些具有较高搜寻成本的工人很可能会被安排到工资率较低的工作岗位上去。

搜寻模型在运用中值得注意的问题：第一，典型的工作选择不仅考虑工资因素，还有其他因素，如工作安全、工作保障、养老计划、作业环境等。此外，一些真实情况只有工作体验才能证实，因此，有条件的自由流动是正常现象，应被允许。第二，在确定性条件下，工资与非工资特征之间既可能高度正相关，也可能负相关。在劳动力市场上，高工资也许是工作条件差的一种信号，即出现补偿性工资现象，因此，搜寻模型中，“就高不就低”的保守工资规则并不总是有效。

四、企业招聘与劳动力市场均衡

以上主要讨论了搜寻市场上求职者的不同搜寻行为类型及其对劳动力市场某些要素的影响。事实上，企业的招聘行为同样会对劳动力市场均衡产生影响。需要强调的是，这里所说的劳动力市场是外部劳动力市场（External Labor Market），亦即新古典经济学意义上的劳动力市场，是处于企业外部的劳动关系，是劳动力价格、工资分配和培训方案等直接受外部经济变量控制的市场。与搜寻市场有关的企业理论至少要回答三个问题：第一，工资报价；第二，创造空缺工作岗位（即雇佣决策）；第三，劳动力流动或合约期限。

（一）工资对市场均衡的影响

企业工资报价要考虑两个因素：第一，尽快填补空缺工作岗位。企业招聘的主要任务是为企业的经营和发展招揽合适的人才，所以在进行工资报价时，要考虑所报工资水平在劳动力市场中的竞争力，是不是能够吸引所需人才。第二，尽量降低雇佣成本。面对产品市场的激烈竞争，很多企业都将劳动力成本作为克敌制胜的一个重要武器。特别是对那些竞争压力比较大的企业来说，如零售行业、汽车或特殊钢产品制造业等行业，劳动力成本是决定企业竞争优势的一个重要方面。总之，企业工资报价不能因为工资水平太低而失去优秀的员工，也不能因为工资水平过高而影响公司产品的竞争性。

1. 企业理想工资报价的确定

我们首先做出如下假定：

假定 1：企业之间的工资存在差别，求职者遵循保守工资规则："就高不就低。"

假定 2：企业销售收入不受工资报价的影响，当产品售价一定时，员工的产出量也不受工资报价的影响，此时，成本最小化的工资水平可以满足利润最大化的目标。

由此，我们可以得出结论：当雇佣成本、岗位空缺损失分别与工资报价成正比和成反比时，总成本最小的工资即为企业的理想工资报价。如图 12—3 所示。

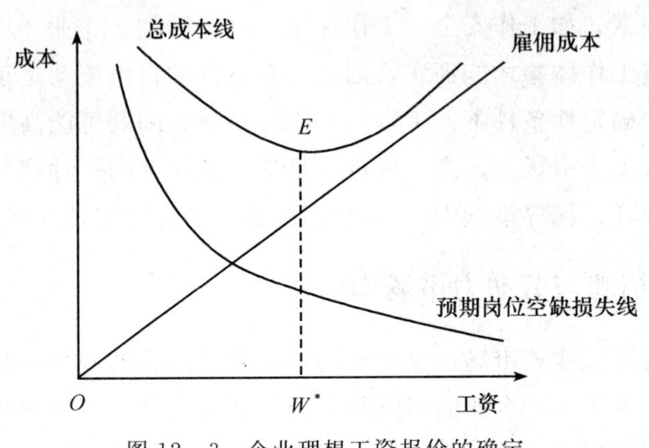

图 12—3 企业理想工资报价的确定

2. 预期岗位空缺总损失的确定

在确定预期岗位空缺总损失时，我们可以假设每一时期岗位空缺所形成的成本为 k，岗位空缺在任一时期被填补的概率为 $q(w)$，则岗位未被填补的概率为 $[1-q(w)]$，岗位持续空缺的时期总数为 $1/q(w)$。因此，预期岗位空缺的总损失为 $k/q(w)$。显然，工资 w 越高，概率 $q(w)$ 越大，总损失越小。其中，概率 $q(w)$ 与求职者保守工资标准的差别有关。

3. 企业理想工资报价决策的影响因素

在进行企业理想工资报价决策时，需要考虑以下影响因素：第一，求职者保守工资的概率分布。企业事先了解求职者保守工资的概率分布与求职者事先了解企业工资报价的概率分布同等重要。第二，岗位空缺损失不同。不同工作岗位的工作性质不同，其繁简、难易、责任大小也会有所不同，当然对企业造成的损失也会有所不同。第三，填补岗位空缺者的产出效率差别。

4. 工资报价与保守工资的均衡分布

当企业或求职者不存在改变其工资报价或保守工资的意向时，便可以实现工资报价的均衡分布和保守工资的均衡分布，即纳什均衡。如图 12—4 所示。

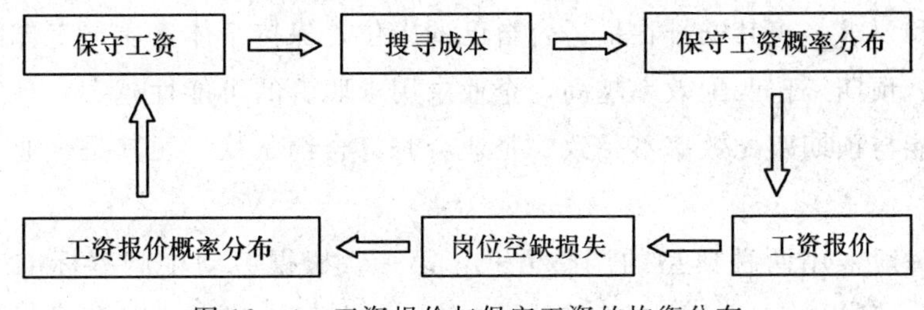

图 12—4　工资报价与保守工资的均衡分布

（二）岗位空缺与劳动力流动

岗位空缺的多少取决于企业的生产技术与企业规模。生产技术越先进，资本代替劳动力，岗位空缺的可能性就会越小；相反，生产规模越大，对劳动力的需求越大，岗位空缺的可能性就会越大。在搜寻市场上，填补岗位空缺的时点是随机的，它取决于企业的工资报价和招聘政策。

1. 求职者生产效率不同时，企业的招聘决策

在搜寻市场上，由于信息不对称，企业在短时间内对求职者的生产效率高低往往不能有一个很全面的判断。为此，不同的企业在招聘时也会采取不同的招聘方案。

方案 1：企业在雇佣前明确界定求职者的生产效率标准，并严格考察后录用；

方案 2：事先不考察求职者的生产效率，先录用而后针对实际生产效率进行调整；

方案 3：在录用时进行必要信息搜寻方面的投资后再录用，并等观察到真实的生产效率后再调整。

其中，方案 3 较为常见，该方案在很大程度上取决于求职者发出的信号，如资历、参考资料、推荐信等。

2. 考虑员工辞职时，企业的招聘决策

在面对员工辞职时，若员工辞职对企业造成较高成本，企业会提供更诱人或更优惠的就业机会和就业条件来试图挽留员工，以减少损失，如提高工资报价、改善工作条件等。然而，无论如何，这种招聘决策只能减少或缓解在职搜寻和其他不确定事件，但不可能完全消除。

3. 考虑工作匹配效率时，企业的招聘决策

一般情况下，生产效率不仅仅取决于劳动者方面的异质因素，还取决于工作匹配效率。“人尽其才”是劳动力市场配置人力资源的核心原则。根据个体间不同的素质和要求，将其安排在最适合自己的岗位，保持个体素质与工作岗位要求的同构性。预期工作匹配效率越高，企业录用求职者的可能性越大。现实中，实际情况可能与预期匹配效率不一致，企业会修订合约条款，尤其是企业不满意员工绩效时。

企业一般采用两种典型的调整方式：第一，根据劳动生产率标准“调整工资”，实行一种浮动工资制。向下浮动工资一般会面临制度性因素限制（如工会协议、劳动合同等）和经济性因素限制（如在职搜寻活动增加、离职率上升，造成岗位空缺损失）。第二，通过事先确定一个利润标准而实行固定工资制。若在现行工资条件下，某员工未能创造出企业事先确定的利润标准，“被炒鱿鱼”是员工面临的唯一选择。这将形成劳动力的非自愿性流动。

（三）搜寻市场均衡的特征

求职者在劳动力搜寻市场上进行岗位搜寻时，一般会面对两个问题：一是搜寻工作岗位空缺；二是发现较高的工资。要使求职者在第二个问题上投入的时间和资源价有所值，则要求均衡条件下的工资报价呈递增趋势。

搜寻市场的均衡取决于：一是岗位空缺与失业人数之间的匹配程度；二是劳动力在职搜寻状况。在稳定状态下，劳动力在职期间的流动速率是恒定的，以实现岗位空缺、就业及失业人数保持相对稳定。一般情况下，失业人数越多，既定岗位空缺被填补的可能性越大；岗位空缺越多，既定失业人口越容易找到工作。

在实际情况下，劳动力搜寻市场上的求职者数量与岗位空缺数并不能完全均衡，主要有两个方面的原因：一是因为市场中的个体决策会形成一定的外部性。例如，创造新岗位空缺是企业的边际调整行为。企业对此持中性态度，但社会能从劳动力供求方竞争获益；搜寻者也因能找到工作受益。二是因为市场中工资离散现象造成一定外部性。例如，若个别搜寻者的工资信息能为其他搜寻者共享，则会出现“搭便车”现象，从而减少社会中的搜寻活动。

五、内部劳动力市场

内部劳动力市场（Internal Labor Market），是作为外部劳动力市场的相对概念而存在的。20 世纪 70 年代，美国经济学家 P. B. Doeringer 和 M. J. Piore 在其重要著作《内部劳动力市场与人力资源分析》（1971）中，第一次明确总结并概括了内部劳动力市场的概念、起源、运行机制与基本特征等一系列重要问题，揭示了企业内部雇主和雇员的关系。他们将劳动力市场分为一级市场（primary market）和二级市场（secondary market）。两个部分是按照雇佣和报酬支付特征来定义的，它们的市场结构及决定工资和劳动分配的机制有着明显的不同。一级市场主要是指内部劳动力市场，它通常有一套指导雇佣和配置劳动力的详细规则和程序，这些规则和程序代替了劳动力市场中供给和需求的力量。内部市场中的工作会优先考虑现有的组织内部成员，甚至只向现有的组织内部成员开放。工资结构安排主要根据组织内部的需要来制定，与外部劳动力市场的供求状态没有多大关系。内部劳动力市场解决劳动力供求失衡的措施主要有培训、流程优化设计、岗位调整等。

观点纵横

各种劳动力市场特点的理论模型

Baily 提出了风险共担模型（1974）。该模型继承了 F. Knight 关于厂商的特征就在于向雇主转移风险的思想，认为在雇主具有风险规避而雇员具有风险厌恶的通常情况下，雇主以某种承诺方式向雇员提供较为固定的工资，而使其收入免受外部市场波动的影响，雇员以更高的生产率作为回报，产生了互利的结果。

Lazear 提出了锦标赛激励模型（1995）。这种理论模型认为，在内部劳动力市场中，雇员职务的晋升遵循着相对绩效考核的锦标赛原则，可以减少监督活动以节约信息成本，同时可以提高激励的效果。此外，Lazear 还提出了延期支付激励模型（1995），这种模型又叫“人质”模型。该模型认为正向倾斜的经验（年龄）工资曲线是保证长期雇佣关系、减低雇佣成本的有效安排，雇员为了在未来获取越来越高的收入而不得不在初期被减少工资，它增强了雇员维持原有就业关系的激励。

以 Becker 等为代表的学者认为，内部劳动力市场有利于企业专用性技术人才的人力资本投资（1975）。Malcomson 特别关注“要挟”（hold up）（1997），即内部劳动力市场中的一系列就业安排，使得雇员的某些人力资本具有难以“打捞”的“积淀成本”的性质，这种投资很容易在事后被要挟，因而在客观上要求被保护。

J. Salop 和 S. Salop 提出，从信息收集与筛选效率的角度来看待内部劳动力市场（1976）。雇主在支付了大量的培训费用的情况下，愿意与员工保持长期的雇佣关系。在内部劳动力市场中，通过实施在就业初期支付相对较低的工资而在就业后期支付相对较高的工资这样一种分配政策，可以有效地将那些较少有跳槽倾向的人筛选出来，从而达到一种雇佣双方的有效匹配。

Williamson 等（1975）发现在工作任务具有专用性的条件下，当工作努力程度与绩效考核存在困难和复杂性时，任何个人性质的劳动合约都难以避免雇佣双方的谈判行为，从而发生大量讨价还价的成本。Milgrom 和 Roberts 提出要缓和冲突、提高组织的效率（1990）。内部劳动力市场通过一系列的就业制度安排，对决策者的相机性权限加以限制，以加深雇员对于公司政策稳定性的印象，这将大大减少各种非生产性成本所构成的“影响成本”。

（一）内部劳动力市场存在的原因

为什么会存在内部劳动力市场呢？虽然各国由于就业政策和就业体制不同而导致内部劳动力市场作用程度有差异，人们对于内部劳动力市场存在的原因却有了清晰的认识。概括起来有以下几个方面：

1. 劳动力替换成本（Lador Turnover Cost）

内部劳动力市场理论认为，存在高昂的替代成本是导致内部劳动力市场产生和稳定的首要因素。在“内部人—外部人”理论中，劳动力替换成本被界定为三个方面，即：（1）雇用劳动力和解雇劳动力的成本；（2）由于内部人不愿与企业新成员合作，而破坏与新成员的关系引起的成本；（3）劳动力替换对劳动力的生产效率造成负面影响而隐含的成本（见表 12—2）。

表 12—2　　员工替代成本一览表

成本类型	替换成本的相关内容
雇佣成本	招聘费用　考核费用　录用费用　管理费用
适应成本	适应教育费用　人际关系适应　技能培训费用
解雇成本	辞职补助　效率损失　职位空缺　管理费用

研究表明，替换一名雇员的成本至少相当于其全年薪酬的 30%，技能型岗位该值可达 150%，管理和销售岗位为 200%～250%，企业个别重要的岗位该值则是难以衡量的。① 由于存在着这些成本，企业对于劳动力的替换总是抱着谨慎的态度，这样，劳动力在不同企业间的流动性就降低了，从而也促成了企业内部

① 卢现祥. 西方新制度经济学［M］. 北京：中国发展出版社，2003：96.

劳动力市场的形成。

2. 劳动力市场的信息不对称（Information Asymmetric）

传统理论对于外部劳动力市场的描述实际上还是新古典主义的拍卖机制，在这种机制下，买卖双方的信息对称是非常重要的。但实际上，劳动力市场上的信息往往是不对称的，其中，劳动者对于自身就业后的收益一般都能事先从劳动合同中得到了解，而企业一般总处于信息的劣势，因为具体到某个劳动力的生产效率和劳动态度都是事后才能了解的。因此，企业总是通过一定时间的观察后才能对劳动力的生产效率和劳动态度做出评价，并决定劳动力的去留或升降。从这一角度来说，内部劳动力市场的存在也可以视为企业收集信息的一种需要。

3. 知识专用性和岗位特殊性的存在

在企业内部，随着分工进一步深化，在现代企业中各岗位上的人力资本和知识的专用性得以提高，很多岗位对从业人员提出了特殊的要求。具有某种专用性人力资本的人若要退出特定的企业，会给退出者或企业带来损失。人力资本的这种特征决定了在任何短期的雇佣关系条件下都难以实现人力资本投资的有效激励和最优积累，因为在短期雇佣合约条件下，无论是雇主还是雇员，都不愿意进行与企业相关的特殊人力资本的投资，他们担心一旦雇佣关系不能维持，将会导致特殊人力资本的损失和报废。另一方面，一旦企业形成了特殊人力资本的积累，又会产生强化长期雇佣合约的作用。特殊人力资本投资属于一种典型的“沉淀成本”，当企业与员工实施了这种人力资本投资后，他们也就被“捆绑”在了一起，员工对企业的依赖关系变得更强，不会轻易地离开或转职，企业也不会轻易地解雇员工，使雇佣合约的长期性和稳定性得到加强。正因为如此，特殊人力资本积累应视为以长期雇佣合约为特征的内部劳动力市场产生和存在的最重要的原因或基础。

4. 习惯势力的影响

从制度角度来看，习惯势力总被看作是社会组织的天然组成部分。在某种情况下，个人和团体长期相互作用，同时，对这种相互作用起制约作用的惯例在不断发展演变。工厂也不例外。虽然，从根本上来说，一个经济组织的创立是以不断追求纯粹的经济目标为目的的，但是，这种经济组织同时也是一个社会有机体。习惯势力的出现是很难被压制的。从某种程度上来说，习惯势力只是对过去惯例的保持，然而，习惯势力也不是完全一成不变的——其发展是一个进化的过程。尽管如此，惯例的影响作用仍然是很重要的。例如，是否应该将更重要的职位分配给有功绩的或年长的人。尽管根据效率原则，应该分配给有功绩的人更重要的职位，但是如果习惯势力是将更重要的职位分配给年长的人，那么年长的人将会得到更重要的职位。

5. 工会的作用

工会与内部劳动力市场之间的关系非常复杂，但有一点可以肯定，工会即使不是形成内部劳动力市场的决定因素，也至少是一种促进因素。西方企业中的集体谈判合约使得在内部劳动力市场中起到重要作用的一些规则和程序正式化、成文化和凝固化。反过来说，在内部劳动力市场上有着较为稳定的职工队伍，而职工特定的职业技能也增强了职工的谈判能力。同时，企业内的规则和程序都对管理层的权利范围和特征有着清楚的界定，这些都有利于工会组织的形成。

（二）内部劳动力市场的特点和效率分析

1. 有效的内部劳动力市场的显著特征

与外部劳动力市场相比，一个合理有效的内部劳动力市场主要有以下三个显著特征：

第一，依靠行政手段配置劳动力资源。在外部劳动力市场上，劳动力供求是在竞争机制作用下按照工资水平的高低来调节劳动力资源的配置；而在企业内部劳动力市场上，一旦完成了初始招聘，在企业中，从上至下的行政等级命令代替了市场平等竞争的原则作为配置资源的形式出现。在这里我们还可以做两类区分：一是员工进入企业前后的工资区别，一般来说，员工进入企业之前的工资水平是依照市场的大致水平来确定是否进入该企业，存在着明显的供求竞争关系；而进入企业后的工资晋升则主要不是取决于他与其他员工的竞争及自己的业绩，而更取决于他在企业内部的职位高低。二是员工的工资可以分为体现劳动力价值部分的工资和体现工作业绩部分的奖金、职务津贴等。如果说前者较多受外部劳动力市场供求影响的话，而后者则更多地取决于内部劳动力市场上团队的合作程度及合作绩效。此外，企业的文化和习惯作为非正式规则在劳动力定价和配置中所起的作用也非常大。在内部劳动力市场上，各岗位的工资并不完全是按生产力原则确定的，而在很大程度上与岗位层级相联系，新雇员的工资大都低于其边际产出，而老雇员的工资大都高于其边际产出。

第二，雇员必须经过工作阶梯逐阶晋升。企业中大都存在着一系列由低级到高级的岗位等级制度，不同的员工对应于工作阶梯的一定层级。对员工的长期激励制度是通过内部晋升来实现的。最初招聘的员工通常处于工作阶梯的较低层次，这是企业的“进入口”，也是内、外部劳动力市场的连接处。较高层次工作岗位空缺则由下一层次的员工的晋升来补充和调剂。同时，工作阶梯也被作为企业内的一种激励机制，即劳动力获得在内部市场上提升的机会。晋升取决于员工的相对表现，一旦赢得晋升，就可以得到更高的薪资。每个员工的职业生涯往往都是从阶梯的底层开始的。职位晋升和他们密切相关，他们都面临着竞争的压力，这就促使其努力工作，展示才能，寻求晋升（见图 12—5）。

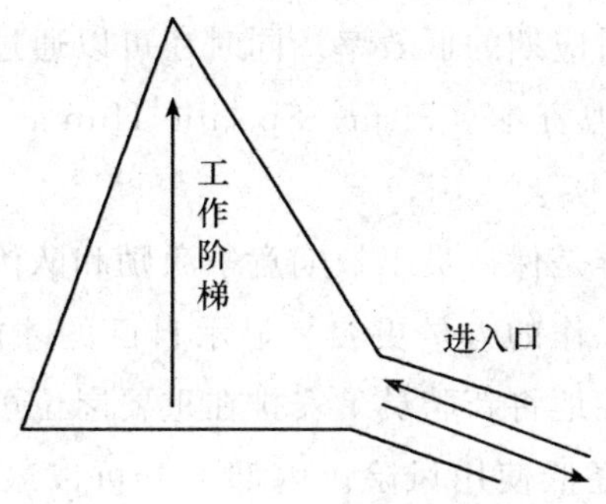

图 12—5　工作阶梯示意图

第三，劳动关系的长期性。外部劳动力市场的供求关系变动频繁，由此所形成的雇佣关系往往也是短期的。而内部劳动力市场的典型特征则是长期雇佣关系。企业在完成初始雇佣之后往往通过隐含的合同或承诺来维系就业关系的稳定性，为员工提供职业生涯发展和内部晋升的机会，一般不轻易解雇或辞退员工。同时，在存在复杂分工和高度专业化劳动的大型企业内部，资深员工是企业的特殊人力资本，他们对企业生产、销售和运营状况非常了解，企业更倾向于挽留这些方面的人才，而不是经常性对外招聘。

2. 内部劳动力市场的效率分析

新古典经济学的效率概念是与市场竞争共生的，然而与外部劳动力市场相对隔离的内部劳动力市场是否仍然具有效率呢？内部劳动力市场能否有效地降低成本，能否有效地配置劳动力资源？这些问题是经济学者们关心的核心问题，但它无法从新古典经济学的理论框架中直接找到答案。自 20 世纪 70 年代以来，以阿克罗夫、贝克尔、拉齐尔、米尔格罗姆、罗伯特、威廉姆森等为代表的一些经济学家，不再拘泥于新古典经济学市场理论和企业理论，开始运用新兴的非对称信息、交易费用等概念为基础的新契约经济学思想，来集中探讨内部劳动力市场的经济理性即效率基础问题。

第一，长期、稳定的劳动关系是企业内部劳动力市场节约成本、提高效率的途径。

在信息不完全从而交易成本大于零的现实世界中，长期雇佣合约作为一种重复博弈，将会增强雇佣双方的合作激励，弱化机会主义行为倾向，从而有利于提高经济运行效率。

长期雇佣不仅可以减少解雇员工所支付的直接和间接成本，还可以减少从劳动力市场上招聘、筛选、雇佣劳动力的一系列费用，也可减少原有员工离职前低效率和新员工进入岗位适应期的低效率。同时还可以通过增加人力资本尤其是基于专用性的企业特殊人力资本（Firm—Specific Human Capital）的积累达到提高效率的目的。

第二，内部晋升安排是保持员工长期竞争激励和队伍稳定的动力源泉。

由于在企业内长期工作的人员更容易显示自己的才能、知识、业绩及人品，从而减少了企业因一次性地将新聘员工安排在重要岗位可能造成的不确定性，能有效地降低使用成本，降低使用风险。内部晋升可以鼓励企业员工的长期性行为，晋升前，企业需要对被晋升者进行长期的业绩评价，所提供的是一种长期的激励。

第三，报酬后置是稳定核心员工的制度保证。

在努力程度和技能水平一定的条件下，假定员工全部职业生涯在同一企业同一职位上工作，可将其劳动贡献或工作业绩分为两个阶段，这之前员工所得低于其边际贡献，类似于员工将钱借给（或存于）企业，在这之后又以高于边际贡献的报酬取得回报，从而大大增加了职工中途退出企业的成本，客观上起着鼓励员工尤其是企业所需员工长期在企业工作的作用，是一种有利于长期雇佣的制度安排。从静态（短期）效率看，这种工资制度看似是一种低效率的工资制度，它没有为员工提供等于边际劳动生产力的工资；但是从动态（长期）效率看，这种报酬制度却能激励员工长期为企业服务，且发自内心地努力提高自身和团队工作业绩，从而有利于提高企业的生产率。

知识链接

报酬后置

内部劳动力市场高效和稳定运作所需的薪酬制度基础是报酬后置（Back loading Compensation）制度。报酬后置指的是在长期雇佣采取隐性协议或默契形式（非正式合约）的条件下，雇主为了维系长期雇佣合约而采取的事先对雇员承诺较高报酬，然后在其职业生涯中陆续支付的一种制度安排。

具体来说，一个员工在一个企业终生的报酬变化的轨迹将表现为一条正斜率的曲线（如图1所示的工资曲线 W_1），并且它将比雇员本人的边际生产力曲线 MP_1 更陡峭，这一制度安排对企业内部所有员工均有效。内部劳动力市场实行这一报酬制度有利于鼓励全体员工长期努力地工作，从而对企业效率产生根本性的影响。

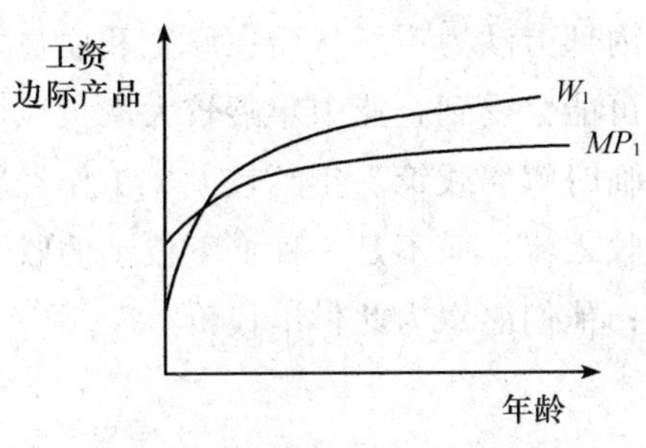

图1　工资曲线

（三）内部劳动力市场：关于货币工资刚性的解释

由于工会的存在，雇主实际上并不具有单方面削减名义工资的权利。临时性的工资削减将会减少所有工人的工资报酬，而在大多数情况下，会受到临时解雇影响的则仅仅是刚刚被雇用的那些工人。由于在大多数场合，这些工人仅仅代表工会成员中的少数，而工会领导则是根据多数原则选举出来的，而工会领导更有可能是从那些经验较丰富的工人（他们常常是不会被临时解雇的）中产生出来的。因此，工会就会更为偏向临时解雇政策，而不是偏向减少所有工会成员工资的政策。当总需求减少的时候，在非工会企业中也会出现临时解雇现象。非工会企业的雇主为什么也愿意临时解雇工人而不是减少工人的工资呢？

首先，在雇主对工人进行了企业特殊人力资本投资的情况下，在企业内部常常会形成一种结构性的内部劳动力市场，雇主既有使工人自愿流动比率最小化的动力，也有使雇员工作努力程度和生产率最大化的动力。一刀切式的临时减少工人的工资不仅会提高所有雇员的辞职倾向，而且会导致工人努力程度的降低。相反，临时解雇所涉及的仅仅是经验最少的那部分员工，雇主在这些人身上所进行的资源投资也是最少的。临时解雇战略是一个更为有利可图的选择。

其次，在企业中建立了内部劳动力市场的雇主常常会向他们的雇员以明示或者隐含方式做出承诺：保证雇员们在整个职业生涯中沿着一条既定的工资增长路线前进。这种承诺是以它们自己的实际经营状况为基本条件的。如果一家企业在总需求减少时期向它的雇员提出削减工资的要求，则雇员们可能会认为雇主所宣称的需求减少是对事实的故意歪曲，因为削减工资不会使雇主遭受任何损失，因此，他们很可能会拒绝减少工资的要求。相反，如果一家企业暂时解雇了它的一些工人，它所失去的仅仅是这些工人可能生产的产出，而工人们也会把这种行为作为企业确实陷入困境的一种信号接收下来。

最后，在那些存在内部劳动力市场从而在雇主和雇员之间存在一种长期雇佣关系的企业中，雇主很可能会受到企业中年龄较大雇员风险规避意识的推动，从而采取以资历为基础的临时解雇政策。年龄较大、工作经验较为丰富的工人更愿意接受一种较为稳定的收入流，而不是一种上下波动的收入流，即使两者的平均价值在长期中是一样的；他们愿意为此付出代价。

延伸思考

1. 运用搜寻理论模型，解释大学毕业生就业行为的影响因素。

2. 运用搜寻理论模型，分析企业的招聘行为与机理。

3. 从某一角度（如搜寻密度、失业福利、搜寻成本、折现率、时间资源、年龄、技艺、居住地域等）出发，设计一个检验搜寻理论的调查研究方案。

4. 阅读下面材料，综合本章所学内容，谈谈你对工作搜寻理论的认识。

阅读材料

三位劳动经济学家共享2010年诺贝尔经济学奖

瑞典皇家学院2010年10月11日宣布，美国经济学家彼得·戴蒙德（Peter A. Diamond）、戴尔·莫滕森（Dale T. Mortensen），英裔、塞浦路斯籍经济学家克里斯托弗·皮萨里德斯（Christopher A. Pissarides）三位学者共同获得2010年诺贝尔经济学奖。

瑞典皇家科学院表示，这三人此次获奖是因为他们对“经济政策如何影响失业率”做出了深入的理论分析，以及他们“对于存在搜索摩擦情况的市场的分析”，“获奖者们建立的模型帮助我们理解了政府监管及经济政策以怎样的方式影响失业率、职位空缺及工资变动”。

彼得·戴蒙德早在1971年通过研究发现雇佣者与工作者之间都面临着一定

的“搜寻成本”，即工作者想找到适合的工作岗位，雇佣者想找到适合自己的员工，而这两者之间存在冲突。后来莫滕森和皮萨里德斯两位教授也先后加入这一研究，他们将搜寻理论扩展应用于劳动力市场分析。三位学者提出，一般情况下，一个不受管制的搜寻市场可能并不会带来有效的结果，其资源利用率不是太低就是太高，因为其中的搜寻和匹配过程都与实际成本有关。他们的工作，就是通过建立一系列复杂的模型，试图解决空岗与失业并存的问题，通过提升搜寻效率，促进就业。他们的研究成果被称为 DMP 模型。

如今，有关就业的“搜寻理论”（Search Theory）已经成为劳动经济学的主流理论。全球经济逐渐复苏，但仍有诸多不确定性，其中，依然居高不下的失业率很让各国政府头疼。人们困惑：为什么在很多人失业的同时，却有不少职位空在那里？宏观经济政策究竟会如何影响失业率、职位空置和工资？2010 年诺贝尔经济学奖授给了当代三位以研究劳动就业问题见长的劳动经济学家，可谓适得其所、正当其时，毕竟，就业最根本，民生才为大。同时也引起了人们对劳动经济学地位和作用的关注。

资料来源：中国新闻网 http://www.chinanews.com/gj/2010/10-11/2579347.shtml

深度阅读

1. 陆铭. 劳动和人力资源经济学. 上海：上海人民出版社，2007.

2. 坎贝尔·R. 麦克南，斯坦利·L. 布鲁，大卫·A. 麦克菲逊. 当代劳动经济学. 北京：人民邮电出版社，2004.

第十三章 劳动报酬制度：工资结构与支付计划

工资的主要含义是劳动力市场的交易价格，从它诞生以来就一直是人们所关心的问题。对于劳动者而言，无论是学校毕业的，还是城乡流动的求职者，工资水平如何，基本上是他们的首选要素；对于“跳槽”者而言，工资还是他们“骑马找马”的主要选择标准；对于企业而言，工资制度的生成机制、管理机制是否讲求“激励”“效率”“公平”“透明”“公正”，是否具有科学的评估机制等，是企业能够吸引人才，还是人才流失的根本原因；对于一个政府而言，它可以维系社会稳定、激励劳动者、保障劳动者基本生活。

本章介绍了如何安排工资结构以及怎样支付工资（如计件工资制、计时工资制等）。另外，我们从岗位差别和工人差别两方面探索了工资差异的成因。

一、工资结构的选择：时间工资与附加福利

企业向雇员所支付的报酬，可以分为两类：时间工资和附加福利。时间工资是企业根据员工工作时间支付给员工的劳动报酬，通常每周或每月支付一次，以现金支付，包括计时工资、计件工资、奖金、加班工资等形式。附加福利是指一种以附加报酬或额外福利的名义支付给员工的劳动报酬，包括社会保险支付和企业自定的津贴、福利两部分。

附加福利的支付方式不是采取现金形式对工人进行补偿，主要采用实物支付和延期支付两种方式。前者，如由企业免费或低价提供的工作餐、生活用品、住房等。后者最典型的就是退休金。此外，带薪休假的假期也可算为实物支付，这“实物”即为闲暇时间。

（一）时间工资与附加福利配比的决定

时间工资和附加福利是雇主支付给雇员总报酬中的两大组成部分，如果在报酬总额一定的情况下，我们应该如何分配两者的比重呢？比如，在报酬总额10 000元一定的情况下，是支付8 000元的时间工资和2 000元的附加福利呢，还是两者各支付5 000元，显然，这种比例关系的确定取决于雇主和雇员双方的偏好。

1. 雇主的偏好

其实，对于雇主而言，总报酬中时间工资和附加福利的构成是无关紧要的，都是企业的费用，重要的仅仅是总报酬的水平。假设企业为了吸引雇员来本企业工作，必须支付至少 X 元的总报酬，并且假设如果企业支付的总报酬超过 X 元，利润就会等于零。那么，为了使自己在劳动力市场和产品市场上保持竞争力，就必须支付每年 X 元的总报酬。

如图 13—1 所示，一个企业愿意提供各种报酬组合，沿着工资和附加福利组合描述的利润为零的等利润曲线移动。等利润曲线为负，表示只有减少工资才能增加附加福利。在这个例子中，等利润曲线斜率为－1，表示报酬构成对雇主来说是无关紧要的，如果雇员需要 1 000 元的健康保险，工资就必须减少 1 000 元。

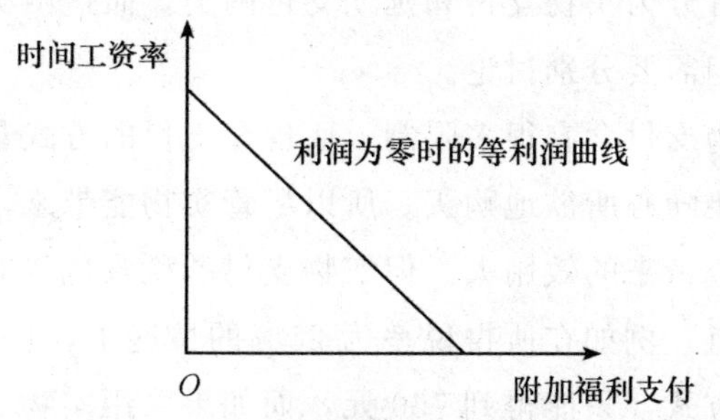

图 13—1　雇主愿意提供的工资与附加福利

但是，一些因素的存在，会使得企业倾向于提供附加福利。第一，以附加福利而非工资形式增加的报酬，雇主可以避开税收以及按工资支付的法定保险基金。第二，有时企业为了吸引某些类型的雇员而运用提高工资率的方法可能是违法的，这时便可采取附加福利的形式。第三，在政府管制工资或控制工资时，受管制雇主采取附加福利形式隐蔽工资的增加。

然而，也应该看到，附加福利对于雇主来说，同样也会带来一些负面的影响：第一，附加福利的增加会刺激雇员缺勤现象的增加，减少企业的盈利。这是因为，缺勤常常使工人失去工资，但却不会失去很多附加福利。第二，一些附加福利还缩小了熟练员工和非熟练员工之间的报酬差异，因而降低了人们参与熟练工作岗位所需培训的积极性。由于附加福利占低工资雇员报酬的比例很高，这样势必缩小熟练雇员和非熟练雇员之间的收入差别，影响熟练雇员的工作积极性。

总之，从雇主角度而言，当附加福利比同样一笔用于工资的开支更有利于生产率提高时，等利润曲线就会变得扁平，如图 13—2 所示；反之，则相反。

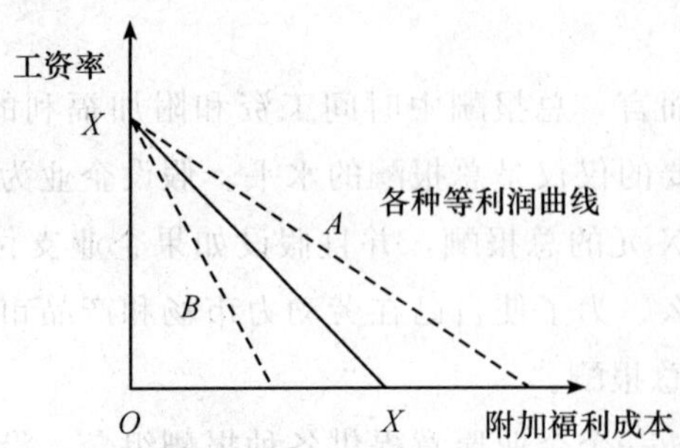

图 13—2　雇主愿意提供的工资与附加福利组合的其他等利润曲线

2. 雇员的偏好

由于附加福利可分为实物支付和延期支付两类，而这两类都会对雇员的偏好产生影响，所以我们需要分别讨论。

一般而言，实物支付含有很多限制，而现金支付的方式却能给人们最大的自由支配权，让人们能随心所欲地购买。所以尽管实物能带来一定的效用，但通常不及同量价值的现金带来的效用大。但实物支付的税收优势有时候在某种程度上会抵消它的这种缺点。例如在所得税率为 25%的情况下，1 000 元的总报酬，如果采用现金支付的方式，只能得到 750 元，而如果采用实物支付的方式，就能得到 1 000 元。

像实物支付一样，延期支付也有税收优势。以退休金为例，雇主为雇员支付的退休金，以及这笔资金所带来的利息，都不受个人所得税的影响。希望储蓄养老的雇员愿意采取退休金的形式，而不愿采取获得现金然后再储蓄的形式。但其缺点就是失去了目前支配资产的机会。

所以，我们可以看到，关于雇员对附加福利的偏好，有两种力量在相互起作用，即灵活支配权的获得和特殊的税收优惠待遇的需要。一方面，实物支付和延期支付与现金支付相比，失去了灵活的支配权；另一方面，实物支付和延期支付却有税收优惠的优势。

关于雇员对时间工资和附加福利的偏好，我们可以用一条无差异曲线来表示，如图 13—3 所示。其假设前提之一是，随着附加福利的增加，人们失去了越来越多的对目前可花费收入支配权，工资下降的速度减缓；假设前提之二是，随着现金工资的增加，所得税档次提高，福利的税收优惠越来越具有吸引力。在图 13—3 中，U_1 和 U_2 分别是雇员 Y 和雇员 Z 的时间工资和附加福利组合的无差异曲线。在总报酬所带来效用相同的情况下，雇员在时间工资和附加福利之间可以相互替代。从图中我们还可以看到，雇员 Y 更偏好时间工资，雇员 Z 更偏好附加福利。

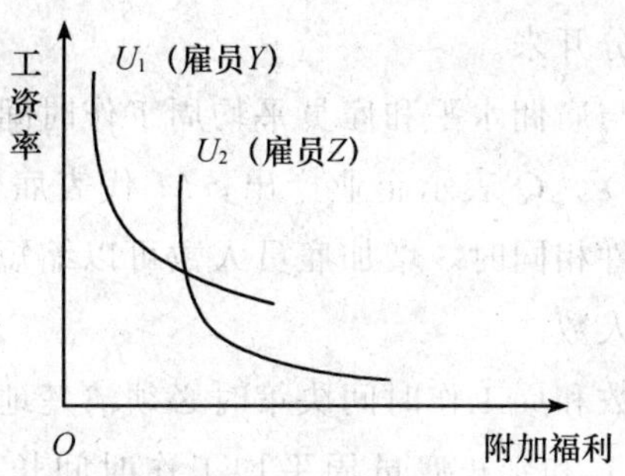

图 13—3　雇员对工资和附加福利的偏好

3. 时间工资与附加福利组合的市场决定

如果将所有企业利润为零的等利润曲线的有关部分连接起来，就得到一条向左上方倾斜的劳动力市场上的出价曲线。这条曲线与图 13—1 中利润为零时的等利润曲线的区别是，前者描述了劳动力市场的所有企业的实际出价，后者描述了单个企业可能做出的出价。

在市场出价曲线一定的情况下，雇员就会根据他们对这两种报酬形式的偏好来决定是在能够提供较多时间工资和较少福利的企业工作，还是到那些低工资、高福利的企业工作。例如图 13—4 中雇员 Y 愿意选择工资占比较高的报酬形式，而雇员 Z 则愿意选择福利占比较高的报酬形式。因此，雇主设计的报酬模式应该要试图吸引他们所需雇员的偏好。

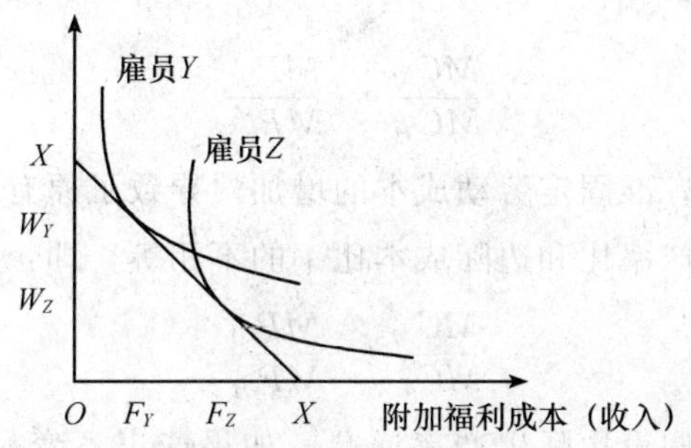

图 13—4　正常工资与附加福利组合的市场决定

（二）附加福利对劳动力需求及就业的影响

附加福利的增加会刺激缺勤现象的增加，从而影响劳动供给。那么，附加福利对劳动力需求及就业又有什么样的影响呢？它对劳动力需求及就业的影响与附加福利所具有的准固定成本性质有关，即附加福利与每一个新雇员工有关，而与雇员工作时间无关。我们在分析雇主的劳动力需求数量时，要把雇用人数和雇员平均周工作时间长度区分开来。

短期内，企业产出与雇佣水平和雇员平均周工作时间长度有关，生产函数可以表示为 $Q=f(M, H)$。Q 表示企业产出，M 代表雇佣水平，H 表示雇员平均周工作时间。其他条件相同时，增加雇员人数可以缩短周工作时间；而延长工作时间，可以减少雇员人数。

我们在进行雇佣人数和周工作时间决策时必须清楚地知道雇用一名新员工所带来的边际成本（MC_M）和延长雇员周平均工作时间长度1小时所带来的边际成本（MC_H）。前者包括周准固定劳动成本加上周工资以及随时间变动的附加福利成本；后者等于小时工资以及变动的附加福利乘以雇员人数。

企业为了实现产出成本最小化，应该调整雇佣水平和周工作时间，使得生产一个追加产出的成本相等，即：

$$\frac{MC_M}{MP_M}=\frac{MC_H}{MP_H} \quad \text{式（13—1）}$$

式（13—1）还说明了雇主安排加班的原因：尽管加班时间需要支付加班津贴（如时间工资率的1.5倍或2倍），但却能使雇主避免雇用一名新雇员所需支付的准固定劳动成本。

另一种表述方式是，多雇用一名雇员的边际成本与现有雇员多工作一个小时的边际成本之比，等于追加雇员的边际生产率与工作周延长一小时的边际生产率之比，即：

$$\frac{MC_M}{MC_H}=\frac{MP_M}{MP_H} \quad \text{式（13—2）}$$

根据式（13—2），准固定劳动成本的增加，导致了原有雇佣人数与工时组合的均衡状态的边际生产率比和边际成本比率的不相等，即：

$$\frac{MC_M}{MC_H}>\frac{MP_M}{MP_H} \quad \text{式（13—3）}$$

为了恢复均衡，假设边际生产率递减，如果产出不变，必须减少雇佣人数，增加工作时间。因此，有人认为加班时间的增加至少部分是由准固定劳动成本的上升造成的，而通过提高加班津贴，增加加班时间的边际成本与雇用新雇员的边际成本之比，促使雇主雇用新雇员替代加班时间。

二、报酬支付方式的选择：计时、计件及其他

展示报酬支付与雇员工作激励之间关系的最简单、被广泛使用的支付体系是计时工资（time rates）和计件工资（piece rates）。

计时工资是直接按雇员消耗的工时支付的工资。计时工资可分为：月工资制、日工资制和小时工资制。在现实经济生活中，计时工资是使用最广泛的报酬支付形式。

计件工资是按照工人生产的合格品的数量（或作业量）和预先规定的计件单价，来计算报酬的一种工资形式。它不是直接用劳动时间来计量，而是用一定时间内的劳动成果——产品数量或作业量来计算，因此，它是间接用劳动时间来计算的，是计时工资的转化形式。计件工资的一个变种是对标准工作时间内完成某项任务的雇员进行奖励：一个较快完成任务的雇员，不论其实际花费的时间多么少，都按标准工作时间支付全额报酬。如果雇员完成这一任务需要比标准时间更长的时间，则其工资所得就比计时工资低。

计件工资制度使得雇员的工资与产量成正比，这在某种程度上能刺激雇员努力工作。然而，为什么计时工资制度却更为普及呢？这是因为，报酬支付方式的选择最终要满足雇主与雇员双方的利益要求。

（一）雇员和雇主对两种工资形式的偏好

从雇员的角度来说，采用计件工资制度使雇员要承担一定的风险，因为任何一个人一生中总是有时精神好、效率高，有时消沉和疲倦；由于生产难免波动，所以采用计件工资制度计取报酬会使收入有波动。由于计件工资有风险，所以如果若干年中，计时工资制度下的平均工资等于计件工资制下的平均工资，雇员会偏好计时工资。

但由于雇员各自的先天能力存在差异，因此，不同雇员的行为也可能会有所差异。图 13—5 描述了某一雇员的效用与其能力之间的关系。在实行计时工资制的岗位上，所有雇员（无论其能力如何）获得的效用都相同（雇员的效用等于他在该工作岗位上的收入）。如果按照计件工资制计酬，那么他的效用取决于他的能力。

虽然雇员也许准确地知道自己的生产量是多少，但雇主却难以确定该雇员的生产率。在计件工资制度下，低生产率的后果由雇员自己承担，雇主可以用较少的时间来筛选和监督职工；而在计时工资制度下，生产率的波动风险由雇主承

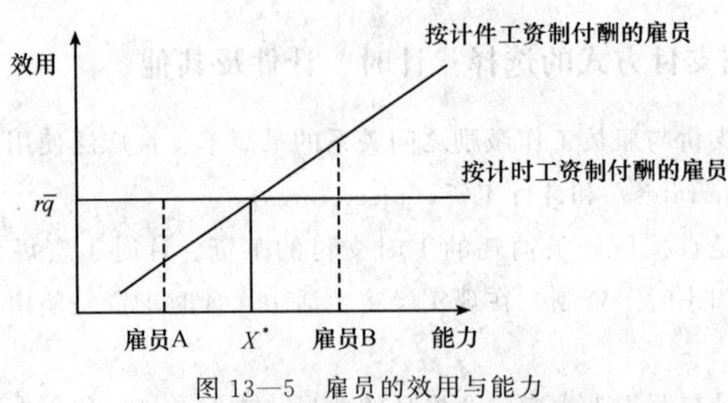

图 13—5　雇员的效用与能力

担。当雇员效率特别高时，利润增加；当雇员效率特别低时，利润下降。另外，计件工资制度可以从两个方面提高生产率：第一，因为雇员承担着低生产率的风险，所以这种制度能够吸引各种职业中效率最高的工人；第二，在计件工资制度下，因为雇员直接受益于自己的勤奋，他们在此制度下工作的积极性比仅仅按时间计算工资的制度下更高。然而，全面分析这种与生产率有关的奖励工资制度，以及实施这些制度的成本，必须考虑到个人和集体奖励工资制度的差别。

（二）个人报酬：计件工资

我们的讨论表明，计件工资的激励效应存在着某些优势：计件工资制度能吸引能力最强的雇员，激发劳动力队伍的努力水平，使得绩效与工资直接挂钩。鉴于这些利益的存在，为什么计件工资在劳动力市场没有被广泛地采用呢？

1. 产品质量标准

按工作量支付工资，虽然会促使人们提高生产效率，但却很难促使人们去关心质量问题。在典型的计件工资之中，工作者会以数量取代质量。因此，这种报酬基础需要严格监督雇员的工作质量，而这种监督成本往往会抵消奖励工资制度所带来的管理费节省。

2. 滥用设备

奖励工资制度会促使雇员加快工作速度，提高生产效率，其结果就是设备经常被滥用以致损坏。一般雇员会认为，只要设备的滥用不会导致停工就可行。但许多实行计件工资制度的企业仍不得不要求雇员自备设备和工具。

3. 工资率的确定

随着新设备的投入使用，我们有时候需要对工作所需的标准工作时间进行调整。最好的办法就是观察使用新设备的雇员。但是，如果被观察者知道观察的目的在于确定新的计件工资率，他很有可能故意放慢工作速度。其结果就是，雇主对所需的标准时间估计过高。对于那些产品技术变化频繁的行业，这个问题是很复杂的。

4. 产量的衡量

有些工作的产量比较容易被观察到，如生产裤子的数量、采摘草莓的装箱数量以及销售的数量。但是我们如何来衡量大学教授及软件生产团队工作者的工作量呢？他们的工作繁杂，用单一产量指标来衡量这些复杂的工作几乎是不可能的。在这种情况下，个人奖励工资是无效的，但集体奖励工资可能是有益的。

知识链接

计件工资率与棘轮效应

在实施计件工资制的企业中工作的工作者，惧怕广为人知的棘轮效应(ratchet effect)。假设接受计件工资制的工作者的产量超过了企业所期望的更高产量，该企业的管理者们也许就会把这一高水平的生产看作一种证据，即该工作岗位并不像他们原来所设想的那样困难，并由此认为他们为生产出一单位产量而支付了过多的工资。因此，在下一时期，计件工资标准就会被降低，工作者不得不更加努力地工作，只是为了保持工资与前一时期相等而已。棘轮效应对接受计件工资的工作者会产生负激励。

棘轮效应还会对采用更有效率的生产技术产生负激励。随着工作者在工作岗位上学到更多经验，他也许会认识到：通过对制造方法进行某些调整，自己可以生产出更多的产品。然而，企业也许会把产量的增加看作计件工资过高的证据，就会削减计件工资率。而工作者也会抑制采用新的生产技术。

（三）集体奖励工资

采用个别奖励制固然能刺激工人提高工作效率和增加产量，但是只注意产量的提高也可能带来两种后果：要么会使其他工段的工作速度放慢，要么会降低最终产品质量。人们认为，许多商品的质量下降，当归咎于个别奖励工资制。因此，有越来越多的公司转而采用了集体奖励工资制。集体奖励工资（collective incentive pay）是按集体产量获取工资的报酬计划，是一种集体成员之间分割利润的方案，如按公司股份得到报酬。

集体奖励工资的优点是能够将外部监督转化为内部相互监督，避免了工资率和产量的确定困难。集体成员之间的工作往往是相互关联的，一个成员的绩效不仅仅取决于其个人的努力程度，也取决于来自其他成员的配合和帮助。比如，流水线上前一道工序的工作绩效影响了后一道工序的工作绩效。如果按集体绩效给付报酬，会促使集体内部成员之间相互监督、相互帮助，增加团队合作意识，从而提高整体绩效水平。

集体奖励工资的缺点就是“搭便车”问题（free-riding problem）。因为人们认识到在集体奖励工资制度下：自己无须付出额外的劳动，就可以分享他人努力劳动的报酬；如果自己付出额外的劳动，其增加的报酬也要分给别人。这样，集体奖励工资制度往往不能调动雇员积极性，容易使人逃避责任，欺骗同事。

但是如果是在小集体中，欺骗或逃避责任现象往往易于被发现，集体的惩罚办法可以有效地消除上述情况。但是，如果是在集体规模较大的情况下，就很难有效排除逃避责任现象的发生。因此，使用集体奖励工资制的集体规模不宜较大。

（四）其他种类的奖励工资

除了以上所论述的奖励工资制度外，还有其他一些奖励工资计划，不过这些计划都是为了达到某种预期目的，而对遵从雇主意愿的雇员提供奖励。例如，为了引导雇员在工作中尽量避免工伤，企业会奖励那些未发生工伤事故的雇员。为了对付缺勤问题，有些企业会奖励那些出勤的雇员的配偶以分数，这种分数可以累积并且用来换取奖励。通过其配偶的监督，从而使缺勤现象大大减少。

三、工作岗位差别与工资差异：享乐主义工资理论

随着社会的发展与进步，人们总是力求缩小社会成员的收入差距，迄今为止，这种努力总是无法实现，现实生活中大量的工资差异现象将会长期存在下去。不仅企业内部存在工资等级差别，而且不同行业、不同职业、不同地区也存在着工资差异。表 13—1 显示了在同一企业内部，因为岗位不同，工资待遇的差异。比如，总经理的每月基础工资可以达到 6 000 元，而部门经理却只有 2 500 元。同时，我们还注意到，即使岗位相同，随着岗位内部等级的差异，工资也会有所差异。比如，在技术员这一岗位中，根据专业技术水平的高低，技术员可以分为好几个等级，相应地，工资待遇也分为好几个等级。

表 13—1　　按等级划分的基础工资

岗位	等级	基础工资（元）
总经理	1	6 000
	2	5 000
总监、副总	3	3 400
	4	3 100
部门经理	5	2 500
	6	2 300
部门副经理	7	2 000
	8	1 800
技术员	9	1 500
	10	1 400
	11	1 300
科员	12	1 400
	13	1 300
	14	1 200

从表 13—2 中我们可以看到，管理、商业和金融人员的平均小时工资为 26.24 美元，生产工人和服务业人员的工资分别为 13.99 美元和 10.96 美元，即使技术、销售以及行政人员的平均小时工资高于服务业的平均小时工资，但后者中高工资者的收入高于前者中低收入者的收入。

表 13—2　　按职业划分的平均小时工资

职业	平均小时工资（单位：美元）
管理、商业和金融人员	26.24
专业和相关工人	22.68
安装、维护和维修工人	17.14
建筑工人和冶炼工人	16.30
销售人员	15.89
生产工人	13.99
运输和原材料转移人员	13.83
办公室和行政助理人员	13.73
服务业人员	10.96
农业、林业和渔业人员	9.81

表 13—3 是制造业内部行业名义工资差别。国外工资统计最详细、规范的是制造业内部行业，行业划分有严格的国际标准。在经济发达国家，制造业内部行业工资最高与最低的差别一般在 2～3 倍，发展中国家一般在 3 倍以上。

表 13—3　　几个国家制造业内部行业名义工资差别

行业＼国别	日本 (1984)	美国 (1985)	英国 (1984)	新加坡 (1985)
制造业	100	100	100	100
食品	75.4	83.9	84.9	103.6
纺织	74.5	67	71.7	79
服装	50.9	49	56.3	57.8
木材，木制品	78.1	75.8	89.5	74
纸，纸加工品	103.3	112	104.8	99.7
出版，印刷	124.9	91.3	125.8	104.4
化工	144.3	135.9	133.1	186.5
钢铁	142.6	124.9	108.9	161.4
有色金属	117.8	112.4	106.8	111.9
机械	116.9	112	107.2	427.5
电气机械	92.9	107.1	100.3	91.5
运输机械	125.8	136	110.7	127.4
高低倍数	2.83	2.78	2.36	3.23

那么，究竟是什么原因造成了这些工资差异？具体来说，正如我们将要分析的，造成工资差异的原因主要是工作岗位的差别、工人差别和劳动力市场的不完全。下面我们分析前两个原因。

在完全竞争的劳动力市场中，我们假定劳动力和工作具有同质性，信息是充分的，工作的搜寻与迁移没有成本，劳动力资源将在不同职业和地区间流动，直到所有工人拥有相同的工资水平。在这种情况下，工资结构将表现为一个单一的工资水平，此时，平均工资率将是经济中唯一的工资率。因此，当工人选择要从事的工作时，只需考虑工资率就可以了。

但是在现实生活中，工作并不是同质的，多样化工作（Heterogeneous Jobs）

具有不同的非工资特征，由于某些工作可能具有一些令人讨厌的特征，或者需要不同类型和不同数量程度的技能，雇主通常需要向工人支付一个工资补偿。这种补偿性工资差异（Compensating Wage Differentials）属于均衡工资差异，因为它不会引起工人向高工资工作的转移，因此，工资率不会趋于均等。

享乐主义工资理论（Hedonic Theory of Wages）是补偿性工资差别理论的图形表述。补偿性的工资差别主要有两种：一种是由补偿恶劣的工作条件而形成的，即知识和技能并无质的差别的相同劳动者在从事工作条件较恶劣的职业时要求支付较高的工资，如果是工作条件较好的职业，即使较低的工资也有吸引力，它实际是一种促使各种职业的吸引力均等化的因素；另一种则是由补偿工人训练费用的差别而形成的。享乐主义工资理论主要是指前一种，即针对工作岗位非工资特征的差别提出的。

1. 工人的无差异曲线

工人对工作的选择，除了考虑工资水平外，还要考虑与该工作有关的非工资特征。下面借助无差异曲线来分析工人如何在工资和非工资利益之间进行取舍。

如图 13—6 所示，享乐主义无差异曲线图是由一组无差异曲线组成的，纵轴表示工资率，横轴表示非工资利益。这里的非工资利益可以是该工作具有的除工资以外任何能给工人带来效用的“好”的工作特征（它可以是较高的工作安全性，也可以是工作地点的便利性），图中每条无差异曲线都表示产生同等效用水平的工资率和特定非工资利益（如工作安全）的各种组合。无差异曲线越高，代表的效用水平也越高。图 13—6 中的无差异曲线是陡峭的，表明这个工人是高度厌恶风险的。也就是说，需要大幅度地提高工资率，才能补偿因为工作安全程度降低导致的效用损失。偏好不同，拥有的无差异曲线也就不一样，那些偏好风险的工人的无差异曲线，形状要相对平坦些。

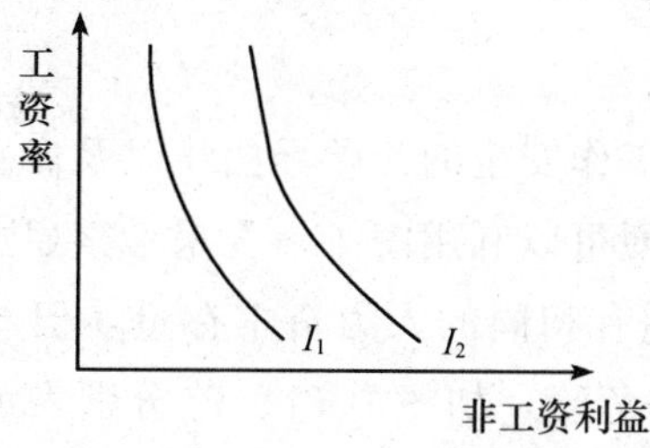

图 13—6　工资和非工资利益的无差异曲线

2. **雇主正常利润下的等利润曲线**

雇主面临工资与安全的抉择可以用等利润曲线表示，雇主的抉择必须建立在三个假设基础上。第一，减少雇员伤害危险需要很高的费用，如安装设备、安全培训将牺牲生产时间等。第二，竞争的压力可能使许多企业在零利润上经营。在提供工作机会方面，雇主的限制可以理解成两方面，一方面，雇主不能提供极其优惠的工作，否则将被成本较低的企业挤垮；另一方面，如果提供的就业条件很差，雇主将无法吸引雇员。第三，其他所有工作特征是给定的。雇主在工资和工作安全程度之间的选择可用等利润曲线表示。

图 13—7 表明的是正常利润下雇主的等利润曲线，表明产生同等利润的工资率和工作条件（如工作安全）的各种组合。这里的等利润曲线不是一条直线，而是一条凹的曲线。凹形的等利润曲线是由于厂商为了使工作安全每提高一定幅度，其耗费的成本会不断增加，因此，必然要求工资率降低得越来越快；也就是说，厂商提高工作安全程度的边际成本是递增的。

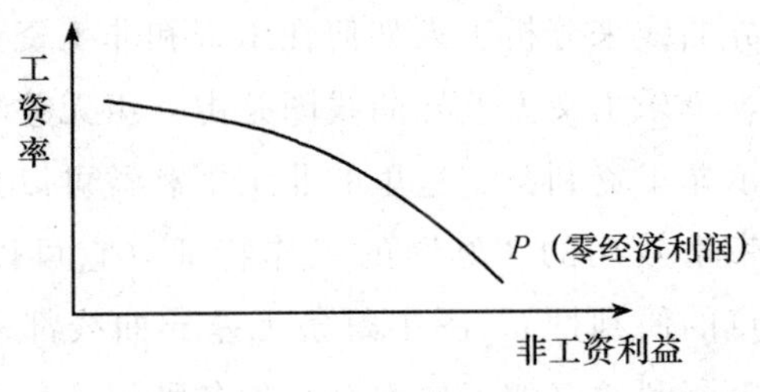

图 13—7　等利润曲线

不同的企业有不同的等利润曲线，图中的等利润曲线相对平坦，意味着这一企业提高工作安全的边际成本相对较小。但是，有些企业由于技术方面的限制，要减少事故发生十分困难。因此，提供安全工作环境的成本就很高，企业的等利润曲线相应地也十分陡峭。

3. **工人和工作的匹配**

在员工对于工资率和工作安全的无差异曲线以及雇主相对于这两个要素的等利润曲线确定之后，我们便可以利用图 13—8 来考察雇主和员工之间的互相匹配情况。假设工人 A 和 B 拥有相同的人力资本存量，但却有不同的安全偏好：工人 A 比工人 B 更厌恶工伤危险，如图中 I_A、I_B 分别表示工人 A 和工人 B 的无差异曲线，其中 I_A 相对陡峭，I_B 相对平坦。图 13—8（a）中等利润曲线 P_A 和图 13—8（b）中等利润曲线 P_B 分别表示 A、B 两个企业在各自行业既定的竞争水平下能够获得的最大利润。其中 P_B 比 P_A 陡峭，意味着 B 企业提高工作安全程

度比 A 企业的边际成本更高。图 13—8（a）显示的是重视工作安全的工人和以低边际成本提供安全环境的企业之间的匹配。图 13—8（b）显示的是风险偏好的工人与以较高成本提供安全环境的企业的匹配。图 13—8（c）中 WS 曲线表示的是劳动力市场上许多工人和工作之间的工资率和工作安全的一般关系。

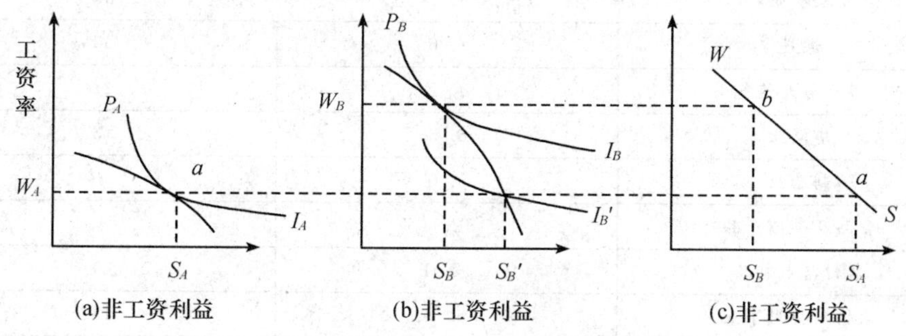

图 13—8 工人和工作的各种匹配

不同的企业拥有不同的等利润曲线，不同的工作者拥有不同的无差异曲线。劳动力市场可以使得不喜欢风险的工作者（如工作者 A）与提供安全环境的企业（如企业 A）相结合；不是很在乎风险的工作者（如工作者 B）与难以提供安全环境的企业（如企业 B）相结合。在此类型的均衡中，工作者自己会在不同企业中进行自我选择。图 13—8（c）给出了劳动力市场中实际上能够观察到的工资——非工资利益组合。如果我们把这些点连接起来，就能得到效用主义工资函数(hedonic wage function)，它表示工作者获得的工资与工作岗位特征之间的关系，风险略高的工作岗位提供的工资较高。

案例研究

生命值多少钱？

许多研究试图估测不同工作岗位（提供了不同的风险概率）之间的工资差异，在调整了其他可能会影响工资差异的因素之后，如表 13—4 所示，不同行业所雇用的工作者受到伤害的概率（包括致命性伤害概率和非致命性伤害概率）存在很大的差异。在航空运输业，每 100 名全日制工作者的非致命性伤害的人数为 13.9 人，金融业则为 1.9 人。类似地，每 10 万名工作者的致命性伤害的人数采矿业为 30 人，服务业为 2 人，建筑业为 13 人。

表 13—4　　不同行业所雇用的工作者受到伤害的概率

产业	每 100 名全日制工作者的非致命性伤害概率（人）	每 10 万名工作者的致命性伤害概率（人）
农业	7.1	21
采矿业	4.7	30
煤炭	7.6	53
石油与天然气	4.2	27
建筑业	8.3	13
制造业	9.0	3
食品及类似产品	12.4	4
木材与木制品	12.1	24
运输与公用事业	6.9	12
本地旅客运输	8.0	15
卡车运输与仓储	7.9	21
航空运输	13.9	11
批发贸易	5.8	4
零售业	5.9	3
金融业	1.9	1
服务业	4.9	2
商业服务	3.2	2
汽车修理	5.0	8

资料来源：U. S. Department of Commerce. Statistical Abstract of the United States. Washington, DC：Government Printing Office，2002，Tables 624，626.

许多经验性研究表明，与不接触危险材料或设备的工作者相比，接触此类危险品的工作者挣得的工资收入高 3%或 4%。虽然在估测影响的规模上存在着很大的差异，但一项新近的研究证据所给出的结论是，哪怕是增加 0.001 点的致命性伤害概率，也许会使年收入提高 6 600 美元。①

①　Viscusi. The Value of Risks to Life and Health；也可参见 Robert S. Smith. Compensating Wage Differentials and Public Policy：A Review. Industrial and Labor Relations Review，32（April 1979）：339－352；Per-Olov Johansson. Is There a Meaningful Definition of the Value of a Statistical Life? Journal of Health Economics 20（January 2001）：131－139. 还有证据表明：那些厌恶风险的工作者（从他们不吸烟并使用安全带的角度上说），如果让他们在高风险的工作岗位上工作，他们将要求更高的补偿性差异. 参见 Joni Hersh and Todd S. Pickton. Risk-Taking Activities and Heterogenity of Job-Risk Trade-offs. Journal of Risk and Uncertainty11（December 1995）：205－217.

四、工人差别与工资差异：效率工资理论

我们知道，劳动者由于先天因素和生活环境的影响，具有不同的身高、体重和健康状况，构成了人力资本的体力因素；而其天资禀赋、受教育程度、好学精神和工作经历等则构成人为资本的智力因素。不同的人往往有不同的人力资本存量，这就使很多劳动力群体甚至个人之间都不可能完全相互替代。这些不可能完全相互替代的群体构成了劳动力大军中的非竞争性群体（Noncompeting Groups）。经验分析表明，人力资本的这一差异性，使工人具有不同的生产率，并最终导致工资差异。在长期，人们确实倾向于向高收入职位流动，但流动本身又受资金实力、学习和应用知识技能的内在能力的限制，因此，工资差异将会长期存在下去，从而在劳动力市场存在的条件下形成人力资本与工资水平的正相关关系。

以舒尔茨为代表的人力资本理论对于教育等智力因素具有高回报率的研究已广为人知，而福格尔等一些经济学家所做的关于营养、健康等体力因素作用下的人力资本对生产效率影响的工作了解较少。从 20 世纪 80 年代到最新的类似研究都表明了后者也是相当重要的。例如，根据斯特劳斯估计[①]，在塞拉利昂农户中，全部劳动力的卡路里消费水平的产出弹性为 0.33；萨恩和阿尔德曼估计[②]斯里兰卡市场工资对卡路里摄入水平的弹性为 0.2。人力资本固然有遗传和长期积累的因素，但在很大程度上更依赖于后天投资予以改善。所以，工资水平决定了人力资本的状况。或者说，提高工资可以通过改善人力资本状况来提高劳动生产率。

当企业意识到工资与生产率的关系时，提高工资就可以成为提高劳动生产率的一种手段。当然，企业也不愿意无限度地提高工资，因为劳动生产率的提高也可能是边际递减的。在图 13—9 中，横轴代表工资水平，纵轴代表劳动生产效率。在一定阶段上，工资提高相应地提高劳动生产效率，但达到一定点以后，继续提高工资，效率提高就递减了。企业追求的单位劳动成本效率最大或单位效率劳动成本最小。所以，图中效率从递增到递减的转折点就是企业愿意支付工资水平的均衡点，此时的工资水平即为效率工资 W。

图 13—9 中产品曲线所示的工资与生产率之间的相关性，源于以下四个因素：第一，高工资会使得工作者消极怠工的成本更加高昂。如果某一工作者消极

---

① 斯特劳斯．较好的营养能提高农业生产效率吗［J］．政治经济学，1986，94（2）．

② 萨恩和阿尔德曼．人力资本对工资的影响及发展中国家劳动供给的决定因素［J］．发展经济学，1988，29（2）．

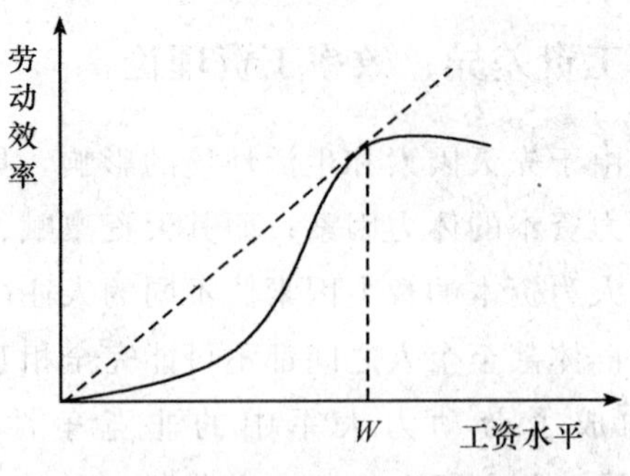

图 13—9　工资与劳动效率的关系

怠工被解雇，他就会失去高薪酬工作岗位，并且可能会失业。因此，由于惧怕失业，工作者会努力工作。第二，更高的工资也许会影响到工作场所的“社会学”。尤其是，薪酬良好的工作者也许会更加努力地工作，即使不存在开除的威胁，在这种企业中就业的工作者，会将高工资看作源自雇主的一种礼物，并且会更加努力地工作来报答雇主。第三，高工资者不大可能辞职。由于支付效率工资的企业工作转换率低，因而可以减少工作转换的成本，使得受过培训的工作者离开生产线、新工作者接受培训时出现的中断降低到最低程度。因此，效率工资不仅可以减少辞职率，而且可以提高产量和利润。第四，支付效率工资的企业也许可以得到一个可供选择的工作者储备池。考虑一家提供低竞争性工资的企业只有保留工资低于这一工资水平的工作者，才会接受该企业的工作岗位。技能高的工作者的保留工资较高，所以会放弃该企业提供的工作岗位。因此，低工资会导致逆向选择。支付效率工资的企业可以吸引符合条件的工作者储备队伍，提高该企业的生产率和利润。

在两种情形下，企业不会支付效率工资，一种情形是在不存在信息的经济环境中，这时劳动者能够提高效率的人力资本不能得到识别，因而不能得到所得方的承认。另一种情形是在一个信息环境相当完善的经济环境中，企业也不会考虑付给劳动者效率工资。这是因为在这种情形下，一个拥有较高人力资本禀赋的劳动者，如果比其他劳动者的效率高两倍，将得到比其他人恰好两倍的工资，而企业则一无所获。然而，现实世界是一个信息并不完善的经济环境，企业可以用高于其他劳动者而低于两倍的工资水平雇用这个人，从而从中获利。

观点纵横

效率工资理论及其拓展

现代效率工资理论自20世纪70年代后期在西方经济学界诞生以来，受到了广泛的关注，无论是西方国家的学术界，还是实际部门，都对此讨论颇多。之所以如此，是因为这一理论对当今西方国家工资决定机制有着相当强的解释力，同时，也为理解西方国家普遍持久的失业现象提供了理论依据。

最早将效率工资制度提升到理论高度的是美国经济学家索罗（Solow，1979）。他于1979年发表的题为《工资黏性的另一可能源泉》的文章，首先提出了在成本最小化工资水平下，相对于工资的工人努力弹性（the elasticity of effort）是一种单位弹性。这一命题后来被称为“索罗条件”（Solow condition）。索罗模型的关键思想是，由于降低工资会损害工人努力的积极性，所以即使效率工资高于市场出清工资水平，社会上存在大量失业，企业也不会降低工资以利用过剩的劳动供给。此后，很多经济学家投入了对效率工资理论的研究，这些研究大大丰富了效率工资理论。纵观这些研究，主要在两个方向上深入、扩展和细化。

1. 在索洛模型基础上，对理论模型加以细化和完善。在索洛模型中，影响工人工作努力程度的因素是单纯的工资水平。这一假设过于简单，忽略了其他厂商工资水平和失业率等因素对工人努力程度的影响，实际上是没有考虑到工人工作的努力程度决策还要受劳动力市场状况的影响。为了弥补这一不足，一些经济学家对影响工人努力程度的因素进行了补充，建立起自变量更多的努力程度函数，以增强理论的解释力，其中比较典型的有萨默斯和戴维·罗默。萨默斯模型用相对工资水平，即代表性厂商工资水平和其他厂商工资水平的相对高低和工人对劳动力市场状况的评价来解释工人的努力程度决策。罗默则将代表性厂商工资水平、其他厂商工资水平和失业率引进为工人努力程度函数的自变量，建立起一个更一般的效率工资理论模型，并得出与索洛模型类似的厂商利润最大化条件。

2. 从工人行为机制的角度，对工人努力程度决策机制进行解释，其中最典型的是偷懒模型，其他比较重要的还有工作转换模型、社会学模型和逆向选择模型等。

（1）偷懒模型

偷懒模型是夏皮罗和斯蒂格利茨（Shapiro 和 StigIitz）于 1984 年提出的。他们的模型较为直观和透彻地揭示了效率工资的作用机理，是目前最为著名和最常被引用的效率工资模型。偷懒模型的基本思想是：在信息不对称条件下，工人工作的努力程度往往不能被完全观察到，从而工人有了偷懒的动机，但偷懒本身也有被抓到并被解雇的风险。这样，工人就有必要在偷懒与不偷懒之间进行选择，当偷懒的预期收益小于不偷懒的预期收益时，工人会理性地选择努力工作。而厂商将工资定在高于劳动力市场出清工资的水平，可以增加工人偷懒的机会成本，从而使工人选择努力工作。

（2）工作转换模型

工作转换模型在许多方面与偷懒模型类似，但它更强调劳动力的工作转换给企业造成的损失。工人辞职必须得到补充，这意味着企业不得不再一次发生招聘费和培训费。因此，企业有强烈动机采取各种措施将工人的工作转换次数控制在一个合理的水平上，企业的措施之一是确定一种工资水平以阻止工人转换工作。人们一般设想，当工人获得的工资高于其他工作机会向他们提供的报酬时，他们将减少辞职。因此，在其他条件都不变的情况下，企业支付较高的工资可以降低工人的工作转换率。

（3）社会学模型

社会学模型与偷懒模型不同，认为造成劳动力市场不能出清的工资黏性的主要原因是社会习惯、行为准则和公平观念等因素，而这些因素通常并不为经济学家们所关注。属于这种类型的比较重要的模型是阿克洛夫的礼物交换模型，此外，索洛也对这方面的研究有所贡献。阿克洛夫的解释是，工人是根据努力原则工作的，超过厂商工作标准的部分好比无偿地赠送给厂商的一份礼物，工人希望厂商给予回报，支付公平的工资。处于非自愿失业的人，为什么不以更低的工资提供工作。索洛认为，在就业者和失业者之间的无数次重复博弈中，不再降低工资是一个均衡解。他们俩的主要差异在于：阿克洛夫认为社会准则的源泉与维持下去的力量是非个人主义的，而索洛试图将社会准则的形成追溯到社会博弈参与者的个人自利动机上去。

（4）逆向选择模型

逆向选择模型对效率工资的解释基于这样一个思想，即工资除了具有对劳动的补偿功能之外，在信息不对称情况下，还具有对劳动力的筛选功能，也就是说，提供高工资的企业将会发现它们能够吸引到更“优质”的工人。这样一来，这些企业最终雇用到的都是那些生产能力高的工人，而企业生产率的提高将足以补偿高工资所带来的额外成本。这一模型的理论基础可以追溯到阿克洛夫的“柠檬”模型。

延伸思考

1. 支付工资和为雇员购买保险对雇主来说都是雇佣成本，雇主关心的是成本的总价值而非构成。迫于竞争的压力，雇主所能支付的雇佣成本的总价值是一定的，因此雇员得到的福利实际是由工人自己支付的。请评述这种说法正确与否？

2. 决定企业是采用计件工资还是计时工资补偿体系的因素是什么？

3. 为什么工资与生产率之间存在着一种相关性？

深度阅读

1. 乔治·J. 鲍哈斯. 劳动经济学［M］. 北京：中国人民大学出版社，2010.

2. 坎贝尔·R. 麦克南，斯坦利·L. 布鲁，大卫·A. 麦克菲逊. 当代劳动经济学［M］. 北京：人民邮电出版社，2004.

第十四章　个人收入分配：衡量与调整

合理的收入分配制度是社会公平的重要体现，是推动科学发展、促进社会和谐的重要保障。改革开放以来，我国收入分配制度改革不断深化，逐步打破了计划经济体制下僵化的收入分配制度，建立起与社会主义市场经济体制相适应的按劳分配为主体、多种分配方式并存的分配制度，有效调整了各种经济主体之间的利益关系，促进了经济社会平稳较快发展。但是，随着产业结构的调整，经济体制改革的深入和社会结构的转型，我国居民收入在国民收入分配中的比重下降、收入分配领域仍然存在不少矛盾和问题，收入差距扩大等问题依然存在，有些还呈现加剧的趋势。这既有资源禀赋、市场竞争机制、发展阶段性等合理因素，也有体制机制不健全、政策措施不完善、发展不平衡等不合理因素，特别是收入分配中掺杂垄断、寻租、腐败等因素，使问题更加复杂，不仅积聚矛盾，影响社会稳定，也影响市场运行效率和经济的可持续发展。

分配差距扩大趋势究竟是什么原因促成的，如何理顺收入分配关系和深化分配制度改革，缩小收入差距，实现真正的共同富裕，这就是本章所要论述的主要问题8 4 3 1 9 5 3 7

一、收入不平等的衡量与解释

（一）收入不平等的衡量

为了准确考察一个国家或个人收入分配的差距，需要对收入不平等的程度加以衡量，对收入不平等的衡量是研究收入分配的基础，衡量收入不平等的指标方法较多，如可通过泰尔指数、变异系数等指标来衡量。在众多指标当中，方差是一个常用的衡量收入不平等的指标，基尼系数由于有较好的经济意义和性能而成为被广泛应用的一个指标。一般来说人们常用以下几种方法来衡量收入的不平等。

1. 方差

在数理统计学中，方差是对离散度进行衡量的一个指标。它也常被用来测量收入分配差距。其计算公式如下：

$$Variance = \frac{\sum_{i}(I_i - \bar{I})^2}{n}$$

其中，I_i 代表第 i 个人在被考察人群中的收入水平，n 代表被考察人群的人数，$\bar{I}$ 表示该人群的平均收入。不难理解，当收入绝对平均的时候，人人收入都一样，方差就等于零。如果收入差距很大，那么方差就很大。但是方差这一指标有一个很重要的缺点，它的变化可能并不一定表示收入差距扩大，而可能只是因为人均收入水平有所提高而引起的。比如说，如果说所有人的收入都增长了1倍，社会的相对收入差距应该是不变的，但方差却上升到原来的4倍，因此，方差只能作为衡量绝对收入不平等的指标。

2. 洛伦茨曲线

洛伦茨曲线也可以用来表示收入的不平等程度，它是用来描述一国财富或收入分配状况的统计工具，表示各阶层人民（从最贫困的开始）收入的累积部分占整个国民收入中的百分比（见图14—1）。在国民收入分配完全均等情况下，它是一条45°直线，在这条直线上，相应比重的人口得到相应比重的收入，又称完全平等线；在国民收入分配绝对不平等情况下，则构成正方形的底边和右边。由于任何国家实际收入分配状况都介于上述两种极端情况之间，故洛伦茨曲线一般为一条向下弯曲的曲线，其偏离45°直线越小，表明该社会收入分配状况的平等化程度越高，其偏离45°直线越大，表明该社会收入分配状况的平等化程度越低。运用洛伦茨曲线可以比较同一个国家不同时期或同一时期不同国家的收入分配的平均状况与变化状况。如图14—2所示，a、b、c三条洛伦茨曲线分别表示甲、乙、丙三个国家的实际洛伦茨曲线，可以看出，丙国收入分配最平等，甲国收入分配最不平等。如果把a、b两条洛伦茨曲线作为实施一项政策前后的洛伦茨曲线，那么可以看出，在实施该项政策后，收入分配更加平等了。

3. 基尼系数

为了用指数来更好地反映社会收入分配的平等状况，1912年意大利经济学家基尼根据洛伦茨曲线计算出一个反映收入分配平等程度的一种尺度，即社会居民（或劳动者）人数与收入量对应关系的计量指标。基尼系数就是图14—1中洛伦兹曲线与45°线之间的面积与45°线以下的三角形面积的比值。

$$基尼系数 = \frac{洛伦茨曲线与45°线之间的面积}{45°线以下的三角形面积} = \frac{A}{A+B}$$

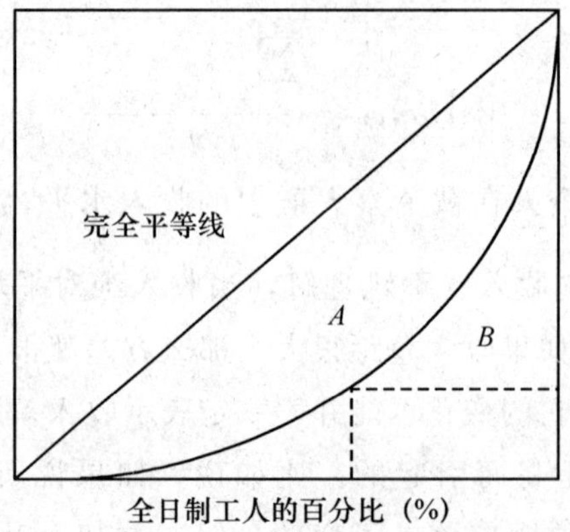

图 14—1　年收入的洛伦茨曲线

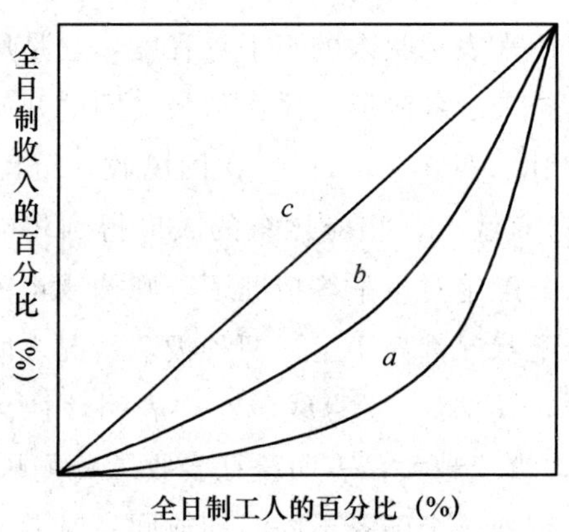

图 14—2　洛伦茨曲线的变动

如果收入分配是完全平等的，洛伦茨曲线与 45°线之间的距离就是零，基尼系数也是零；如果收入分配极端不平等，洛伦茨曲线与 45°线之间的面积就是 A＋B，则基尼系数为 1，该基尼系数可在零和 1 之间取任何值。收入分配越是趋向平等，洛伦茨曲线的弧度越小，基尼系数也越小；反之，收入分配越是趋向不平等，洛伦茨曲线的弧度越大，那么基尼系数也越大。如果个人所得税能使收入均等化，那么，基尼系数即会变小。基尼系数便于了解、掌握和比较，人们可以对同一个国家不同时期的基尼系数进行比较，也可以对不同国家的基尼系数进行比较。联合国有关组织规定的基尼系数见表 14—1。

表 14—1　　　基尼系数及其代表的平均程度①

基尼系数	收入分配的平均程度	基尼系数	收入分配的平均程度
小于 0.2	绝对平均	0.4～0.5	收入差距较大
0.2～0.3	比较平均	大于 0.5	收入差距悬殊
0.3～0.4	相对合理	大于 0.6	高度不平均

①基尼系数最大为“1”，最小等于“0”。前者表示居民之间的收入分配绝对不平均，即100%的收入被一个单位的人全部占有了；而后者则表示居民之间的收入分配绝对平均，即人与人之间收入完全平等，没有任何差异。但这两种情况只是在理论上的绝对化形式，在实际生活中一般不会出现。因此，基尼系数的实际数值只能介于0～1之间。

经济学家们通常把 0.4 作为收入分配差距的“警戒线”。据有关数据显示，一般发达国家的基尼系数在 0.24～0.36 之间。日本是全球基尼系数最低的国家之一，一般在 0.25 左右，德国为 0.3 左右，而美国的基尼系数已经超过 0.4 的警戒线。发展中国家基尼系数一般较高，大致在 0.4 上下。中国内地和香港的基尼系数都超出 0.4 的警戒线。

知识链接

基尼系数的缺陷

基尼系数作为国际上经常用来测度个人、居民和家庭户收入分配的均衡性和差异程度。但在实际运用过程中也存在一些缺陷，例如：

1. 从静态角度看，基尼系数只能比较各国或各地区全体人口收入不平等程度，不能说明收入不平等特征，所揭示的社会意义有限。比较两个国家或地区的基尼系数，谁的数值大则说明谁的分配不平等程度更严重。但是，当两个国家或地区的基尼系数相同，两者的总体不平等程度一样时，内部的收入分配状况不尽相同，其所含的经济意义、政治意义、社会意义也不一样。

2. 从动态角度看，基尼系数不能刻画收入差距扩大的路径，不能说明一国内部不同阶层收入不平等程度的演化，容易忽略低收入阶层的利益，基尼系数的提高及收入差距的扩大可以遵循两条路径：一是低收入人群收入比例下降速度快于高收入人群收入比例上升速度；二是低收入人群收入比例下降速度慢于高收入人群收入比例上升速度，图 14—3 清楚地说明了这一点。如图所示，设初始收入分配曲线为 a，此时基尼系数较小，收入不平等程度较低。随时间推移收入差距不断扩大，新的收入分配曲线为 b 或 c。从图中可以看出，b、c 所代表的新的基尼系数相等，但是a到b的路径与a到c的路径并不一样。

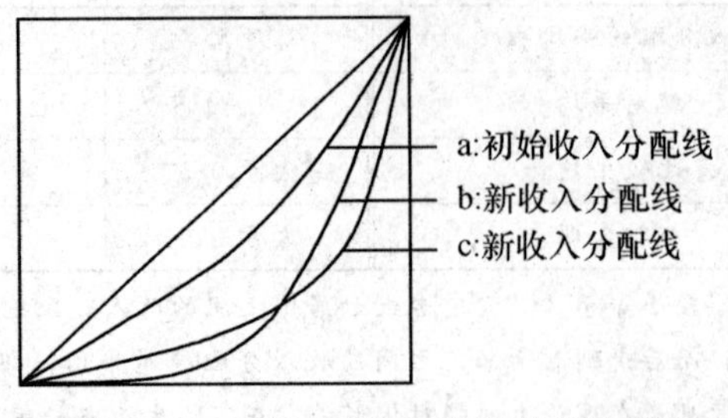

图14—3 基尼系数上升的路径比较

——摘自：蒲艳. 基尼系数的缺陷与启示［J］. 生产力研究，2008（8）.

（二）收入不平等的解释

经过近30年的改革开放，随着经济体制从计划经济向市场经济的转轨，中国经济社会生活发生了深刻的变化。在人们整体收入水平显著提高的同时，由于市场存在失灵，收入分配可能无法使收入、财富的分配按照社会公认的符合社会公正的方式进行。在市场经济条件下，即使所有人的素质是无差异的，在现实中由于个人所受教育、能力、偏好以及所处地位的差异，都会影响收入分配的结果。

1. 教育

对收入和教育的经济学研究证明，教育对收入分配具有重要的影响，教育投资一般来说是一项很好的投资，而且能够获得比其他投资更高的收益率。社会成员的受教育程度总体上与其收入水平、社会地位呈高度正相关，职场中的"蓝领""白领"与"金领"之分，很大程度上是因为受教育程度的差别。受教育较多的人与受教育较少的人相比，不仅起始收入高，而且随着年龄的增长，受高等教育的人与同龄人的收入差距不断扩大。特别是近年来，熟练工人与非熟练工人之间的收入差距越来越大，因为随着科学技术的进步，相对于不熟练劳动的需求，相比熟练劳动的需求一直在增加，需求的增加引起了工资的增加。例如，企业生产的自动化引起了对熟悉计算机人员的需求增加，从而减少了那些工作被自动化机器所替代的低教育水平工人的需求。再如，许多公司现在依靠计算机数据库来储存商业记录，从而减少了对文件柜的依赖，这种变化增加了对计算机程序员的需求，减少了对档案管理员的需求。总体来说，一个受教育较多的人所学到的技能往往是得到一份高薪工作的先决条件，一个没有受过或受教育较少的人在职场中一般说来处于不利地位。

案例研究

上大学值得吗?

每年在大学毕业生集中招聘的时期，“大学生就业难已成为社会问题”等观点频频见诸媒体。许多人认为“大学生越来越不值钱”，以至于新的“读书无用论”的观点抬头。大学生就业难已是一个不争的事实，然而，我们是否真的就可以因此而得出“读书无用论”的结论吗?

实际上，“读书无用”的说法主要流行于经济落后地区，是贫困者对眼前利益和长远利益矛盾的困惑。虽然他们也认识到了知识的重要性，但是有两大现实困难又使他们感觉读书“无用”：一是巨额的教育费用；二是教育投资回报的潜在性和迟缓性。教育投资表现为人力资本的增值，是一种无形资产，虽然是受用终身，但是有时却不能够立竿见影，立即带来眼前困境的好转。很多贫困者因为自身的境遇不佳，所受的教育有限和预计将来能力的短见，使得他们不能冒风险把资本投在教育和培养他们的子女上，就像贫困者同样没有自由和勇气来投资其他有利可图的项目一样。对于比较富裕的阶层而言，就很少出现这种“读书无用论”的观点，他们会尽量设法为自己的子女选择最好的终身职业，以及该职业所需要的头等教育，他们愿意而且也能够在这方面支付巨额的费用。

应该说，受到良好教育和没有受过教育的人，其思维方式、谋生本领、处世能力和思想内涵等是迥然相异的。从长远看，受过教育的人远比没有受过教育的人更有前途。如果说知识有时可能也不能改变命运，那么没有知识则永远也不可能改变命运。

在“知识经济”日益成为主流的今天，对于知识的尊重和人才的需求，才是社会发展的方向和必然。但是新“读书无用论”的出现，是需要我们这个社会进行反思的，实际上，“读书无用论”是一些贫困者在“吃不到葡萄”后的无奈。要消除这种无奈，最现实、最紧迫的问题是如何降低贫困家庭孩子的教育成本，使教育不再是他们无法承受之重，给他们一个平等的受教育的机会。

资料来源：http://blog.xiaonei.com/GetEntry.do? id=378887565&owner=60673.

2. 个人的天赋能力、努力和机遇不同

虽然受教育程度本身就与能力有关，但如果我们观察到相同受教育水平的人之间仍然有收入差距，那么能力的差异就是一个很好的解释因素了。只有那些能力高于平均水平的人会被雇用。能力表现为多种形式，包括智力、身体技能和动机，它可能是先天遗传的，例如，同样是美国 NBA 球队的队员，为什么姚明得到的收入高于易建联？同样是小品演员，为什么赵本山的收入高于其他人？我们可以确定地说，姚明和赵本山的高工资并不是补偿性工资差别，因为姚明在打篮球时并不比易建联感受到更大的痛苦，其他小品演员也不比赵本山在演小品时得到更多的愉快。姚明和赵本山的高工资也不是因为他们有更多的人力资本，在很大程度上，他们的高工资只是因为他们有更大的天赋能力。当然能力也可能是后天培养的，虽然先天的条件注定人的能力有强弱之分，每个人的体力与脑力可能都不一样。有些人聪慧，有些人愚钝；有些人敏捷，有些人笨拙；有些人性格外向，有些人性格内向，等等。这些个人特征在决定人们赚取收入时起着很大的作用，但很多研究者同时也肯定了后天教育的力量，认为人的能力是可以后天被强化的，通过科学的教育和培训对于消除这些天赋能力的差别也能起一定作用。

与收入密切相关的还有努力，有些人工作勤奋，有些人工作懒散，看到那些工作勤奋的人生产率更高和工资更高我们并不奇怪。例如，生产产品多的工人比生产少的工人的工资高，销售产品多的人比销售少的人工资高。另外，机遇在工资的决定中也起着一定作用。个人决策的后果是难以预料的。因此，拥有相同机会集合而且嗜好也相同的人也可能因个人决策不同而有不同收入。所以我们会看到有的人选择当演员，一旦遇到张艺谋，从此便“星途”坦荡；但是如果运气比较差，一辈子演小角色也是有可能的。一个在毕业后找了一家在若干年后被判为夕阳产业的企业工作的人和另外一个在因特网刚刚问世时就加入了雅虎公司的人的结果是一目了然的，前者收入日益减少而最终失业，后者则因信息技术向全社会的渗透而有了丰厚的报酬。更为极端的是，某人创办的企业因地震而毁于一旦，而某人的企业则因城市发展而获得极其巨大的级差地租收入。

趣味阅读

超级明星现象与“艺考热”“超女热”

近年来，娱乐界某些明星的高额收入备受公众关注，例如，女演员巩俐在2007年挣了4 600万元，章子怡挣了1 800万元。同样，在体育界，姚明2007年的收入是2.6亿元，刘翔的收入是5 800万元。这些人在他们的领域中都是超级明星，为什么这些娱乐明星和体育明星能够赚的钱这么多呢？原因在于除了个人的能力和努力程度外，主要是由于现代传媒技术的进步使得娱乐界和体育界的少数超级明星能更加容易地在市场中占据更大的份额，超级娱乐明星或运动明星的表演可以通过电视机被数亿人看到，可以同时向数亿人提供他们的服务，从而使得娱乐界和体育界成为一个胜者全得的领域。这就产生了明星效应，使得无数少男少女怀着自己的明星梦走进艺术高考的考场，使我国艺术高考持续升温，报考人数屡创新高，出现了“艺考热”。与“艺考热”相媲美的是“超女热”。超女李宇春、周笔畅等人的一夜成名，使得她们的财富滚滚而来，也使一些电视台的选秀节目成为少男少女的“明星梦工厂”，吸引了无数的人参加此类比赛。虽然这些年艺术类本科毕业生就业率不足30%，成为国内知名明星的概率只有0.003%，70%的艺术专业毕业生不得不为生存而改行，但是明星演员的巨额收入所产生的示范效应，使得有一点艺术天赋的人都有强大的动机去参加胜者全得领域的竞赛，以至于这些领域的参与者过于拥挤。

资料来源：http://blog.sina.com.cn/s/blog 3ff4ed3b0100apjc.html.

3. 生产要素数量、质量、供给成本不同

第一，每个人拥有的生产要素数量不同。有些人拥有大量的土地和资本，而有些人拥有的土地和资本比较少，还有些人除了拥有自己的劳动力外则一无所有。一个人拥有的生产要素越多，他的收入也就越多。因此，不管市场多么“完全”，工资多么公平，只要财产分配不公平，收入分配的不平等就会存在。第二，每个人拥有的生产要素质量不同。生产要素的质量不同，其生产力也就不同。生产要素的生产力越高，生产要素所有者获得的收入就越高。例如，肥沃的土地可以比贫瘠的土地收取更高的租金，市中心的土地可以比郊区的土地收取更高的租金，高效率、现代化的设备可以比低效率的老设备赚取更高的收益。同样，工人在智力、体力以及受教育程度等方面的差异，也会体现出收入的差异。第三，生产要素的供给成本不同。生产要素的供给成本可能不一样，就拿劳动来说，做一份清洁而又令人愉悦的工作比做一份肮脏的、令人生厌的或危险的工作要好得多。如果其他条件相同，为了吸引劳动者，相对于好工作而言，令人厌恶的工作就必须提供更高的工资。同样，相对于绝对安全的投资项目而言，资本所有者会对风险较高的投资项目要求更高的收益。

4. 个人的偏好与职业匹配

个人的偏好可以影响收入分配，决定干什么工作及干多少工作，储蓄多少钱，怎样用余钱去投资都是个人的偏好。个人的偏好有可能是受父母影响，也可能是因社会氛围而形成。在机会相同的情况下，偏好的不同会直接形成收入的不同。有的人偏好风险，有的人规避风险，有的人喜欢高收入，有的人宁愿收入平平，但比较自由，不同的人偏好与不同的职业特点就造成了人们收入的差距。同时个人同职位的匹配度或吻合度也会影响个人的收入，即使某人属市场稀缺人才，单位、产品等均处于理想状态，但如果同职位匹配性很差（过分胜任或不堪胜任），也会导致其薪资大起大落。

除了以上几个最为重要的因素以外，还有一些其他因素对收入分配差距也有影响。例如，我们在日常生活中所看到的工资之间的巨大差别，有一些是由工种本身的性质差别所引起的。轻松、有趣而又安全的工作的工资水平要低于那些艰苦、枯燥而危险的工作。因此，必须提高某些行业的工资以诱导人们进入那些吸引力较小的工种。这种由于各种工种的吸引力不同而导致的工资差别，我们称之为“补偿性工资差异”，比如说煤矿工人得到的工资高于其他有相似教育水平的工人。他们的高工资用来补偿采煤的枯燥和危险性，以及煤矿工人所具有的长期健康问题。

二、收入再分配的理论逻辑

（一）收入再分配的理由

市场中看不见的手可以有效率地配置资源，但它并不一定能够公平地配置资源，市场经济可能会产生令人难以接受的收入水平和消费水平的巨大差异。“朱门酒肉臭，路有冻死骨”这句诗可以形象地形容我们这个社会中仍然存在着的巨大贫富差距。在市场经济条件下，富人的猫所喝的牛奶，也许正是穷人孩子维持健康所必需的东西；富人用于第二辆豪华汽车的汽油费或者去欧洲度假旅游的费用，也许正是东北下岗人员冬天取暖或者贫困山区孩子所缺乏的教育费用。之所以会产生这样的问题，并不是因为市场失灵，而是因为市场做了它应该做的工作，即把物品交给那些出价最高的人，也就是那些富有的人。但是，如果一个社会把维持穷人孩子健康所必需的东西用于富人所饲养的宠物，那么肯定是它的收入分配体系存在缺陷。一个人的收入取决于一系列的因素，包括他的努力程度、受教育水平、运气、继承等。但是，市场经济条件下的人们可能并没有被赋予相等的机会，一部分人非常贫穷，过错可能并不在于他们本人；而另一些人非常富有，也可能并没有他们自己的功劳。福布斯排行榜中的富人有多少是由于家庭出身的偶然性所造成的，他们中很多人的财富系继承而来，也有很多人以所继承的财富作为跳板进而获取了更多的财富。如果一个人仅仅因为继承了巨额财富而成为亿万富翁，而那些贫困家庭的孩子因为营养不良在长大之后可能会生养更多营养不良的儿童。从理论的推论上可以看到，一旦现有的人群形成收入差距的两极，这将影响到一代人终生的收入水平，甚至下一代贫富的定位。瑞典经济学家米尔达尔曾将这一现象描述为“穷将是穷的原因，而富则是富的原因”，即所谓因果循环累积原理。然而，收入分配的不平等问题并不仅仅是一个经济学问题，在很大程度上是一个政治哲学问题，一个社会不应该仅仅只追求经济效率，而不顾社会公平。如果是这样的话，处于社会底层的人们可能会问：我们要效率是为了什么？我们要效率又是为了谁？许多经济学家认为，政府应该为了增进收入和财富分配的公平和公正而进行收入再分配，它应该让那些愿意勤奋工作的人得到维持体面生活的收入，即使这样做会牺牲一些效率也是值得的。

根据边际效应递减理论，我们可以知道，一个人拥有的金钱越多，额外的一元钱给他带来的效用就越小；拥有的金钱越少，额外的一元钱给他带来的效用就越大。那么，政府拿走富人的一元钱给穷人，将会减少富人的效用而增加穷人的效用。但由于边际效应递减，富人效用的减少将小于穷人效用的增加，因而收入再分配的结果会使社会总福利增加。

（二）收入再分配的形式

一般而言，收入再分配的主体主要是政府机构，其方式主要有社会保障、税收、补贴等，当然也存在一些非营利机构通过捐赠等方式对需要帮助的贫困人群进行补助，此外还有一些人通过家庭继承等方式来进行收入的再分配。虽然这些收入再分配的政策会使那些处于弱势的人得到帮助，但是没有哪一种政策是完美无缺的，这些政策在将收入从富人向穷人那里进行再分配的过程中，由于惩罚成功和奖励失败可能会减少国民收入的总量，从而损害了经济效率。因此，政府在制定收入再分配的政策时，需要在公平与效率之间进行权衡取舍，尽量避免那些牺牲效率的代价大于社会从公平中得到的好处的政策。政府要做到这一点并不容易，下面我们分析一些收入再分配方式的利弊（见表14—2）。

表14—2　　各种收入再分配方式的利弊

分配主体	方式	积极影响	消极影响
政府机构	社会保障	社会保障再分配，它主要是通过两种方式来实现。一是横向收入再分配，即在在职人员和退休人员之间、健康工人与患病工人之间、负担较重的家庭与负担较轻的家庭之间实行的再分配；二是纵向收入再分配，它体现的是在社会大环境下，国家公助、社会互助和个人自助的结合	社会保障是针对社会成员无差别提供最低生活保障的，游手好闲的人也要让他有口饭吃，有病得到基本医治。保障水平能上不能下，社会资源部分流失，激励机制的作用下降，会使国民收入下降，最终导致高福利、高保障无以为继
	税收	税收调节个人收入分配的途径主要两个方面，一是累进税制，即税率随着个人收入的增加而升高，这使得高收入者和低收入者的收入差距在征税后缩小，从而实现税收对居民收入的流量调节。二是税式支出，其途径首先是直接对低收入者的许多纳税项目给予税收优惠照顾，如免征农业税；对有助于间接增加低收入阶层收入的行为给予税收优惠，如对慈善机构、公益事业捐款者给予优惠，从而在一定程度上减轻收入分配不公的程度	税收扭曲了激励，并引起无谓损失。如果对富人实施高税率，那么他们的工作积极性就可能受到挫伤，并导致国民总收入的减少。如果政府通过高税率实施普遍的社会保障和医疗保健政策，会阻碍人们储蓄和投资的积极性。减少人们为年老和疾病而储蓄的动力，由于高税率导致利润下降，从而也会导致人们投资积极性的下降。政府雇用人员去征收和分配这些收入的费用也会增加纳税人的负担
	补贴	生活物价补贴附着于实物消费而进行分配，在给居民带来个人福利的同时，也起到了修匀收入差异的作用。这是因为生活物价补贴主要用于初级消费品上，这种福利收入的取得只能靠消费。由于各个收入层的消费结构不同，收入越低，消费初级消费品的比重越高；反之，收入越高，消费初级消费品的比重越低。这种差异使低收入户获得生活物价补贴利益高于高收入户	如果对穷人进行补贴，可能会因此而减少工作，更严重的是福利制度甚至会把一些穷人培养成永久性依靠救济的穷人。实物补贴和现金补贴都可能是无效率的，实物补贴的无效率表现在政府并不知道穷人最需要什么物品，只有他们自己才最了解什么物品能给他带来最大的效用，而现金补贴虽然可以使穷人随自己的偏好相机抉择地花钱，把钱花费到对他效用最大化的商品组合上去，但补贴可能用于吸烟、喝酒和赌博等不良嗜好

续表

分配主体	方式	积极影响	消极影响
非营利性机构	捐赠	捐赠被称为第三次分配，多种渠道和多种方式的捐助活动，使得富人的财富，被直接或间接地回报社会，客观上起到国民收入再分配的作用。实物捐赠能使受困者尤其是对急需者起到直接的、立竿见影的救助效果。捐赠带来的影响不仅仅是经济的，还有社会和政治的多重效应，因而发挥了市场调节（第一次分配）和政府调节（第二次分配）无法替代的重要作用	并不是任何形式的捐赠都能够起到收入再分配的作用，如果捐赠的物品技术质量不合格，就失去了使用价值；或者不是受困者所需要的品种，那么它所捐的物品也就失去了意义。实物捐赠存在着一定的科学性和严肃性。不能随意或者不负责任地乱捐，要考察或清楚受捐者的需要，而且还要知道哪些是急需、必需的，按照需要去捐赠物品
家庭	继承（遗赠、财富的代际转移）	民间财富的代际转移，富一代和二代之间关于财富继承的转折，构成财富分配的一部分，该财富分配的过程，是按资本，而不是按劳动	贫富的代际转移也很可能将一个社会的贫富状况固定化、结构化，即出现了富者越富、穷者越穷的马太效应

三、抑制收入不平等政策

可以说，在现实生活中突出反映出来的社会矛盾几乎都与收入分配领域中长期未能妥善处理好的问题有着密切的关系。尽管我国政府对此正在做出各种努力，但是城乡间、地区间、行业间居民收入差距扩大趋势和经济生活中收入分配秩序混乱状况尚未得到明显改善。因此，有必要继续采取更为有力的措施来缓和收入分配中的各种矛盾，提高社会收入分配平等化程度。否则，势必影响社会经济的稳定，成为妨碍社会主义市场经济体制改革正常进行的一种阻力。关于如何处理好经济效率与平等分配的关系，如何处理收入分配过程中不断产生的各种矛盾，以及如何调整收入分配政策，则是一个非常复杂的问题，需要进行专门研究。从总体上看，调整国民收入分配格局和完善收入分配制度，既是一项紧迫的、现实的任务，又是一项长期的、艰巨的任务。我们必须立足当前、着眼长远，把这项工作提到经济发展全局和战略的高度，从推动多方面改革入手，从促进起点公平、机会公平和结果公平多个环节入手，进行系统的部署和安排，推动经济发展和社会公平进入互相促进、良性互动的轨道。

（一）采用累进税率的个人所得税制

适当的再分配制度，一方面要得到最多的税收而伤害最少的人；另一方面是要通过负所得税使那些最需要帮助的人得到帮助，从而使经济福利最大化。税收与个人收入的一般关系如图 14—4 所示。累进税和累退税都具有再分配的作用，个人所得税一般为累进税，我们仅以累进税为分析对象。

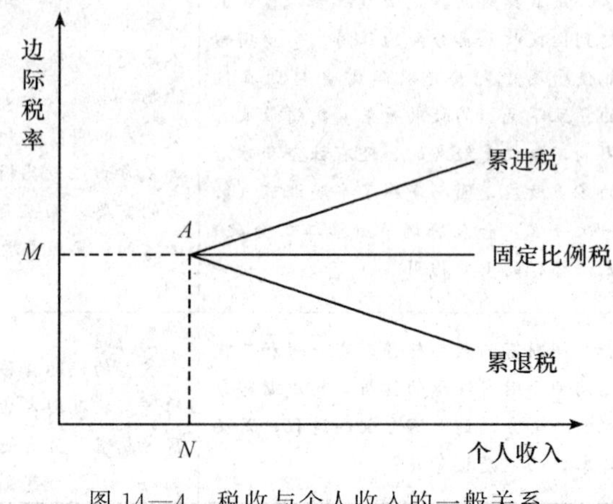

图 14—4　税收与个人收入的一般关系

个人所得税累进幅度的合理设计可以缩小贫富差距，充分体现公平原则。累进幅度的选择是建立在“均等牺牲”理论基础上。当纳税人因纳税而产生的福利损失或牺牲均等时，纳税人就得到了公平的待遇，即实现了公平。当前个人所得税在调节中国城镇居民收入分配差距方面发挥的作用还很微弱。为了进一步增强个人所得税调节居民收入分配差距的作用，进一步完善个人所得税政策的改革方向是：第一，统一累进税率。累进税率是以具体数值为表现形式，对税率的调整只涉及对税率值和税率适用区间的改变，是简便、容易操作的。在具体的调整方法上可以考虑将我国的个人所得税中工资薪金所得适用税率级次设为 8 或 9 级，最高税率设在 50%左右，初始税率仍保持在 3%，同时适当扩大第一档税率的适用区间，以降低较低收入者的税收负担。第二，应进一步提高工资薪金的免税额，同时允许据实列支社会保障费用和教育费用，这样可以将一些低收入个人排除在个人所得税税网之外。第三，合理规划费用扣除。对于取得收入所支付的必要费用，按照纯收益原则，规定适当的列支方法；在确定扣除项目时要按照负担能力原则，将纳税人赡养人口的多少、婚姻状况、健康状况、年龄大小等因素考虑进来；同时，费用扣除额应体现物价水平以及各种社会保障因素的变化，还要考虑纳税人的住房、养老、失业等因素。

（二）对遗产、赠予、财产、高消费征税

在社会主义市场经济条件下，政府对社会收入分配进行调节和干预，实现社会公平的主要税收手段，就是对遗产、赠予、财产、高消费征税。遗产税是对财产所有人死亡时所遗留的财产课征的一种税，赠予税是遗产税的辅助税种。高收入阶层形成的大笔财富如果全部留给继承人，往往导致社会分配不均，形成新的贫富差距。通过课征遗产税，对社会财富进行一次再分配，有利于减少因财产在代际间转移而造成的收入差距。另外，由于遗产与赠予税是对个人收入（合理收入及不合理收入）的全方位调节，因而可以弥补个人所得税的不足。在个人财富的积聚环节，征收一般财产税。在征收财产税的情况下，财产是衡量个人纳税能力的重要尺度，拥有财产的多少就表示了纳税能力的大小。因为有财产者纳税，无财产者不需要纳税；拥有较多财产的人多纳税，拥有较少财产的人少纳税。因此，通过财产税率的变动和相应的财产价值的调整就可以避免社会财富过多地集中在少数人手中，缩小社会收入分配差距。在个人收入的使用环节，通过对特定的消费品和消费行为征收消费税，起到补充调节的作用。由于分配与消费是密切相连的，消费不公是分配不公的最终表现形式。如果高收入者把高收入用于高消费，不仅无益于市场效率的提高，而且会使分配不公问题表面化。但用税收有选择地调节其中的高消费，不仅可以在流通领域调节高收入阶层的支付能力，进而间接影响个人收入分配，还可以引导高收入者把高收入转化为生产性投资，从而有助于社会生产力的发展和市场效率的提高。

知识链接

遗产税和赠与税的负面影响

遗产税和赠与税最基本的功能，在于调节居民的收入和财产状况，实现社会公平。但是，遗产税和赠与税在对个人收入和财产调控的同时，可能会产生以下负面影响：

遗产税和赠与税可能会刺激消费，减少储蓄，从而减少资本。在原有的经济结构下，资本的减少意味着对劳动力需求的减少，从而造成工人就业机会减少，失业人数增加，工人实际工资下降。其结果将导致与资本收入相比，劳动收入在国民收入中所占的份额更少，资本与劳动的不平等将进一步扩大。

收入与财产的平等既包括同代人之间的平等，也包括代际之间的平等。如果上一代较富裕，通过向子女转移财产，可以减小代际之间的差距和不平等，而课征遗产税和赠与税则可能会扩大这种差距和不平等。

为了防止或尽可能减少上述负面影响，最大限度地发挥遗产税和赠与税调节收入和财产分配的积极作用，在设计遗产税和赠与税时，需要注意以下几点：(1) 与各种收入分配和调节手段相互协调配套运用，尤其要注意与个人所得税协调配合，力争达到最佳效果。(2) 考虑到居民的心理承受能力和各方面条件限制，实行初期可规定较高的扣除额，待条件成熟时再予以调整。

资料来源：http://www.66law.cn/laws/79602.aspx.

（三）运用社会保障政策再分配社会财富

社会保障有着强烈的国民收入再分配色彩，它在一定程度上反映了各社会成员间彼此互助、互济的关系，以及代际赡养、抚育的承接关系，从而改善社会分配机制和制度的效率，使之接近于帕累托最优状态，因而有助于增进社会总福利，其本质就是一种收入再分配制度。

当前我国已步入中等收入国家阶段，社会保障的目标便不再是雪中送炭式的补救性制度安排，而是肩负着越来越重要的收入再分配的调节功能。各国实践表明，社会保障支出通过收入再分配对减少贫困、缩小贫富差别有明显的作用。因此，在中国这个社会保障所运用的资源非常有限且配置不均的现状下，要逐步健全我国社会保障体系、完善社会保障制度。在当前经济发展水平条件下，社会保障支出应该重点关注农民工、失地农民以及其他各种原因致贫农民的社会保障，加快农村社会保障体系的建立，完善农村养老保险和新型医疗合作制度，最终实现我国社会保障的城乡统筹。当然社会保障的收入再分配，不是无限度的而是有限度的部分收入再分配，它的目的不是全体社会成员的经济收入的绝对均等，而是实现社会成员基本生存条件和权利的共享，因此保证整体社会保障水平的适度性，才能更好地发挥其收入再分配的效应。

（四）对失业者，特别是其中的贫困者，提供就业机会与就业培训

就业是社会上绝大多数劳动人口及其家庭谋取生存和发展权利的基本形式，也是最有效的改善失业者，特别是贫困者及其家庭贫困状态的手段和途径。劳动人口处于失业状况，会直接导致家庭收入来源断绝，并由收入性成员转为供养性成员。在政府推行的各种扶贫、减贫政策措施中，就业扶持和就业援助是最根本的积极措施，就业支援包括多种内容：一是通过增加政府开支和出口创造新的就

业机会；二是限制外国移民流入，促进本国劳动力跨地区流动；三是资助职业训练和再就业培训，提供就业和再就业信息；四是颁布旨在消除本国国民在就业上的民族、宗教信仰以及性别歧视和差别；五是调停劳资纠纷，在工资、就业、劳动条件等问题上充当仲裁人，在道义上向工会和工人集团提供支援。因此，政府除了为失业者创造就业机会外，特别要注重职业技能的学习和培训，这是实现就业的前提条件。实践证明，就业培训的回报率远远大于直接的物质资本投资，它可以普遍提高劳动人口的文化和职业素质，从而大大促进物质资料生产的效率，反过来又可以较快提高广大劳动者的收入水平。因此，加大就业培训力度是促进劳动者就业的一个重要手段。例如，政府部门可以从打破城乡界限，整合各类培训资源，培训范围、补贴标准、培训机构、统一就业服务等方面着手，完善就业培训制度。

（五）发展教育事业，强化机会公平

一般来说，贫困具有自我复制的功能。如果一个人在早年时期由于家庭贫困的原因而得不到必要的教育培训，就会失去沿着收入阶梯向上流动的机会，那么他的下一代还会由于同样的原因不能够受到良好的教育，这又孕育着下一代的贫困。而发展教育事业是打破这种贫困恶性循环的一种好办法，在促进社会公平的同时也提高了效率。公平教育制度促进公平的作用表现在它可以通过提高受教育者的素质和能力来直接影响其收入，缩小与他人的收入差距，因此国家应为广大居民提供平等地接受教育的机会。我国诸如教育贷款等相关制度并不完善，同时教育产品的提供有相当的计划成分。应逐步改变这种管理体制，为广大居民公平地接受教育创造条件。一是应建立健全教育贷款制度，延长未来还款的年限，适当降低申请贷款的标准，使贫苦家庭的孩子有机会接受高等教育。二是要改变各种不公平的教育倾斜政策，如对公众比较敏感的高考分数线，可以采取一些过渡性的政策，如对全国性的重点高校因其属全国范围的公共品，试行各省市统一的分数线，地方性质的院校仍然维持现有的录取方式。三是对经济欠发达地区，特别是中西部地区及农村的基础教育体系。贫困的主要根源就是文化水平低，而较低的文化水平又导致贫困。财政应发挥应有的扶持职能，建立由中央统一拨付的义务教育资金保证体系，提高免费教育的义务构成，从源头上提高低收入者机会。

观点声音

众权威专家支招收入分配改革

收入分配是经济社会发展的重大问题，关系人民群众切身利益，关系改革发展稳定的全局。解决好分配不公问题，让全体人民共享改革发展的成果，是维护社会公平正义、促进社会和谐稳定的重要任务，是发展中国特色社会主义的必然要求。为此一些权威专家就如何实施收入分配改革提出了自己的观点和看法：

1. 厉以宁：通过三次分配解决收入分配难题

通过市场实现的收入分配，被称为“第一次分配”；通过政府调节而进行的收入分配，被称为“第二次分配”；个人出于自愿，在习惯与道德的影响下把可支配收入的一部分或大部分捐赠出去，可称为“第三次分配”。

2. 李稻葵：加快劳动力转移是根本之策

现在的首要任务是保护好劳动者的基本权益、合法权益，然后加快劳动力转移，让农村的富余劳动力转移干净之后，劳动工资开始上升，工资率上升，这才是扭转劳动收入下降的根本之策。

3. 王东京：应该减税以提高劳动报酬的比重

错并不在新劳动法，而是政府未先行减税。可以肯定，只要政府减税，加上有最低工资标准的协助，劳动收入在初次分配中的比重必可提高，而国民收入分配也必将逐步向居民个人倾斜。

4. 程恩富：国家立法规定职工收入的劳资共决制度和增长制度

一是规定企业高管层收入、劳动生产率和利润的增长须同职工收入的增长保持一定的比例。二是新建企业员工的收入共决机制。加强工会在企业职工收入的劳资谈判中的作用。

5. 常修泽：收入分配改革要建立劳资协商机制

解决中国当前收入分配的矛盾和问题，必须正视劳动者报酬比重下降的问题。就是说，提高劳动者报酬在初次分配中所占的比重，至少要恢复到 2000 年 50％多的水平，在这个基础上再进一步提升。而要解决这个问题，我们现在缺乏一个劳资双方谈判、协商的机制。在一个比较完善的成熟的社会里面，它有这么一种机制，叫作“金三角”的机制。

——摘自人民网理论频道

资料来源：http://theory.people.com.cn/GB/11695343.html.

延伸思考

1. 为什么要对洛伦茨曲线和基尼系数作慎重解释？
2. 评价此结论："一生收入分配比年收入分配的不平等程度低。"
3. 解释能力和家庭背景是怎样直接影响收入的，而与教育和培训无关？

深度阅读

1. 沈琴琴. 劳动经济学［M］. 北京：中国劳动社会保障出版社，2008.
2. 陆铭. 劳动和人力资源经济学［M］. 上海：上海人民出版社，2007.